Prisma
Beiträge zur Erziehungswissenschaft
aus historischer, psychologischer
und soziologischer Perspektive

Schriftenreihe des Instituts für
Erziehungswissenschaft der Universität Bern

Herausgeber
Hans Badertscher, Rolf Becker
Walter Herzog, Fritz Osterwalder

D1729981

: Haupt

Marianne Schüpbach
Walter Herzog
(Hrsg.)

Pädagogische Ansprüche an Tagesschulen

Haupt Verlag
Bern · Stuttgart · Wien

1. Auflage: 2009

Bibliografische Information der *Deutschen Nationalbibliothek*

Die Deutsche Nationalbibliothek verzeichnet diese Publikation in der Deutschen Nationalbibliografie;
detaillierte bibliografische Daten sind im Internet über http://dnb.d-nb.de abrufbar.

ISBN 978-3-258-07538-9

www.haupt.ch

Inhaltsverzeichnis

Einleitung

Marianne Schüpbach und Walter Herzog

Der Ausbau von Bildungs- und Betreuungsangeboten in Form von Tagesstrukturen ist ein zentrales Thema in der aktuellen Bildungspolitik. Dies trifft nicht nur auf die Schweiz, sondern auch auf Deutschland und Österreich zu. Die drei Länder weichen im Hinblick auf die Institutionalisierung von obligatorischen Angeboten der Bildung und Betreuung für Kinder im Vorschulbereich sowie von obligatorischen Angeboten des Nachmittagsunterrichts und der Nachmittagsbetreuung an Schulen von den meisten anderen europäischen Ländern ab. Sie befinden sich zurzeit in (national variierenden) Prozessen der Erweiterung ihrer Angebotsstrukturen (vgl. Schüpbach et al. 2009).

Die Stärkung des Angebots an Bildungs- und Betreuungsstrukturen ist eine Reaktion auf einen gesellschaftlichen Wandel, der insbesondere die Familie und deren Verhältnis zur Schule anbelangt. Im Laufe des 20. Jahrhunderts fand in der Schweiz und in den meisten anderen europäischen Ländern ein demographischer Wandel statt, der mit einem deutlichen Rückgang der Geburten und einer steten Verlängerung der Lebenserwartung einherging. Zudem haben der politische Zusammenschluss Europas und die anhaltende Immigration in den europäischen Raum zur Veränderung der Bevölkerungsstruktur beigetragen. Die Gleichstellungspolitik führte zu einer wachsenden Bildungs- und Erwerbsbeteiligung der Frauen (vgl. BFS 2009), die den Prozess der gesellschaftlichen Individualisierung und die Pluralisierung der Lebensformen beschleunigte und veränderte Lebens- und Familienzyklen zur Folge hatte. Bedingt durch argumentative, stärker am Kind orientierte Erziehungsformen und kleinere Familiegrössen veränderten sich auch die Generationsbeziehungen und der familiale Alltag (vgl. EDI 2004; EDI & BFS 2008; Herzog, Böni & Guldimann 1997; Nave-Herz 2007).

Neben dem demographischen und familialen Wandel kann in der heutigen Gesellschaft eine zunehmende Mediatisierung – eine zunehmende Durchdringung des Alltags durch die Ausweitung und Nutzung elektronischer Medien – festgestellt werden (vgl. von Hentig 2002), welche insbesondere für die Heranwachsenden prägend ist. Schliesslich haben sich die sozialökologischen Bedingungen, unter denen Kinder aufwachsen, in den letzten Jahrzehnten ebenso

verändert wie die lebensweltlichen und institutionellen Räume, die ihnen zur
Verfügung stehen (vgl. Fölling-Albers 2001).

Die skizzierten gesellschaftlichen Veränderungen haben in den letzten Jahren einen politischen und wissenschaftlichen Diskurs über Bildung und das
Bildungswesen ausgelöst, der durch die steigenden Ansprüche der Arbeitswelt,
den Wandel von der Industrie- zur Wissensgesellschaft und die (schlechten)
Ergebnisse der PISA-Studien zusätzliche Impulse erhielt. Dabei handelt es sich
nicht nur um eine Auseinandersetzung mit strukturellen Reformen des Bildungssystems, sondern auch um Fragen der Zuständigkeit und Arbeitsteilung
bezüglich Bildung, Erziehung und Sozialisation der Heranwachsenden. Auf dem
Hintergrund des gesellschaftlichen Wandels scheint eine Neuausrichtung des
Zusammenspiels von Familie und Bildungsinstitutionen angezeigt zu sein (vgl.
Herzog 1997). Als sinnvolle pädagogische Massnahme legt sich die vermehrte
Übernahme von erzieherischen und betreuenden Funktionen durch die öffent-
liche Hand in Form von Tagesstrukturen und Tagesschulen nahe.

Die Erweiterung des Angebots an Tagesschulen wird an bildungs-, sozial-,
gesellschafts- und wirtschaftspolitische Argumente geknüpft. Insofern erweisen sich die Erwartungen an die Neuausrichtung des Verhältnisses von Familie und Schule in qualitativer Hinsicht als vielfältig. Zumeist steht jedoch der
quantitative Aspekt im Vordergrund. Der Ausbau des Angebots an Tagesstrukturen wird am Kriterium der verfügbaren Betreuungsplätze gemessen, womit
die Gefahr besteht, dass pädagogische Kriterien vergessen gehen oder übergan-
gen werden. Wie soll eine Tagesschule gestaltet sein, die auch pädagogischen
Ansprüchen gerecht werden kann?

Diese Frage steht im Zentrum des vorliegenden Sammelbandes. Er geht
aus einer Tagung hervor, die unter dem Titel «Pädagogische Ansprüche an Tagesschulen» am 4. und 5. September 2008 an der Universität Bern stattgefunden hat. Organisatoren der Tagung waren das Institut für Erziehungswissenschaft der Universität Bern und der Verein Tagesschulen Schweiz. Eingeladen
wurden nationale und internationale Expertinnen und Experten aus Wissenschaft, Bildungsadministration und Praxis, um über Qualitätsaspekte und
Qualitätskriterien von Tagesschulen und ganztägigen Bildungseinrichtungen
zu berichten. Die Herausgeberin und der Herausgeber dieses Bandes, in deren Händen die Leitung der Tagung lag, haben aus den Referaten eine Auswahl getroffen und den Autorinnen und Autoren die Gelegenheit zur Publi-

kation ihres Beitrages gegeben. Im Folgenden geben wir einen Überblick über die Kapitel des Bandes.

Walter Herzog (Universität Bern) stellt die Frage, ob pädagogische Ansprüche an Tagesschulen in einem Konflikt mit der Politik stehen. In den letzten Jahren sind vorwiegend offene (modulare) Tagesschulen mit einem so genannten *à la carte*-Modell entstanden. Die klassische Tagesschule in gebundener Form mit einer «ganzwöchigen Verbindlichkeit» bleibt die Ausnahme. Die aktuellen bildungspolitischen Entwicklungen werden von Herzog kritisch beleuchtet, indem er feststellt, dass wir immer weniger wissen, was in pädagogischer Hinsicht eine Tagesschule eigentlich ist. Die ursprüngliche Idee, dass «eine Tagesschule eine spezifische Form von Schule darstellt, die einem integrativen pädagogischen Konzept genügen muss und nicht alles Beliebige sein kann» (S. 26f.) entfällt, obwohl man sich in der erziehungswissenschaftlichen Literatur einig ist, dass der Vorteil einer Tagesschule in ihren erweiterten pädagogischen Möglichkeiten liegt. Nach Herzog steht die Pädagogik zurzeit im Schatten der Politik. Die Bildungspolitik schöpft ihre Ideen fast ausschliesslich aus «ökonomischen Analysen und betriebswirtschaftlichen Postulaten» (S. 30), pädagogische Argumente werden nur am Rande beigezogen. Zum Abschluss macht Herzog den kontroversen Vorschlag, eine beschränkte Form der freien Schulwahl zuzulassen, um die Möglichkeit zu eröffnen, neben herkömmlichen Schulen sowie Tagesschulen mit *à la carte*-Modell klassische (gebundene) Tagesschulen einzurichten, die als öffentliche Angebotsschulen frei gewählt werden könnten.

Heinz-Jürgen Stolz (Deutsches Jugendinstitut, München) berichtet über den wichtigen Qualitätsaspekt der Kooperation von Schule und ihren Partnern im Rahmen ganztägiger Bildung und Betreuung. Er bezieht sich dabei auf die aktuelle (bundesdeutsche) Diskussion. Stolz stellt in seinem Beitrag einleitend fest, dass die Debatte über ganztägige Bildung, Erziehung und Betreuung durch das vom Bund in Absprache mit den Ländern im Jahre 2003 aufgelegte «Investitionsprogramm Zukunft Bildung und Betreuung» eine neue Dimension erreicht habe. Nicht zuletzt aus Kostengründen wurde in der Folge überwiegend der Ausbau von offenen Ganztagsschulen vorangetrieben. Er beschreibt in seinem Beitrag die Grobstruktur des deutschen Bildungssystems, bevor er der Frage nach dem Aufbau einer Ganztagsschule oder einer Ganztagsbildung nachgeht. In diesem Zusammenhang zeigt er die Grenzen der einzelschulischen Gestaltung des Ganztags und die Potenziale lokaler Steuerung auf. Abschlie-

ssend stellt Stolz fest, dass die in Deutschland vor allem aus Mangel an finanziellen Ressourcen vorherrschende offene Form der Ganztagsschule die Schule
und ihre Partner zu einer bedarfsgerechten Angebotsgestaltung zwingt und
die Entwicklung dezentraler Formen der Ganztagsbildung im lokalen Raum
anregt. In der dezentralen Gestaltung offener Angebote sieht er durchaus eine
Entwicklungschance.

Thomas Coelen (Universität Siegen) gibt in seinem Beitrag einen internationalen Vergleich von Tagesschulsystemen unter dem Fokus der pädagogischen
Qualität. In seinen Betrachtungen vergleicht er ganztägige Bildungs- und Be-
treuungsarrangements aus Frankreich, Finnland und den Niederlanden. Anhand der Schulsysteme dieser drei Länder unterscheidet Coelen drei Typen
von ganztägigen Bildungssystemen, nämlich das klassische Ganztagsschulsystem, Ansätze zu Ganztagsbetreuungssystemen und Elemente von Ganztagsbil-
dungssystemen. Insgesamt stellt Coelen bei seinem Ländervergleich fest, dass
es kein Ganztagssystem gibt, das ausschliesslich aus Schulen besteht, dessen
Personal auf Lehrpersonen beschränkt ist oder für dessen theoretische Begründung lediglich die Schulpädagogik zuständig wäre. Von einer Kooperation der
verschiedenen Instanzen kann aber nur bedingt die Rede sein, da die Ganztagssysteme meist «Ausdruck einer Inkorporierung ausserschulischer Institutionen und Personen in das jeweilige Schulsystem … und nur zu einem geringeren Teil Ausdruck einer Integration von schulischer und ausserschulischer
Bildung» (S. 71) sind.

Siegfried Baur (Freie Universität Bozen) beleuchtet die Ganztagsschule in
Italien. Sie wurde 1971 mittels Staatsgesetz rechtlich verankert und ist somit fast
40 Jahre alt. Das Gesetz führte zwar die Ganztagsschule nicht flächendeckend
ein, sieht aber ausreichend Finanzmittel vor, um der Nachfrage, vor allem in
den städtischen Gebieten, gerecht zu werden. Baur geht in seinem Beitrag auf
die historische Entwicklung und die aktuelle Bedeutung der Ganztagsschule in
Italien ein. Dabei stellt er bezüglich deren Verbreitung ein starkes Nord-Süd-Gefälle fest. Einen Schwerpunkt legt Baur in seinem Beitrag bei den Zielsetzungen,
der Organisationsstruktur und den Rahmenbedingungen der Ganztagsschule.
Das Überleben der Ganztagsschule in Italien erachtet Baur als gefährdet, wurden doch vom Parlament in den letzten Jahren massive Kürzungen der Lehrer-
stundenzahl pro Schulklasse beschlossen.

Karin Kleinen (Landschaftsverband Rheinland, Köln) hat ihrem Beitrag
den Titel «Mehr Zeit für Bildung – Qualität ganztägiger Angebote für Kinder

im Primarschulalter» gegeben. Sie beschreibt die Entwicklungen hinsichtlich
der offenen Ganztagsschule im Primarbereich in Nordrhein-Westfalen (NRW)
seit 2003, bevor sie auf die Tagesschule als Ort mit vielfältigen Bildungsgele-
genheiten eingeht, der mehr Zeit für Bildung zulässt. Ausführlich berichtet sie
von der Qualitätsoffensive in NRW. Ein Baustein dieser Qualitätsinitiative bildet die Serviceagentur «Ganztägig Lernen in NRW», ein anderes Element bilden
die beiden Instrumente der Qualitätsentwicklung und Qualitätssicherung für
ausserunterrichtliche Angebote im Ganztag, «Qualitätsentwicklung in Angeboten für Schulkinder in Tageseinrichtungen und Offenen Ganztagsschulen»
(QUAST) und «Qualitätsentwicklung in Ganztagsschulen» (QUIGS), die Kleinen
anschaulich vorstellt.

    Karin Beher, Claudia Hermens und **Gabriele Nordt** (Universität Dort-
mund und Fachhochschule Köln) stellen ausgewählte Ergebnisse der Kinder-
befragung zur offenen Ganztagsschule auf der Primarschulstufe in Nordrhein-
Westfalen vor. Dabei gehen sie insbesondere auf das subjektive Wohlbefinden
der Kinder, die Hausaufgabenbetreuung in der Ganztagsschule, zusätzliche
Lernangebote in Form von Arbeitsgemeinschaften und Projekten sowie die
Partizipation der Schülerinnen und Schüler im Rahmen der Hausaufgabenbegleitung und der ergänzenden Lernangebote ein. Im Weiteren legen die Autorinnen einen Fokus auf den Ganztag als Lern- und Erfahrungsfeld für den
Aufbau von sozialen Beziehungen.

    Susanne Thurn (Universität Bielefeld) stellt am Beispiel einer ganztägigen
Schule – der Laborschule Bielefeld – das Lernen und Leben in einer Tagesschule
vor. Die Laborschule ist eine staatliche Versuchsschule des Landes Nordrhein-
Westfalen, die 1974 von Hartmut von Hentig gegründet wurde. Die Schule
wird von Kindern und Jugendlichen im Alter zwischen fünf und 16 Jahren besucht, die ohne äussere Leistungsdifferenzierung und ohne Notengebung bis
zum Ende ihres neunten Schuljahres in stabilen Gruppen unterrichtet werden.
Thurn beschreibt in ihrem Beitrag die ganztägige Schul- und Unterrichtsorganisation sowie die Lebens- und Lernformen auf den verschiedenen Schulstufen an der Laborschule. Im Weiteren zeigt sie die Vorzüge einer Tagesschule
für die Entwicklung der Heranwachsenden auf.

    Fritz-Ulrich Kolbe (Universität Mainz) und **Sabine Reh** (Technische Uni-
versität Berlin) stellen in ihrem Beitrag die Frage, ob unter Bedingungen einer
ganztätigen Betreuung eine Transformation schulischen Lernens stattfindet. Sie
legen erste Ergebnisse der Studie «Lernkultur und Unterrichtsentwicklung an

Ganztagsschulen» (LUGS) vor. In Ihrem Beitrag skizzieren sie den bildungspolitischen Diskurs, rekonstruieren die symbolischen Konstruktionen der Lehrerinnen und Lehrer vom Ganztag und stellen skizzenhaft die Entwicklung in
den Grundschulen bzw. die Bedeutung von Förderangeboten in den untersuchten Schulen dar. Des Weiteren werden anhand von Analysebeispielen aus der
Sekundarstufe I aktuelle Entwicklungen auf dieser Schulstufe präsentiert.

In den folgenden vier Beiträgen werden aktuelle bildungspolitische Entwicklungen im Bereich ganztägiger Bildung und Betreuung in Deutschland
und der Schweiz vorgestellt. **Johannes Jung** (Ministerium für Bildung, Wissenschaft, Jugend und Kultur, Rheinland-Pfalz) und **Dagmar Wilde** (Senatsverwaltung für Bildung, Wissenschaft und Forschung, Berlin) berichten aus
Deutschland. **Simone Grossenbacher-Wymann** (Erziehungsdirektion, Kanton
Bern) und **Claudia Magos** (Erziehungsdepartement, Kanton Basel-Stadt) stellen die Situation in der Schweiz dar.

Im letzten Beitrag skizziert **Marianne Schüpbach** (Universität Bern) anhand eines Transformationsprozesses, wie sich die Tagesschulen in der Schweiz
weiterentwickeln könnten. Nach einer Klärung der aktuellen Angebotsformen
gibt die Autorin einen Überblick über den Forschungsstand bezüglich ganztägiger (Schul-)Formen. Auf dem Hintergrund des verfügbaren Wissens zur
Qualität und Wirksamkeit, zur Schul- und Unterrichtsentwicklung sowie zur
Nutzung von ganztägigen Schulformen wird ein Fazit für eine pädagogisch
sinnvolle Weiterentwicklung von Tagesstrukturen bzw. Tagesschulen gezogen.
Darauf aufbauend konzipiert die Autorin einen Transformationsprozess, der
von den Blockzeiten und dem momentan meist verbreiteten additiven Tagesschulmodell schrittweise zu einem integrierten Modell – einer Schule als Bil-
dungs- und Lebensraum – führen könnte. Dieses integrierte Modell versteht
sie als Vision, die mit Hilfe des Transformationsprozesses (bei dessen Umsetzung nicht zwangsläufig alle Schritte ausgeführt werden müssten) längerfristig angestrebt werden könnte.

Literaturverzeichnis

BFS [BUNDESAMT FÜR STATISTIK] (2009). *Gleichstellung von Frau und Mann – Daten, Indikatoren. Erwerbsmodelle in Paarhaushalten.* Verfügbar unter: http://www.bfs.admin.ch/bfs/portal/de/index/themen/20/05/blank/key/Vereinbarkeit/03.html [3.2.2009].

EDI [EIDGENÖSSISCHES DEPARTEMENT DES INNEREN] (2004). *Familienbericht 2004: Strukturelle Anforderungen an eine bedürfnisgerechte Familienpolitik.* Bern: Länggass Druck.

EDI [EIDGENÖSSISCHES DEPARTEMENT DES INNERN]; BFS [BUNDESAMT FÜR STATISTIK] (2008). *Familien in der Schweiz. Statistischer Bericht 2008.* Neuchâtel: Bundesamt für Statistik (BFS).

FÖLLING-ALBERS, M. (2001). Veränderte Kindheit – revisited. Konzepte und Ergebnisse sozialwissenschaftlicher Kindheitsforschung der vergangenen 20 Jahre. In Fölling-Albers, M.; Brügelmann, H.; Fölling-Albers, M.; Richter, S.; Speck-Hamdan, A. (Eds.), *Jahrbuch Grundschule III. Fragen der Praxis – Befunde der Forschung* (p. 10–51). Frankfurt a. M.: Kallmeyersche Verlagsbuchhandlung GmbH.

HENTIG, H. VON (2002). *Der technischen Zivilisation gewachsen bleiben.* Weinheim: Beltz.

HERZOG, W. (1997). Der Wandel der Familie als Herausforderung der Schule. In Grossenbacher, S.; Herzog, W.; Hochstrasser, F.; Rüegsegger, R. (Eds.), *Schule und Soziale Arbeit in gefährdeter Gesellschaft* (p. 179–194). Bern: Haupt.

HERZOG, W.; BÖNI, E.; GULDIMANN, J. (1997). *Partnerschaft und Elternschaft. Die Modernisierung der Familie.* Bern: Haupt.

NAVE-HERZ, R. (2007). Familie heute. Weinheim: Juventa.

SCHÜPBACH, M.; WUSTMANN, C.; BOLZ, M.; MOUS, H. (2009). Die Einführung von Blockzeiten an Schweizer Kindergärten und Schulen – ein erster Schritt zur Umsetzung einer ganztägigen Bildung und Betreuung. *Zeitschrift für Grundschulforschung, 2(1),* 132–145.

Pädagogische Ansprüche an Tagesschulen – ein Konflikt mit der Politik?

Walter Herzog

Was ist eine Tagesschule? Wer die Frage vor etwa 25 Jahren gestellt hätte, dürfte sowohl in der Schweiz als auch – abgesehen von terminologischen Differenzen – in Deutschland oder Österreich eine klare Antwort erhalten haben. Eine Tagesschule ist ein Ort der Integration von Schule und Hort, Unterricht und Betreuung, Bildung und Erziehung, aber nicht bloss räumlich oder organisatorisch, sondern auch pädagogisch. Diese Antwort kommt uns sukzessive abhanden. Zwar sind die Tagesschulen in der Schweiz und die Ganztagsschulen in Deutschland und Österreich auf dem Vormarsch, doch der Preis für ihren Erfolg scheint die Assimilation an die bestehenden schulischen Strukturen zu sein. Dies möchte ich im Folgenden nachzeichnen und kritisch bewerten.

Ich beginne mit einigen Reminiszenzen an die klassische Idee der Tagesschule und gebe einen knappen Überblick über die Einrichtung von Tagesschulen in der Schweiz seit Anfang der 1990er Jahre (1). Danach werde ich – unter Mitbeachtung der Situation in Deutschland – darstellen, wie die Tagesschule im Verlaufe ihrer jüngsten Verbreitung ihren ursprünglichen Charakter verloren hat und immer mehr auf ein modulares Angebot von Betreuungsstrukturen reduziert wird (2). Es folgen Ausführungen zur aktuellen schweizerischen Bildungspolitik, die zwar den Ausbau von *Tagesstrukturen* fördert, der klassischen Idee der Tagesschulen aber eher abträglich ist (3). Schliessen werde ich mit einem Vorschlag, der den pädagogischen Ansprüchen an Tagesschulen wieder etwas mehr Gehör verschaffen könnte (4).

1 Die Tagesschule: eine Erfolgsgeschichte?

In einem Papier des *Vereins Tagesschulen Schweiz*, das Anfang der 1990er Jahre entstanden ist, heisst es, Tagesschulen seien öffentliche, freiwillige Angebote im Rahmen der Volksschule (vgl. VTS o. J.). Der Tag sei in eine Block- und eine Auffangzeit unterteilt. Während der Blockzeit seien alle Kinder anwesend. Dem Text ist ein Schema beigegeben, das zwei Zeitmodelle für Tagesschulen im Primarschulbereich beinhaltet (vgl. Abb. 1). Im Rahmen der Blockzeit ist die Tagesschule *obligatorisch*, d. h. *alle* Schülerinnen und Schüler nehmen das *gesamte* Angebot wahr. Freiwillig ist lediglich die Auffangzeit *vor* Unterrichtsbeginn und *nach* 15 bzw. 16 Uhr sowie ein allfälliges Betreuungsangebot am freien Mittwochnachmittag.

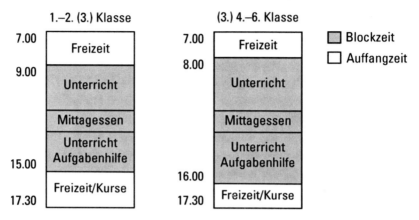

Abb. 1:   Zwei Zeitmodelle für eine Tagesschule im Primarschulbereich (aus: VTS o. J.)

Interessant ist der Begriff der *Blockzeit,* da er sich von seiner heute gebräuchlichen Verwendung unterscheidet. Mittlerweile sind «Blockzeiten» nicht mehr kennzeichnende Attribute einer Tagesschule, sondern bringen lediglich eine organisatorische Massnahme zum Ausdruck, nämlich die Zusammenfügung der Lektionen zu einem Halbtagesblock (vgl. EDK 2005; Wirz 2006). Was darüber hinaus geht – ob an der Schule auch ein Mittagessen, eine Aufgabenhilfe oder Freizeitkurse angeboten werden – liegt ausserhalb des Begriffs der Blockzeiten.

    Das Schema mit den beiden Zeitmodellen findet sich in identischer oder abgewandelter Form in verschiedenen Publikationen des *Vereins Tagesschulen Schweiz* aus der damaligen Zeit, so auch im «Handbuch für die Planung und Realisierung öffentlicher Tagesschulen» (Binder, Tuggener & Mauchle 2000), das vom Verein im Jahre 2000 herausgegeben wurde (vgl. Abb. 2). Es scheint, dass die ersten Tagesschulen in der Schweiz den Empfehlungen des Vereins weitgehend gefolgt sind.

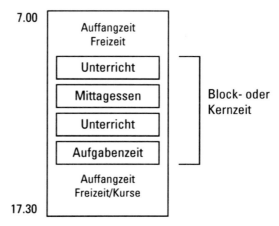

Abb. 2: Zeitstruktur für eine Tagesschule (aus: Binder, Tuggener & Mauchle 2000)

Obwohl die *Idee* der Tagesschule die Teilnahme *sämtlicher* Schülerinnen und Schüler am Bildungs- und Betreuungsangebot der «Blockzeit» – die inzwischen «Kernzeit» genannt wird (vgl. EDK 2005, p. 51) – beinhaltet, machten sich schon bald Varianten bemerkbar. Bereits Mitte der 1990er Jahre tauchte der Begriff der *klassischen Tagesschule* auf, von dem Tagesschulformen abgegrenzt wurden, die das Kriterium der Verbindlichkeit für alle nicht erfüllten. Mit der Zeit sprach man von Tagesschulen in *gebundener* und in *offener* Form (vgl. ebd., p. 50ff.); die Rede war auch von *Schülerclubs,* die sich von der «klassischen» Tagesschule dadurch unterscheiden, dass es den Eltern frei steht, wie oft sie das ausserunterrichtliche Angebot der Schule nutzen oder ob die Kinder nur den obligatorischen Unterricht besuchen (vgl. Binder, Tuggener & Mauchle 2000, p. 30f.). Allerdings hat sich der Begriff – ausser im Kanton Zürich – kaum durchgesetzt, was für die Entwicklung des Tagesschulgedankens in der Schweiz ebenso symptomatisch ist wie die Veränderung des Begriffs der Blockzeit.[1]

Die erste öffentliche Tagesschule der Schweiz wurde 1980 in Zürich eingerichtet (vgl. Rellstab 1985, p. 21). 1990 war die Zahl auf etwa sieben angestiegen – beschränkt auf die Städte Basel, Bern und Zürich. Mitte der 1990er Jahre waren es rund elf Tagesschulen – weiterhin begrenzt auf die genannten Städte. Selbst

---

1   In Deutschland sind Schülerclubs gemeinsame Einrichtungen von Schulen und der Jugendhilfe; sie sind in verschiedenen Bundesländern verbreitet.

im Jahre 2000 gab es schweizweit gerade einmal 14 Tagesschulen.[2] Quantitativ ging es zunächst im Schneckentempo voran.

Inzwischen hat sich die Situation verändert, wenn auch nicht dramatisch. Nimmt man das Informationsbulletin des *Vereins Tagesschulen Schweiz*, das vier Mal pro Jahr erscheint, zum Indikator, dann häufen sich ab 2000 die Meldungen über Neugründungen von Tagesschulen:

- 2001: «Vier neue Tagesschulen» (Nr. 15)
- 2002: «Mindestens 6 neue Tagesschulen» (Nr. 17)
- 2003: «Tagesschulen im Kanton Bern im Aufwind» (Nr. 24)
- 2004: «Luzern bekommt eine Tagesschule» (Nr. 26)
- 2005: «Das Tagesschulangebot in Basel wird ausgebaut» (Nr. 30)
- 2006: «Erneute Zunahme von Tagesschulen» (Nr. 35)

Im Bulletin vom September 2007 heisst es, die Zahl der öffentlichen Tagesschulen sei «auf über 80 angestiegen» (Nr. 39, p. 4). Vom Schneckentempo scheint man zum Düsenantrieb gewechselt zu haben. Von mehreren Städten wird gemeldet, die Planungsarbeiten für (weitere) Tagesschulen seien weit vorangeschritten. Dank des neuen Gesetzes zur Tagesbetreuung im Kanton Waadt «dürfte auch im grössten Kanton der Westschweiz die Zahl der Tagesschulen in den nächsten Jahren ansteigen» (ebd.). Tatsächlich war die Westschweiz – im Unterschied zum Tessin – tagesschulpolitisch lange Zeit Brachland. Das Blatt scheint sich nun aber auch in der Romandie gewendet zu haben – vielleicht nicht zuletzt dank des *Vereins Tagesschulen Schweiz*, der seine Aktivitäten im Jahre 2004 auf die welsche Schweiz ausgedehnt hat.

Ist die Tagesschule demnach zur Erfolgsgeschichte geworden? Skepsis ist angezeigt. Und zwar zunächst allein schon deshalb, weil das Informationsbulletin des *Vereins Tagesschulen Schweiz* keine Angaben zur Art der Tagesschulen macht, deren gehäuftes Auftreten vermeldet wird. Im Bulletin Nr. 35 bemerkt die Fachstelle des Vereins, es werde für sie «zunehmend schwierig, alle Angebote [an neuen Tagesschulen, w. h.] korrekt zu erfassen» (p. 4). Tatsächlich hat die Antwort auf die Frage «Was ist eine Tagesschule?» in direkter Parallele zur Expansion der Tagesschulen an Klarheit verloren. Viele Neugründungen sind

---

2   Die Zahlen beruhen auf eigenen Recherchen und weichen von den bei Mangold und Messerli (2005) genannten ab. Letztere beruhen auf einer Statistik des Vereins Tagesschulen Schweiz, deren Verlässlichkeit jedoch ungewiss ist, da es um selbst berichtete Angaben handelt. Grundsätzlich gilt, dass zu den Tagesschulen in der Schweiz praktisch keine wissenschaftliche Forschung vorliegt.

«offene» oder «freiwillige» Tagesschulen und erfüllen zum Teil lediglich die Kriterien eines Schülerclubs. Den Eltern wird freigestellt, wie weit sie die Angebote für ihre Kinder nutzen. Der Begriff der Tagesschule verliert an Schärfe, was sich in pädagogischer Hinsicht als problematisch erweist.

2   Vormarsch der modularen Tagesschule

Der Blick über die nördliche Grenze unseres Landes zeigt, dass die Schweiz eine ähnliche Entwicklung durchmacht wie Deutschland. Zusammen haben Bund und Länder im Jahre 2003 ein Investitionsprogramm «Zukunft Bildung und Betreuung» beschlossen, das einen Umfang von vier Milliarden Euro aufweist und gezielt die Entwicklung von *Ganztagsschulen* (wie die Tagesschulen in Deutschland heissen) vorantreiben will. Gefördert werden bestehende, im Aufbau begriffene und neu gegründete Ganztagsschulen. Das Investitionsprogramm hat einen beachtlichen Zuwachs an Tagesschulen ausgelöst. Abschliessende Zahlen liegen noch nicht vor, jedoch ist zwischen 2003 und 2005 das schulische Ganztagsangebot in Deutschland um 66 Prozent angestiegen (vgl. Rauschenbach 2007, p. 7). In Bezug auf das Schuljahr 2005/06 verfügen 28 Prozent aller deutschen Schulen gemessen an der Gesamtzahl schulischer Verwaltungseinheiten über ein Ganztagsangebot. Gemessen an der Schülerzahl wird das Angebot bundesweit von 15 Prozent der Schülerinnen und Schüler genutzt, was gegenüber 2002 einer Zunahme von fast 50 Prozent entspricht (vgl. ebd., p. 6f. und Abb. 1).

Die Differenz der Prozentwerte zwischen Schulen und Schülern verweist auf die vergleichbare Situation in der Schweiz. Viele Neugründungen von Tagesschulen in den letzten Jahren umfassen Angebote, die frei genutzt werden können. Statt Tagesschulen in *gebundener,* sind es solche in *offener* Form. Als *Avenir Suisse,* der schweizerische «Think Tank for Economic and Social Issues», im Jahre 2005 einen Leitfaden zur Einrichtung von Tagesschulen für Gemeinden und Schulbehörden veröffentlichte, war die Entwicklung schon deutlich absehbar. Unter der Überschrift «Was ist eine Tagesschule?» differenziert der Leitfaden zwischen der «klassischen» Tagesschule, wie sie anfänglich den Normalfall bildete, und der Tagesschule «à la carte», wie sie immer mehr nachgefragt werde. Heute würden sich die Eltern Angebote wünschen,

«die auf ihre Bedürfnisse und Lebensformen optimal abgestimmt sind. … Gewünscht werden schulergänzende Angebote im Sinne einer Tagesschule, die nicht obligatorisch für die
ganze Woche gelten, sondern von den Eltern innerhalb der Woche frei gewählt werden
können. Das heisst: Eltern wollen selbst bestimmen können, an welchen Wochentagen ihr
Kind den ganzen Tag in der Schule verbringen soll, an welchen Tagen es nach dem Unterricht länger in der Schule bleiben oder an welchen Tagen es lediglich über Mittag verpflegt
werden soll» (Aeberli & Binder 2005, p. 48).

Interessanterweise steht auf dem rückseitigen Einband des Leitfadens, von den
rund 2500 Gemeinden in der deutschen und französischen Schweiz würden
«lediglich 35 über eine *richtige* Tagesschule (verfügen)» (Hervorhebung w. h.).
Wer heute die Frage beantworten will, was eine Tagesschule ist, muss also eine
‹richtige› von einer ‹nicht richtigen› (um nicht zu sagen ‹falschen›) Tagesschule
unterscheiden, die «klassische» Tagesschule von der Tagesschule «à la carte»
abgrenzen oder nach Tagesschulen in *gebundener* oder *offener* Form differen-
zieren. Für Letztere steht in jüngster Zeit auch der Begriff der *Tagesstrukturen*
zur Verfügung. Der Anspruch, wonach sich eine Tagesschule durch ein ganzheitliches Konzept auszeichnet, das die verschiedenen Bereiche von Unterricht, Förderung, Freizeit und Betreuung pädagogisch integriert, geht immer
mehr verloren. Sowohl begrifflich wie real wird die *pädagogische* Tagesschule
durch eine Schrumpfvariante verdrängt, die man auch die *modulare* Tagesschule nennen könnte.

2.1 Begriffliche Wirrnis

Auch in Deutschland wird die Metaphorik von «offen» und «gebunden» be-
nutzt, um der Vielfalt an Tages- bzw. Ganztagsschulen Struktur zu geben. Etabliert hat sich eine Terminologie, die auf die Kultusministerkonferenz (kmk)
– dem Äquivalent zur Schweizerischen Konferenz der kantonalen Erziehungs-
direktoren (edk) – zurückgeht (vgl. Holtappels 2006). Danach ist die «voll gebundene» Form der Ganztagsschule eine Schule, an der die Schülerinnen und
Schüler an mindestens drei (von fünf) Wochentagen für jeweils mindestens
sieben Stunden am Unterricht und an den ausserunterrichtlichen Betreuungsangeboten partizipieren. Die «teilweise gebundene» Form umfasst Schulen, an
denen nur ein Teil der Schülerinnen und Schüler oder nur ein Teil der *Klassen* verpflichtet ist, an mindestens drei Tagen zu sieben Stunden das schulische

Angebot zu nutzen. Die «offene» Form der Ganztagsschule umfasst schliesslich Schulen, an denen die Schülerinnen und Schüler bzw. deren Eltern individuell entscheiden können, welche Angebote ausserhalb der Unterrichtszeit besucht werden und welche nicht. Die Einschreibung ist jeweils für eine gewisse Zeit (meist ein halbes Schuljahr) verbindlich.

Ich halte diese dreifache Unterscheidung nur bedingt für brauchbar, und zwar nicht zuletzt deshalb, weil die *klassische* Form der Tagesschule mit *ganzwöchiger* Verbindlichkeit nicht als eigene Kategorie ausgewiesen wird. Die so genannte voll gebundene Form der Tagesschule ist nicht wirklich *voll* gebunden, da bereits eine Beteiligung an drei Tagen ausreicht, damit das Etikett vergeben wird. Die klassische Tagesschule, die gelegentlich nicht nur «gebundene», sondern auch «geschlossene» und «obligatorische» Tagesschule genannt wird, sollte zumindest als Möglichkeit begrifflich nicht ausgeschlossen werden. Im Übrigen ist die Klassifikation der KMK auch in Deutschland nicht unstrittig; es gibt andere Gliederungsversuche, so insbesondere von Seiten der Wissenschaft (vgl. Holtappels 2005; Kraft 2006).[3]

Zudem scheint die Realität um einiges farbiger zu sein als die Klassifikation der KMK vermuten lässt. Wie Holtappels (2006, p. 6) bemerkt, sind in der schulischen Praxis in den letzten Jahren «zunehmend *Varianten* und *Mischformen* entstanden», und dies «selten aufgrund pädagogisch-konzeptueller Überlegun-

---

3   Dass hier auch eine gewisse Verlegenheit herrscht, zeigen die Medien. So versucht man mit Begriffen wie «echte Tagesschule» (Tages Anzeiger 22.8.1995, p. 23) auf die klassische Form der Tagesschule zu verweisen, und mit Ausdrücken wie «freiwillige Tagesschule» (Der Bund 11.2.1997, p. 23) oder «flexible Tagesschule» (Neue Zürcher Zeitung 16.7.2007, p. 27) sowie mit der Wendung «eine Art flexible Tagesschule» (Neue Zürcher Zeitung 18.8.2008, p. 11) wird zum Ausdruck gebraucht, dass es sich *nicht* um das klassische Modell handelt. Auch Politikerinnen und Politiker haben ihre begrifflichen Probleme. So wurde im Stadtparlament von Bern eine Initiative eingereicht, welche die Einführung von «Ganztagesschulen» fordert (vgl. Der Bund 29.9.2006, p. 23, 3.5.2007, p. 19). Der Begriff wurde bewusst gewählt, um die klassische Idee der Tagesschule zu portieren und gegenüber den bestehenden Tagesschulen, die dem *à la carte*-Modell entsprechen, Distanz zu markieren. Auch die Erziehungsdirektion des Kantons Bern hat den Begriff der Ganztagesschule aufgenommen und in ihren Leitfaden zur Einrichtung von «Tagesschulangeboten» aufgenommen (ERZ 2008). Danach sind Ganztagesschulen Tagesschulen «in gebundener Form», die für die teilnehmenden Kinder im Klassenverband während der ganzen Schulwoche verbindlich sind (ebd., p. 10f.). Damit befindet sich die Schweiz in der paradoxen Situation, auf einen Begriff aus Deutschland zurückzugreifen, um der *klassischen* Idee der Tagesschule (wieder) Auftrieb zu geben, obwohl der Begriff (auch) in Deutschland seine ursprüngliche Bedeutung verloren hat!

gen, [sondern] eher wegen finanzieller oder institutioneller Rahmenbedingungen und spezifischer Nachfragesituationen». Ich vermute, dass man diese Analyse ohne Abstriche auf die Situation in der Schweiz übertragen kann.

Das zeigt wiederum die Terminologie, die laufend um Varianten bereichert wird. So kennt der Kanton Bern nicht nur «Institutionen mit umfassenden Betreuungsangeboten» (Suter 2004), sondern auch «tagesschulähnliche Strukturen» (ebd.). Im revidierten Volksschulgesetz von 2008 ist von «Tagesschulangeboten» die Rede, die von den Eltern modular genutzt werden können (VSG BE 2008, Art. 14d–h). Der Vortrag zur Tagesschulverordnung (2008) spricht explizit von «Tagesschulmodulen» (p. 2), die auch «Betreuungsmodule» (p. 3) genannt werden.[4] Verwendet werden auch die Ausdrücke «familien- und schulergänzende Kinderbetreuung» (ebd., p. 2) sowie «Tagesbetreuungsstrukturen» (ERZ 2008, p. 5).

Von Tagesstrukturen als *Betreuungsangeboten* mit *schulergänzendem* bzw. *ausserschulischem* Charakter ist auch bei HarmoS, dem nationalen Projekt der EDK zur Reform der obligatorischen Schule, die Rede (vgl. EDK 2006, 2007).[5] Das HarmoS-Konkordat erklärt Tagesstrukturen für verbindlich, sofern eine Nachfrage seitens der Eltern besteht. Der entsprechende Artikel lautet (EDK 2007):

«Art. 11 Blockzeiten und Tagesstrukturen

1   Auf der Primarstufe wird der Unterricht vorzugsweise in Blockzeiten organisiert.

2   Es besteht ein bedarfsgerechtes Angebot für die Betreuung der Schülerinnen und Schüler ausserhalb der Unterrichtszeit (Tagesstrukturen). Die Nutzung dieses Angebots ist fakultativ und für die Erziehungsberechtigten grundsätzlich kostenpflichtig.»

---

4   Dementsprechend besteht ein «Tagesschulangebot» aus einem bis vier Modulen, nämlich aus einem Modul Frühbetreuung, einem Modul Mittagsbetreuung, einem Modul Aufgabenbetreuung und einem Modul Nachmittagsbetreuung (vgl. ERZ 2008, p. 9f.). Der Begriff der modularen Tagesschule wird damit leicht nachvollziehbar: Module sind in sich geschlossene Einheiten, die keiner übergeordneten Steuerung bedürfen. Wie passend der Begriff ist, kann das folgende Zitat zeigen: «Modules are self-contained units which, in an educational context, provide students with specific learning experiences» (Badley & Marshall 1995, p. 15). Der Anspruch auf «spezifische Lernerfahrungen» geht im Falle einer modularen Tagesschule allerdings dann noch zu weit, wenn den ausserunterrichtlichen Modulen lediglich eine Betreuungsfunktion zugeschrieben wird.

5   HarmoS steht für «Harmonisierung der obligatorischen Schule» in der Schweiz.

Das HarmoS-Konkordat ist der klassischen Idee der Tagesschule kaum förderlich. Denn erstens ist an keiner Stelle von *Tagesschulen*, sondern immer nur von *Tagesstrukturen* die Rede. Zweitens soll deren Nutzung *fakultativ* sein. Drittens ist die Nutzung der Tagesstrukturen *kostenpflichtig*. Und viertens brauchen die Tagesstrukturen nicht *schulisch* zu sein. Selbst eine Tagesmutter würde bei der EDK als Tagesstruktur durchgehen, wie man ihren Verlautbarungen entnehmen kann (vgl. z. B. EDK 2009).[6]

Den Tagesstrukturen im Sinne des HarmoS-Konkordats fehlt ein zwingendes Merkmal der klassischen Tagesschule, nämlich ein pädagogisches Konzept, das die verschiedenen Bereiche des Unterrichts, der Betreuung, der Förderung, der Freizeit und der Mahlzeiten integriert. Stattdessen wird ein rein *additives* Modell propagiert, wie man es auch von Deutschland her kennt (vgl. Beher & Rauschenbach 2006, p. 59f.; Holtappels 2006, p. 5f.). Dabei werden nicht nur die Zeiten addiert, nämlich Unterrichts- und Betreuungszeit, sondern auch die Räume, nämlich Schule und Hort, die von verschiedenen (teilweise auch privaten) Trägern betrieben werden und zumeist örtlich voneinander getrennt sind. Die «ausserschulische» Betreuung im Rahmen «familien- und schulergänzender» Tagesstrukturen erweist sich damit im wörtlichen Sinn als Betreuung ausserhalb der Schule.

---

6   Man achte auf die Formulierung von Absatz 2: Von Schule ist nicht die Rede! Von daher ergibt sich die eigenartige Wortwahl der «schulergänzenden» bzw. «ausserschulischen Betreuungsangebote». Sie findet sich in Politik und Verwaltung genauso wie in den Medien (z. B. Neue Zürcher Zeitung 23.3.2007, p. 55: «schulergänzende Betreuung»; Neue Zürcher Zeitung 18.8.2008, p. 11: «schulergänzende Tagesstrukturen»). Erstmals erscheint der Ausdruck der «ausserschulischen Betreuungsangebote» vermutlich im Aktionsplan der EDK zu PISA 2000 (vgl. EDK 2003, p. 23f.). Während die PISA-Steuerungsgruppe in *ihren* Empfehlungen, auf die sich die EDK ansonsten bezieht, von «schulischen Begleitstrukturen» (Buschor, Gilomen & McCluskey 2003, p. 31) spricht, die auszubauen seien, änderte die EDK den Akzent von «Begleitung» auf «Betreuung» und von «schulisch» auf «ausserschulisch». Der Begriff der «ausserschulischen Betreuung», der sich in der Schweiz mittlerweile eines breiten politischen Konsenses erfreuen kann, hat in pädagogischer Hinsicht die missliche Konsequenz, dass für das ausserunterrichtliche Angebot einer klassischen bzw. gebundenen Tagesschule eine adäquate Bezeichnung fehlt. Denn für eine Tagesschule im ursprünglichen Sinn des Wortes ist kennzeichnend, dass ein Mittagstisch, eine Aufgabenhilfe und eine nachunterrichtliche Betreuung gerade zum *schulischen* Angebot gehören!

2.2 Blockzeiten

Das HarmoS-Konkordat verweist auf ein weiteres Problem bei der jüngsten Entwicklung des Tagesschulgedankens in der Schweiz. Dabei wird auch ein Unterschied zwischen der Situation in Deutschland und der Schweiz sichtbar. Für Schweizer Ohren klingt der Ausdruck «Ganztagsschule» etwas seltsam, da der Unterricht an unseren Schulen schon immer ganztägig stattgefunden hat, im Unterschied zum deutschen System der *Halbtagsschule*. Insofern ist der begriffliche Kontrast jeweils ein anderer: Der deutsche Begriff der *Ganztagsschule* bringt zum Ausdruck, dass die Kinder die Schule nicht wie bisher lediglich am Morgen besuchen, während der Nachmittag frei ist, sondern *den ganzen Tag*. Der in der Schweiz gebräuchliche Ausdruck der *Tagesschule* betont demgegenüber, dass die Kinder wie bisher ganztätig zur Schule gehen, aber nun durchgehend, d. h. *über den ganzen Tag*.

Für die durchgehende Betreuung bilden *Blockzeiten* – zumindest am Vormittag – eine Art Alternative.[7] In Deutschland ist der Begriff der Blockzeiten praktisch unbekannt, was man leicht erkennen kann, wenn man in deutschen pädagogischen Wörterbüchern nach einem entsprechenden Eintrag sucht. Man findet ihn nämlich nicht.[8] Während der Unterricht in Deutschland durch das System der Halbtagsschule schon immer weitestgehend blockweise erfolgt ist, da sich die Kinder im Normalfall während des ganzen Morgens an der Schule aufhalten, nimmt sich der Stundenplan einer durchschnittlichen (Primar-) Schule in der Schweiz wie ein Emmentaler Käse aus – mit Zeitlöchern, die sich über die ganze Woche verteilen (vgl. Abb. 3).

Das System des so genannten alternierenden Unterrichts hat den Vorteil, dass die Lehrkräfte nicht durchwegs im Klassenverband unterrichten müssen, sondern die Schülerinnen und Schüler in Halbklassen aufteilen können, was eine vergleichsweise hohe Individualisierung ermöglicht. Das wird in Abbildung 3 mit den Buchstaben A und B dargestellt: Während der Hälfte der Zeit werden die Kinder gemeinsam, während der anderen Hälfte getrennt unterrichtet.

---

7   Das kommt beim HarmoS-Konkordat insofern zum Ausdruck, als die Blockzeiten im selben Artikel wie die Tagesstrukturen behandelt werden (vgl. Abschnitt 2.1).

8   Als Beispiel mag das Beltz-Lexikon Pädagogik (Tenorth & Tippelt 2007) dienen. Dort findet man zwar Begriffe wie *Blocksystem* und *Blockunterricht,* doch ist damit etwas anderes gemeint als mit den (schweizerischen) Blockzeiten. Auch Lemmata zur *Tagesschule* und zu den *Tagesstrukturen* wird man im Beltz-Lexikon Pädagogik vergeblich suchen, einem Lexikon, das immerhin rund 6000 Stichwörter umfasst (vgl. Herzog 2008a).

Zeiten	Montag	Dienstag	Mittwoch	Donnerstag	Freitag
1. Lektion	A	B	A	A	B
2. Lektion	A	A+B	A+B	A+B	B
3. Lektion	B	A	A+B	B	A
4. Lektion	B	A	B	B	A
5. Lektion	A+B	B		A	A+B
6. Lektion	A+B	B		A	A+B
7. Lektion	A+B				

Abb. 3: Stundenplanbeispiel für alternierenden Unterricht (aus: Wirz 2006)

Mit der verbindlichen Einführung von Blockzeiten will man die Löcher stopfen und den Bedürfnissen der Eltern entgegenkommen. Der Unterricht wird in Zukunft – wie es im HarmoS-Konkordat heisst (vgl. Abschnitt 2.1) – «vorzugsweise in Blockzeiten organisiert» sein.[9] Das sieht dann aus wie in Abbildung 4. Die Löcher sind verschwunden; aus dem Emmentaler ist gleichsam ein Parmesan Käse geworden.

Doch die Einrichtung von Blockzeiten hat eine paradoxe Konsequenz. Denn Blockzeiten sind in erster Linie für den Vormittag gedacht, also für den Unterricht zwischen 8 und 12 Uhr. So heisst es im Volksschulgesetz des Kantons Zürich: «Der Stundenplan ... gewährleistet einen ununterbrochenen Unterricht oder eine anderweitige unentgeltliche Betreuung während des ganzen Vormittags» (VSG ZH 2005, Art. 27, Abs. 2). Geht man von 25 bis 30 Lektionen pro Woche aus, die in Blockzeiten angeboten werden, dann bewegt man sich – bei einer Fünftagewoche und täglich vier Lektionen am Morgen[10] – auf das deutsche System der Halbtagsschule zu!

Das zeigt auf verblüffende Weise, dass die Schulsysteme von Deutschland und der Schweiz nicht sehr voneinander verschieden sind. Es zeigt aber auch, weshalb Modelle von Blockzeitunterricht in Diskussion sind, bei denen der Nachmittag weiterhin schulisch genutzt werden kann (vgl. EDK 2005; Wirz 2006).

---

9 Ähnlich lautet die Formulierung in den (revidierten) Volksschulgesetzen einiger Kantone, wie zum Beispiel dem Kanton Bern: «Der Unterricht findet soweit als möglich in Blockzeiten statt» (VSG BE 2008, Art. 11, Abs. 2).

10 Im Volksschulgesetz des Kantons Bern heisst es: «Die Blockzeiten umfassen mindestens vier Lektionen an den Vormittagen» (VSG BE 2008, Art. 11a, Abs. 2).

Denn verständlicherweise will man vermeiden, die Halbtagsschule einzuführen, wo doch die Einrichtung von mehr Tagesschulen auf der Agenda steht.

	Montag	Dienstag	Mittwoch	Donnerstag	Freitag
Frühbetreuung	Modul 11	Modul 12	Modul 13	Modul 14	Modul 15
Unterricht			A + B		
Mittagstisch	Modul 1	Modul 2	Modul 3	Modul 4	Modul 5
Unterricht oder Betreuung am Nachmittag 4. Lektion	A	Modul 6 / Modul 7	Modul 8 / B	A	Modul 9 / Modul 10 / B
Betreuung am Spätnachmittag	Modul 16	Modul 17	Modul 18	Modul 19	Modul 20

Abb. 4: Stundenplanbeispiel für Blockzeiten mit Tagesstrukturen (aus: Wirz 2006)

Eine Möglichkeit, die Halbtagsschule zu vermeiden, liegt darin, den Nachmittag mit «ausserschulischen» Betreuungsangeboten aufzufüllen. Nicht wenige Schulgemeinden werden durch den gesetzlichen Zwang, Blockzeiten einzuführen, dazu verleitet, ihre Schule, die bisher bei weitem keine Tagesschule war, durch eine Mittagsverpflegung und ein nachmittägliches Betreuungsangebot in eine solche zu verwandeln. Dabei handelt es sich jedoch in keiner Weise um die klassische Form der Tagesschule, sondern um die abgespeckte Variante der modularen Tagesschule.

3   Die Pädagogik im Schatten der Politik

Pädagogisch stehen wir vor einer fragwürdigen Situation. Nicht nur lässt sich die Frage «Was ist eine Tagesschule?» ohne langfädige begriffliche Exkurse kaum noch beantworten. Was uns entschwindet, ist auch die Idee, wonach eine

Tagesschule eine spezifische *Form* von Schule darstellt, die einem integrativen pädagogischen Konzept genügen muss und nicht alles Beliebige sein kann.

3.1 Dominanz der Wirtschaftspolitik

Was Deutschland anbelangt, ist die KMK trotz ihrer liberalen Definition der Meinung, dass für Ganztagsschulen die Anforderung eines pädagogischen Konzepts unabdingbar ist (vgl. Jürgens 2006, p. 196). Um die Erwartungen an eine Tagesschule zu erfüllen, muss das Angebot an Bildung und Betreuung eine integrative Struktur aufweisen. Darin liegt eine Art *Minimalstandard* für eine Tages- bzw. Ganztagsschule. Das zeigt auch der Leitfaden von *Avenir Suisse,* der die pädagogische Gestaltung als wesentliches Element einer Tagesschule deutlich herausstreicht (vgl. Aeberli & Binder 2005). Ebenso wird im Handbuch des *Vereins Tagesschulen Schweiz* mehrfach auf die Bedeutung eines pädagogischen Konzepts für die Einrichtung einer Tagesschule hingewiesen (vgl. Binder, Tuggener & Mauchle 2000).

In der erziehungswissenschaftlichen Literatur ist man sich einig: Der Vorzug einer Tagesschule liegt in ihren *pädagogischen* Möglichkeiten (vgl. Holtappels 2006; Ludwig 1993, 2004; Radisch & Klieme 2004; Popp 2006; Tillmann 2004). Die Tagesschule soll (endlich) erlauben, aus der Lektionen- und Unterrichtsschule einen Erfahrungs- und Lebensraum zu machen, in dem es nicht nur um Stoffvermittlung, sondern auch um soziales Lernen, Abbau ungleicher Bildungschancen, individuelle Förderung, soziale Integration und neue (offene) Formen von Unterricht geht. Gelegentlich ist gar von einer «Entgrenzung» der Schule (Kolbe 2006) und ihrer «Entschulung» (Ramseger 2007) die Rede. Die Schule soll sich öffnen, insbesondere gegenüber der Jugendarbeit und der schulischen Sozialarbeit. Wenn es gelingt, die Schule zu einer *pädagogischen* Organisation zu machen, dann kann eine neue Lehr- und Lernkultur etabliert werden, wenn nicht, wird das Reformpotential der Tagesschule verspielt.

So gesehen, ist verständlich, wenn man Stimmen hört, die das «niedrige Kompromissniveau» (Rother 2005, p. 479) beklagen, auf das man sich in Deutschland mit dem Investitionsprogramm «Zukunft Bildung und Betreuung» geeinigt hat. Der Begriff der Ganztagsschule laufe Gefahr, «seine ursprünglichen, noch einigermassen klaren Konturen zu verlieren, die sich u. a. an Zielen der Chancengleichheit, der Akzentuierung des individuellen Förderprinzips und dem Wandel der schulischen Lernkultur festmachen liessen» (Jürgens 2006, p. 197).

Jürgens geht so weit, in den offenen Ganztagsschulen einen «mehr oder weniger grossen Etikettenschwindel» (ebd., p. 198) zu vermuten.

Etwas weniger weit geht Holtappels (2006, p. 26), der von der «Ausbau-Qualitäts-Falle» spricht, in welche die Ganztagsschulen getappt seien. Mit der Steigerung des Ausbautempos vermöge die Qualität nicht mitzuhalten. Was zu häufig stattfinde, so Kolbe (2006, p. 167) mit Bezug auf die Einführung ganztägiger Schulangebote in Rheinland-Pfalz, sei eine «Verlängerung von Schule mit tendenziell den gleichen Zwängen und einer vergleichbaren Fremdbestimmtheit». Damit gerate die Ganztagsschule in Gefahr, «die pädagogisch professionelle, alles entscheidende Leistung zu verfehlen, nämlich Spielräume von Autonomie zu gewähren und gleichzeitig Verbindlichkeit und Kontrolle zuzumuten» (ebd.).

Insgesamt lässt sich nicht übersehen, dass die wachsende Akzeptanz von Tagesschulen mit deutlichen Abstrichen an der ursprünglichen *Idee* der Tagesschule verbunden ist. Dafür verantwortlich sind offenbar zwei Gründe. Einerseits hat sich das Machtverhältnis zwischen Schule und Familie verschoben, andererseits ist die Bildungspolitik aus ihrer Lethargie erwacht. Was den ersten Punkt anbelangt, so kann man seit längerem beobachten, wie die Eltern gegenüber der Schule an Einfluss gewinnen (vgl. Herzog 1997; Tyrell 1987). Das ist historisch gesehen ein neues Phänomen, denn lange Zeit hatte die Schule gegenüber der Familie eine Vorrangstellung. Es war die Schule, die der Familie – und das hiess in erster Linie: den Müttern – den Tagesablauf diktierte und nicht umgekehrt. Das hat sich inzwischen geändert, und zwar bedingt durch eine wachsende Individualisierung der Gesellschaft (vgl. Beck 1986), die auch die Familie erfasst hat (vgl. Herzog, Böni & Guldimann 1997). Die Familie bildet nicht mehr jenes Kollektiv, das der Schule lange Zeit als unverbrüchliche *Einheit* gegenüber gestanden hat. Immer mehr muss die Schule mit einem Ansprechpartner rechnen, der nicht mit einer, sondern mit zwei Stimmen spricht: mit den Stimmen zweier Eltern, die ihre je eigenen Bedürfnisse haben.

Dabei geht es zunächst nicht um Fragen der pädagogischen Qualität von Schule, sondern um rein organisatorische Massnahmen. Die Schule soll sich so verändern, dass *beide* Eltern die Möglichkeit haben, einer Erwerbsarbeit nachzugehen. Dazu sind Blockzeiten unter Umständen bereits ausreichend. Wenn nicht, dann genügt ein Angebot an Tagesstrukturen, um die Erwartungen der Eltern zu erfüllen. Das heisst für die klassische Tagesschule, dass auch *sie* zunächst nicht wegen ihrer *pädagogischen* Vorzüge ins Blickfeld der elterlichen

Aufmerksamkeit rückt, sondern weil sie Vater und Mutter erlauben, ihren Tagesablauf nach eigenen Ansprüchen zu gestalten.

Der zweite Grund für die Entwicklung weg von der gebundenen Form der Tagesschule liegt in der Bildungspolitik, die nach einer längeren Phase der Lethargie neuen Elan verspürt. In der Schweiz erleben wir seit einiger Zeit eine geradezu hektische Umgestaltung des Bildungssystems: Einführung der Berufsmaturität, Schaffung von Fachhochschulen und Pädagogischen Hochschulen, Reform der gymnasialen Maturität, die bereits in eine nächste Runde geht, Übernahme des angloamerikanischen Studiensystems im Tertiärbereich, Reform der Berufsbildung, die noch lange nicht abgeschlossen ist, Vereinheitlichung der obligatorischen Schule etc. Viele dieser Reformen verdanken sich einer gewissen Angst, die Schweiz könnte ihre wirtschaftliche Spitzenposition in der globalisierten Welt verlieren.[11] Beflügelt vom Glauben, wonach die Bildung in der Informations- und Wissensgesellschaft einen Standort- und Produktionsvorteil bietet, wird die Schule zur ökonomischen Investition, zur Äufnung von Humankapitel und zur Produktionsstätte von Kompetenz.

Der Prinz, der die Bildungspolitik wach geküsst hat, ist demnach die Wirtschaft. Das ist in Deutschland nicht anders als in der Schweiz. In der Begründung des Investitionsprogramms «Zukunft Bildung und Betreuung» heisst es unter anderem, mit dem Programm

> «soll die Schaffung einer modernen Infrastruktur im Ganztagsschulbereich unterstützt und der Anstoss für ein bedarfsorientiertes Angebot in allen Regionen gegeben werden. Die Qualitätsverbesserung unseres Bildungssystems hat eine nachhaltige gesamtwirtschaftliche Dimension. Durch eine frühzeitige und individuelle Förderung aller Potenziale in der Schule wird ein entscheidender Beitrag zur Qualifizierung für die zukünftige Erwerbsarbeit geleistet. Dadurch kann das vorhandene Potenzial an gut ausgebildeten Arbeitskräften besser ausgeschöpft werden, und es können neue, zukunftssichere Arbeitsplätze entstehen» (BMBF, zit. nach Jürgens 2006, p. 195).

Die Schlüsselbegriffe in dieser Passage sind «gesamtwirtschaftliche Dimension», «Qualifizierung für die zukünftige Erwerbsarbeit», «Ausschöpfung des Potentials an Arbeitskräften» und «Schaffung neuer Arbeitsplätze». Keines der *pä-*

---

11   Das trifft in ähnlicher Weise auch auf andere Länder zu (vgl. Darling-Hammond & Bullmaster 1997; Vonk 1997).

dagogischen Argumente, die sonst für die Tagesschule vorgebracht werden, ist in dem Zitat vertreten. Allenfalls spielt noch PISA eine gewisse Rolle (vgl. Tillmann 2004, p. 196; Stecher 2006, p. 214). Denn mit Ganztagsschulen soll eine Steigerung der Lernleistungen der (deutschen) Schülerinnen und Schüler erreicht werden.[12] Aber auch dieses Argument ist wirtschaftspolitisch motiviert, wie man leicht sehen kann. Denn als Instrument des Bildungsmonitoring der OECD, der «Organisation for *Economic* Cooperation and Development», soll PISA den teilnehmenden Ländern erlauben, ihre Bildungssysteme im Hinblick auf die Generierung von Humankapital besser zu steuern (vgl. Keeley 2007; OECD 1999).[13]

Insofern steht die Tagesschule nicht nur im Lichte der Sozial- und Familienpolitik, sondern auch, wenn nicht in erster Linie, im Fokus der Wirtschaftspolitik. Kraft (2006, p. 154) ist durchaus zuzustimmen, wenn er meint, das «entscheidende Argument für die Einführung der Ganztagsschule» sei zurzeit «volkswirtschaftlich begründet». Der Aufwind, den die Tagesschulen seit kurzem verspüren, verdankt sich einer wieder belebten Bildungspolitik, die ihre Ideen fast gänzlich aus ökonomischen Analysen und betriebswirtschaftlichen Postulaten bezieht. Das breite Spektrum an Argumenten, die für Tagesschulen sprechen, wird einseitig ausgeschöpft, indem auf *pädagogische* Argumente nur mehr marginal Bezug genommen wird.

---

12 Oelkers (2004, p. 221) nennt als die «beiden zentralen Reformthemen in der bildungspolitischen Reaktion auf PISA» die nationalen Bildungsstandards und die Ganztagsschulen. In Bezug auf Deutschland mag dies zutreffen; in Bezug auf die Schweiz stehen die Tagesschulen weit weniger im Vordergrund – zumindest nicht bei der EDK, die sich ausdrücklich mit Tagesstrukturen begnügt (vgl. Abschnitt 2.1). Vergleicht man die Reaktionen der EDK und der KMK auf PISA 2000, so findet man bei der EDK (2002, 2003) keinen Hinweis auf den Ausbau von Tagesschulen, während sich die KMK (2003) ausdrücklich für «Massnahmen zum Ausbau von schulischen und ausserschulischen Ganztagsangeboten» ausgesprochen hat.

13 In jüngster Zeit kann man in der Schweiz oft hören, Tagesschulen würden den Gemeinden einen Standortvorteil bieten. Auch das ist ein wirtschafts- bzw. finanzpolitisches Argument (weshalb es nicht falsch sein muss). Ebenso wird hie und da erwähnt, dank der Vereinbarkeit von Erwerbsarbeit und Erziehung durch Tagesschulen würde die Geburtenrate wieder steigen. Als Beleg wird zumeist auf Frankreich und Schweden verwiesen, wo die Geburtenrate in der Tat höher ist als in anderen europäischen Ländern, aber auch die familienexterne Kinderbetreuung gut ausgebaut ist. Der Zusammenhang lässt sich aber auch anhand von kantonalen Differenzen in der Schweiz nachweisen (vgl. Bonoli 2008).

3.2 Organisation statt Pädagogik

Wie gering der Stellenwert pädagogischer Argumente in der aktuellen Bildungspolitik ist, belegt auch das HarmoS-Projekt. Im Zentrum des Projekts steht die
Einführung von Bildungsstandards, worin sich die Situation in der Schweiz und
in Deutschland erneut als übereinstimmend erweist. Denn auch in Deutschland steht die Einführung von Bildungsstandards im Zentrum der laufenden
Reformen im Bildungswesen. Für die Nähe der beiden Länder spricht zudem,
dass die Expertise «Zur Entwicklung nationaler Bildungsstandards», auf die
man sich in Deutschland stützt (vgl. Klieme et al. 2003), auch in der Schweiz
die wesentliche Referenz für die Ausarbeitung der Bildungsstandards bildet.

Die Standards, um die es in Deutschland wie in der Schweiz geht, sind auf
Lernleistungen bezogene *Outputstandards* mit *nationaler* Verbindlichkeit (vgl.
Herzog 2008b, 2008c). Sie lassen genau das offen, was eine Tagesschule definiert, nämlich der Input- und der Prozessbereich der Schule. Die schulischen
Strukturen bleiben im Kern unangetastet; vereinheitlicht werden lediglich die
«Eckwerte» des Systems, wie der Schulbeginn (mit vier Jahren), die Schuldauer
(elf Jahre), der Übertritt in die Sekundarstufe I (nach acht Jahren), die Lehr-
pläne (auf sprachregionaler Ebene) und die Mindestleistungen in den wichtigsten Fächern (vgl. EDK 2004, 2007). Was innerhalb dieser «Eckwerte» geschieht,
ist weiterhin den Kantonen und Gemeinden überlassen.

Dazu gehört beispielsweise die Frage, ob der Kindergarten (nunmehr obligatorisch und zweijährig) beibehalten oder eine (drei- bzw. vierjährige) Grund-
oder Basisstufe eingeführt werden soll. Auch die Gestaltung der Sekundarstufe
I wird den Kantonen überlassen. Dementsprechend äussert sich HarmoS auch
nicht zur Weiterexistenz der Langzeitgymnasien (die zurzeit an die sechste und
künftig an die achte Primarschulklasse anschliessen). Ebenso wenig ist das
Schicksal der Sonderschulen und Sonderklassen Thema des HarmoS-Konkordats. Und *last but not least* finden sich auch zu den Tagesstrukturen keine verbindlichen Aussagen. Explizit soll bei den Tagesstrukturen «kein nationales Modell» vorgeschrieben werden (vgl. EDK 2009). Das schweizerische Schulsystem
soll vereinheitlicht werden *unter Wahrung seiner überkommenen Strukturen.*

Wie wenig HarmoS von der Idee einer *neuen* Schule durchwirkt ist, zeigt der
Vernehmlassungstext zum Konkordatsentwurf. Im Abschnitt zur «Gestaltung
des Schultags» (EDK 2006, p. 21) trifft die EDK eine Unterscheidung zwischen
Schule und *Nicht-Schule,* und zwar dahingehend, dass Blockzeiten eine «rein

schulorganisatorische Massnahme» (ebd.) seien, während die «schulische Obhut [!] der Kinder während täglich fixen Zeiträumen» (ebd.) eine Massnahme darstelle, «die *nicht* ... schulisch bedingt» (ebd. – Hervorhebung w. h.) sei. Das hat nicht nur die fragwürdige Konsequenz, dass Schule auf Unterricht reduziert wird.[14] Indem die Obhut der Kinder als *nicht-schulische* Massnahme ausgegeben wird, stellt sich zudem die klassische Tagesschule geradezu als Anomalie heraus. Schon rein begrifflich erweist sie sich als hölzernes Eisen!

Der terminologische Kraftakt, mit dem die EDK die Idee einer *pädagogisch* begründeten Tagesschule zurückweist, zeigt, wie wenig das HarmoS-Projekt dem Tagesschul-Gedanken förderlich ist. Wenn sich die EDK in Bezug auf die Finanzierung von Tagesstrukturen zudem – mit einem eigenartigen Argument – auf die «verfassungsmässig garantierte Unentgeltlichkeit der obligatorischen Schule» (EDK 2006, p. 21)[15] beruft, dann grenzt sie sich über die Bereinigung der Begriffe hinaus auch *faktisch* von der Tagesschule ab. Denn der unentgeltliche Zugang bildet einen wesentlichen Bestandteil der klassischen Idee der Tagesschule.[16] Alles, was ausserhalb des Unterrichts geschieht, erachtet die EDK als bildungsirrelevant: «Die Organisation von Tagesstrukturen ... geht über den rein schulischen Rahmen hinaus und ist somit eine Aufgabe der Sozial- und Familienpolitik» (Chassot 2007, p. 3). Damit rückt die EDK die Tagesschule nicht nur ins Licht der Sozialhilfe, mit ihrer Argumentation erweckt sie darüber hinaus den Eindruck, die staatliche Finanzierung von Tagesschulen – und handle es sich nur um eine Teilfinanzierung – sei nicht verfassungskonform – ein wahres Sperrfeuer gegen den weiteren Ausbau von gebundenen Tagesschulen.

14　Eine Konsequenz, die allerdings mit der terminologischen Bereinigung der EDK in Sachen «ausserschulische Betreuungsangebote», auf deren Problematik bereits hingewiesen wurde (vgl. Fussnote 6), in völliger Übereinstimmung steht. Ganz offensichtlich kommt der Begrifflichkeit der EDK eine programmatische und *politische* Bedeutung zu. Die Begriffe verdanken sich der allein politisch begründbaren Entscheidung, am traditionellen Modell der Schule als Unterrichtsschule und Lehranstalt festzuhalten. Dann nämlich erscheint *alles*, was ausserhalb des Unterrichts an «Tagesstrukturen» oder «Betreuungsmodulen» angeboten wird, bereits als «ausserschulisch» bzw. «schulergänzend»!

15　Gemeint ist vermutlich Art. 62, Abs. 2 der Schweizerischen Bundesverfassung.

16　Zu Recht hält der *Verein Tagesschulen Schweiz* an dieser Forderung fest (vgl. VTS 2007). Kosten verstärken die soziale Selektivität der (Tages-)Schule und halten genau jene Eltern davon ab, Tagesstrukturen zu nutzen, deren Kinder davon am meisten profitieren würden (vgl. Beher & Prein 2007).

Offensichtlich sieht die EDK Tagesstrukturen in einem rein *organisatorischen* Rahmen. Es geht um die Vereinbarkeit von Familie und Schule, nicht um eine andere Schule. Da für die EDK auch Blockzeiten eine rein organisatorische Massnahme darstellen (vgl. oben), befördert sie den Trend in Richtung modulare Tagesschulen. Unterstützung für die klassische Idee der Tagesschule ist von Seiten der offiziellen Bildungspolitik auf nationaler Ebene nicht zu erwarten.

Die pädagogische Abstinenz der EDK hat für die Schulen, vergleichbar der Einführung von Blockzeiten, eine missliche Konsequenz. Denn was bisher ein Problem der *Familie* war – ein Kind geht um 8 Uhr in die Schule und kommt um zehn wieder nach Hause, das andere geht um 9 Uhr in den Kindergarten und kommt um elf zurück, das dritte geht um 10 Uhr in die Schule und kommt um zwölf nach Hause, und am Nachmittag wiederholt sich das Ganze –, dieses Problem der *Familie*, das man mit Blockzeiten und Tagesstrukturen lösen will, wird in Zukunft die *Schule* haben. Die einen kommen schon um 7 Uhr und nutzen das Auffangmodul, die anderen erst um 8 Uhr, die einen gehen um 12 Uhr nach Hause, um mit der Familie zu essen, die anderen nehmen am Mittagstisch teil, am Nachmittag kommen die einen um 14 Uhr und bleiben bis 18 Uhr, die anderen gehen schon um 16 Uhr etc. Eingerichtet wird ein Verschiebebahnhof, der weder der Schule noch den Kindern zum Wohl gereicht. Etwas resigniert nimmt man zur Kenntnis, dass das Schwarzpeterspiel zwischen Familie und Schule, wie es sich in den letzten Jahren eingespielt hat, auf den Betreuungsbereich überschwappt, wo die Schule – aufgrund der wachsenden Macht der Eltern – eindeutig die schlechteren Karten hat.

Indem sie im Organisatorischen verbleibt, kappt die EDK die Tagesschule um ihre pädagogischen Ansprüche. Eine Diskussion struktureller Fragen erübrigt sich, wenn das Pädagogische keine Rolle spielt. Eine *pädagogische* Reform der Schule, wie sie die Idee der Tagesschule beinhalten würde, scheint unnötig zu sein. Es ist aber eine Illusion zu glauben, mit rein organisatorischen Massnahmen liessen sich Ziele erreichen, wie sie gelegentlich auch von der EDK genannt werden, nämlich mehr Gleichheit der Bildungschancen, eine bessere Integration von Kindern mit ‹Migrationshintergrund›, die stärkere Förderung individueller Begabungen u. ä. Um solche *pädagogisch* begründeten Ziele zu erreichen, genügt es nicht, die Schule bloss organisatorisch umzugestalten. Vielmehr wäre sie insgesamt neu auszurichten. Dann aber würde sich die klassische Form der Tagesschule als die bessere Alternative erweisen als deren trendige Modularvariante.

4   Ein kontroverser Vorschlag

Was pädagogisch denkbar und politisch machbar ist, stimmt oft nicht überein. Es fällt leicht, mit pädagogischen Argumenten für die klassische Tagesschule zu werben, aber lässt die politische Wirklichkeit etwas anderes als modulare Tagesschulen überhaupt zu? Es ist auch nicht zu bestreiten, dass die offene Tagesschule einige Vorteile hat. Auf keinen Fall möchte ich mich daher *gegen* dieses Modell von Tagesschule aussprechen. Und trotzdem stellt sich die Frage, ob man dem Trend in Richtung Tagesschule *à la carte* nicht etwas entgegensetzen kann. Müssen wir uns den ökonomischen Imperativen und technokratischen Selbstbeschränkungen der aktuellen Bildungspolitik beugen und einfach hinnehmen, dass der Preis für den politischen Erfolg der Tagesschule ihre Entpädagogisierung ist? Oder haben wir eine Chance, der klassischen Tagesschule wieder etwas mehr Gehör zu verschaffen?

Mein Vorschlag ist heikel, weil er an eine Diskussion anschliesst, die kontrovers geführt wird. Um nicht mit der Tür ins Haus zu fallen, möchte ich vorerst die Schweiz als bildungspolitisch interessantes Studienobjekt bezeichnen. Dies weniger wegen der föderalistischen Struktur ihres Bildungswesens. Hier unterscheiden wir uns kaum von anderen Ländern, wie Deutschland, Kanada oder den USA. Ich meine vielmehr die direkte Demokratie, die es den Bürgerinnen und Bürgern erlaubt, politische Anliegen, die sie von ihren Repräsentanten in der Regierung nicht wahrgenommen sehen, selber aufzugreifen, indem sie eine Initiative lancieren. Für die Tagesschule ist dies ein wesentliches politisches Instrument, da nicht wenige Tagesschulen, die in der Schweiz eingerichtet wurden, auf solche Initiativen zurückgehen.

Worauf ich hinaus will, sind aber nicht die verschiedenen Initiativen zur Schaffung von Tagesschulen, die zustande gekommen oder noch hängig sind. Vielmehr denke ich an die Initiativen zur freien Schulwahl, wie sie in verschiedenen Kantonen von der *Elternlobby Schweiz* vorangetrieben werden. Deren Anliegen ist ein Systemwechsel im obligatorischen Schulbereich, der die freie Wahl zwischen privaten und staatlichen Schulen zur Folge hätte. Persönlich glaube ich nicht, dass die Initiativen grossen Erfolg haben werden, da das Stimmvolk selten Bereitschaft zeigt, bewährte Strukturen radikal umzubauen.[17]

---

17   Die Volksabstimmung vom 30. November 2008 im Kanton Basel-Landschaft, der bisher als einziger Kanton zur Initiative der *Elternlobby Schweiz* Stellung nehmen konnte, erbrachte einen Nein-Stimmenanteil von 79 Prozent (vgl. Neue Zürcher Zeitung 1.12.2008, p. 15).

Der Ruf nach mehr Freiheit und Wettbewerb im Bildungswesen ertönt aber von verschiedener Seite. HarmoS, das auf Gleichheit («Harmonie») setzt, wird landesweit eher *weniger* als mehr Wahlmöglichkeiten bringen. Allerdings geht die Vereinheitlichung der «Eckwerte» der obligatorischen Schule mit dem Versprechen einher, den einzelnen Schulen mehr pädagogische Autonomie zu geben (vgl. Klieme et al. 2003, p. 15, 49, 123). Konsequent weitergeführt, hätte das Argument zur Folge, dass weitere Vorgaben zurückgenommen und der Gestaltung vor Ort überlassen werden könnten. Die Umstellung der Systemsteuerung vom Input- auf den Outputbereich, die Festlegung von Mindeststandards und die Kontrolle der Schulen im Rahmen von externen Evaluationen und einem nationalen Bildungsmonitoring liessen es zu, den Schulen auch in struktureller Hinsicht mehr Gestaltungsfreiheit zu geben. Dies würde es einer Schule erlauben, sich im klassischen Sinn als Tagesschule zu profilieren. Wenn der Staat sein Augenmerk auf den schulischen Output legt und die Bereitstellung von Ressourcen von Leistungsaufträgen abhängig macht, könnte er getrost eine beschränkte Form von freier Schulwahl zulassen. Nicht nur *wie* der Output erzeugt wird, sondern auch *in welchem Rahmen* könnte dem Spiel des Wettbewerbs überlassen werden.

Interessanterweise geht der Begriff der *Mindeststandards,* wie er beim HarmoS-Projekt verwendet wird, auf Milton Friedman – einen dezidierten Verfechter der freien Schulwahl – zurück, der die Rolle des Staates gegenüber der Bildung darauf limitierte, zu gewährleisten, «that the schools met certain *minimum standards,* such as the inclusion of a minimum common content in their programs, much as it now inspects restaurants to insure that they maintain minimum sanitary standards» (Friedman 1962, p. 89 – Hervorhebung w. h.). Die Schule soll zwar eine öffentliche Angelegenheit bleiben, weshalb dem Staat eine Kontrollfunktion zukommt, aber wohin die Eltern ihre Kinder schicken, darf ihnen nicht vorgeschrieben werden.

Die Kantone könnten sich zurückhalten und die freie Wahl (vorerst) zwischen den *staatlichen* Schulen zulassen. Diese gezähmte Variante der freien Schulwahl hätte zur Folge, dass Eltern im Rahmen eines zu definierenden Einzugsgebiets zu *sämtlichen* öffentlichen Schulen Zugang hätten und ihre Kinder dorthin schicken könnten, wo es ihnen am besten scheint. Falls eine dieser Schulen eine klassische Tagesschule wäre, ergäben sich keine Probleme mit der Verbindlichkeit des Angebots für *alle* Schülerinnen und Schüler, denn es läge in der freien Entscheidung der Eltern, ihre Kinder auf diese Schule zu schicken oder nicht.

Stellen wir zwei Dinge in Rechnung. *Erstens* ist die aktuelle politische Lage der klassischen Idee der Tagesschule nicht gerade zuträglich. Der Druck der Eltern auf die freie Nutzung des Angebots an Tagesbetreuung hat zur Folge, dass die «gebundene» bzw. «geschlossene» Tagesschule sukzessive durch ihre «offene» Schrumpfvariante verdrängt wird. In der Schweiz entsprechen die neu gegründeten Tagesschulen fast ausschliesslich dem *à la carte*-Modell. HarmoS wird diesen Trend eher noch verstärken, wie wir gesehen haben (vgl. Abschnitt 3.2). Damit wird sich nicht nur der *Begriff* der Tagesschule weiter zersetzen, sondern auch ihre realen Konturen werden immer verschwommener. Je mehr alles Mögliche eine Tagesschule sein kann, desto grösser werden zudem die Schwierigkeiten zu erkennen, ob Tagesschulen tatsächlich bessere Schulen sind.

Der *zweite* Punkt, den wir bedenken sollten, betrifft die Verpflichtung zum Besuch einer Tagesschule. Es ist nachvollziehbar, wenn der Staat am Prinzip der freien Nutzung der Betreuungsangebote festhält, solange keine freie Schulwahl besteht. Denn die Alternative wäre die obligatorische Tagesschule *für alle*, die aber zurzeit weder in der Schweiz noch in Deutschland politisch eine Chance hätte. Folglich ist unausweichlich, dass die Entscheidung, ob ein Kind ein Betreuungsangebot nutzt oder nicht, bis auf weiteres den Eltern überlassen bleibt.

Soll der klassischen Tagesschule unter diesen Voraussetzungen auch in Zukunft eine Chance gegeben werden, kommen wir schwerlich um eine moderate Form der freien Schulwahl herum. Zu wählen wäre nicht aus dem modularen Angebot an Tagesstrukturen *einer* Schule, zu wählen wäre vielmehr zwischen einer klassischen Tagesschule und einer *anderen Schule* (die auch eine Tagesschule *à la carte* sein könnte). Vorausgesetzt würde lediglich, dass es im Einzugsgebiet einer Familie verschiedene Schultypen gibt, von denen mindestens einer eine klassische Tagesschule wäre.

Wichtig scheint mir bei diesem Vorschlag, dass das modulare Modell der Tagesschule keine Abwertung erfährt. Vielmehr wäre es *ein* Schultyp neben anderen. Unser Schulsystem könnte durchaus etwas mehr Vielfalt ertragen. Den Anspruch auf Angleichung und Harmonisierung der Schule in Ehren, aber zuviel Harmonie war in pädagogischer Hinsicht noch nie von Gutem. Insofern läuft meine Kritik keineswegs auf eine Aufhebung der modularen Tagesschule hinaus. Wofür ich plädiere, ist ein breiteres Angebot an Schulmodellen. Weshalb dürfen in einer Gesellschaft, die sich zunehmend pluralisiert, nicht auch die Schulen etwas vielfältiger sein?

Die Tagesschule wird systematisch falsch verstanden, wenn sie lediglich in einer organisatorischen Perspektive wahrgenommen wird. Sie ist nicht einfach die Schule, wie wir sie kennen, erweitert um ein kustodiales Zubehör, das genutzt werden kann oder nicht. Als *pädagogische* Schule ist die Tagesschule keine Summe von frei kombinierbaren Modulen, sondern eine *ganzheitliche* Schule, die durch pädagogische Ansprüche integriert wird. Pädagogisch geht es weder darum, dass die Eltern ihren Tagesablauf um die Schule herum organisieren können, noch darum, dass die Wirtschaft zu ihren Arbeitskräften kommt. Beides sind zwar legitime Argumente, die für die vermehrte Einrichtung von Tagesschulen sprechen. Aber pädagogisch muss es um etwas anderes gehen, nämlich um eine Schule, die den Kindern und ihrer Entwicklung einen optimalen Rahmen bietet.

Wenn die Tagesschule weiterhin eine Chance haben soll, «dann muss sie eine ganztägige *andere* Schule als die bisherige sein» (Ramseger 2007, p. 2 – Hervorhebung w. h.). Sofern wir an Tagesschulen auch pädagogische Ansprüche stellen wollen, können wir der aktuellen Entwicklung nicht einfach zusehen. Dann aber könnte die freie Schulwahl innerhalb eines beschränkten, öffentlich kontrollierten Angebots eine potente Option sein, um der schleichenden Entpädagogisierung der Schule durch die aktuelle Bildungspolitik entgegenzuwirken.

Literaturverzeichnis

AEBERLI, C.; BINDER, H.-M. (2005). *Das Einmaleins der Tagesschule. Ein Leitfaden für Gemeinde- und Schulbehörden.* Zürich: Avenir Suisse.

BADLEY, G.; MARSHALL, S. (1995). *53 Questions and Answers about Modules and Semesters.* Melksham: The Cromwell Press.

BECK, U. (1986). *Risikogesellschaft. Auf dem Weg in eine andere Moderne.* Frankfurt a. M.: Suhrkamp.

BEHER, K.; RAUSCHENBACH, T. (2006). Die offene Ganztagsgrundschule in Nordrhein-Westfalen. Ein gelungenes Zusammenspiel von Schule und Jugendhilfe? *Zeitschrift für Erziehungswissenschaft, 9,* 51–66.

BEHER, K.; PREIN, G. (2007). Wie offen ist der Ganztag? *DJI-Bulletin, Nr. 78,* 15–16.

BINDER, H.-M.; TUGGENER, D.; MAUCHLE, M. (2000). *Handbuch für die Planung und Realisierung öffentlicher Tagesschulen.* Zürich: Werd.

BONOLI, G. (2008). The Impact of Social Policy on Fertility: Evidence from Switzerland. *Journal of European Social Policy, 18,* 64–77.

BUSCHOR, E.; GILOMEN, H.; MCCLUSKEY, H. (2003). *PISA 2000: Synthese und Empfehlungen.* Neuchâtel: Bundesamt für Statistik.

CHASSOT, I. (2007). Die Nutzung von Tagesstrukturen soll freiwillig sein (Interview). *Info Nr. 38 (Informationsbulletin des Vereins Tagesschulen Schweiz),* 3–4.

COELEN, T. (2004). «Ganztagsbildung» – Integration von Aus- und Identitätsbildung durch die Kooperation zwischen Schulen und Jugendeinrichtungen. In Otto, H.-U.; Coelen, T. (Eds.), *Grundbegriffe der Ganztagsbildung. Beiträge zu einem neuen Bildungsverständnis in der Wissensgesellschaft* (p. 247–267). Wiesbaden: vs Verlag für Sozialwissenschaften.

DARLING-HAMMOND, L. WITH THE ASSISTANCE OF M. L. BULLMASTER (1997). The Changing Social Context of Teaching in the United States. In Biddle, B. J.; Good, T. L.; Goodson, I. F. (Eds.), *International Handbook of Teachers and Teaching, Vol. II* (p. 1053–1079). Dordrecht: Kluwer.

EDK [SCHWEIZERISCHE KONFERENZ DER KANTONALEN ERZIEHUNGSDIREKTOREN] (2002). *Erklärung der EDK zu den Ergebnissen von «PISA 2000». Erklärung vom 7. März 2002.* Verfügbar unter: http://www.edk.ch/dyn/11672.php [22.1.2009].

EDK [SCHWEIZERISCHE KONFERENZ DER KANTONALEN ERZIEHUNGSDIREKTOREN] (2003). *Aktionsplan «PISA 2000»-Folgemassnahmen. Beschluss vom 12. Juni 2003.* Verfügbar unter: http://www.edudoc.ch/static/web/arbeiten/pisa2000_aktplan_d.pdf [25.6.2009].

EDK [SCHWEIZERISCHE KONFERENZ DER KANTONALEN ERZIEHUNGSDIREKTOREN] (2004). *Ziele und Eckwerte des Bildungssystems schweizweit harmonisieren. Erklärung der EDK vom 29. Oktober 2004.* Bern: EDK.

EDK [SCHWEIZERISCHE KONFERENZ DER KANTONALEN ERZIEHUNGSDIREKTOREN] (2005). *Umfassende Blockzeiten am Kindergarten und an der Primarschule. Studien und Berichte 23A.* Bern: EDK.

EDK [SCHWEIZERISCHE KONFERENZ DER KANTONALEN
    ERZIEHUNGSDIREKTOREN] (2006). *Interkantonale Vereinbarung über die
    Harmonisierung der obligatorischen Schule. HarmoS-Konkordat. Bericht
    zur Vernehmlassung.* Bern: EDK.
EDK [SCHWEIZERISCHE KONFERENZ DER KANTONALEN
    ERZIEHUNGSDIREKTOREN] (2007). *Interkantonale Vereinbarung über die
    Harmonisierung der obligatorischen Schule vom 14. Juni 2007.* Bern: EDK.
EDK [SCHWEIZERISCHE KONFERENZ DER KANTONALEN
    ERZIEHUNGSDIREKTOREN] (2008). *Lehrberuf. Analyse der
    Veränderungen und Folgerungen für die Zukunft. Studien und Berichte
    27A.* Bern: EDK.
EDK [SCHWEIZERISCHE KONFERENZ DER KANTONALEN
    ERZIEHUNGSDIREKTOREN] (2009). *HarmoS: Häufig gestellte Fragen.*
    Verfügbar unter: http://www.edk.ch/dyn/14568.php [15.1.2009].
ERZ [ERZIEHUNGSDIREKTION DES KANTONS BERN] (2008). *Tagesschulangebote.
    Leitfaden zur Einführung und Umsetzung.* Bern: ERZ.
FRIEDMAN, M. (1962). *Capitalism and Freedom.* Chicago: The University of
    Chicago Press.
HERZOG, W. (1997). Der Wandel der Familie als Herausforderung der Schule.
    In Grossenbacher, S.; Herzog, W.; Hochstrasser, F.; Rüegsegger, R.
    (Eds.), *Schule und Soziale Arbeit in gefährdeter Gesellschaft* (p. 179–194).
    Bern: Haupt.
HERZOG, W. (2008A). Rezension von H.-E. Tenorth & R. Tippelt (Eds.): BELTZ
    Lexikon Pädagogik, Weinheim 2007. *Erziehungswissenschaftliche
    Rundschau, 7(3);* Verfügbar unter: http://www.klinkhardt.de/
    ewr/978340783155.html [20.6.2009].
HERZOG, W. (2008B). Unterwegs zur 08/15-Schule? Wider die
    Instrumentalisierung der Erziehungswissenschaft durch die
    Bildungspolitik. *Schweizerische Zeitschrift für Bildungswissenschaften,
    30,* 13–31.
HERZOG, W. (2008C). Verändern Bildungsstandards den Lehrerberuf?
    Beiträge zur Lehrerbildung, 26, 395–412.
HERZOG, W.; BÖNI, E.; GULDIMANN, J. (1997). *Partnerschaft und Elternschaft.
    Die Modernisierung der Familie.* Bern: Haupt.

HOLTAPPELS, H. G. (2005). Ganztagsschule in Deutschland –
Situationsanalyse und Forschungsergebnisse. *Die Ganztagsschule, 45(1),*
5–31.

HOLTAPPELS, H. G. (2006). Stichwort: Ganztagsschule. *Zeitschrift für
Erziehungswissenschaft, 9,* 5–29.

JÜRGENS, E. (2006). Ganztagsschule in Zeiten der «Standardisierung»
schulischer Bildung. In Otto, H.-U.; Oelkers, J. (Eds.), *Zeitgemässe
Bildung. Herausforderung für Erziehungswissenschaft und
Bildungspolitik* (p. 191–205). München: Reinhardt.

KEELEY, B. (2007). *Human Capital. How What You Know Shapes Your Life.*
Paris: OECD.

KLIEME, E.; AVENARIUS, H.; BLUM, W.; DÖBRICH, P.; GRUBER, H.; PRENZEL, M.;
REISS, K.; RIQUARTS, K.; ROST, J.; TENORTH, H.-E.; VOLLMER, H. J. (2003).
Zur Entwicklung nationaler Bildungsstandards. Eine Expertise. Bonn:
Bundesministerium für Bildung und Forschung.

KMK [KULTUSMINISTERKONFERENZ] (2003). *Pressemitteilung vom 6. März
2003: Kultusministerkonferenz fasst Beschluss zu vertiefendem PISA-
Bericht. Beschluss vom 6. März 2003.* Verfügbar unter:
http://www.kmk.org/no_cache/presse-und-aktuelles/pm2003/
beschluss-zu-vertiefendem-pisa-bericht.html [25.6.2009].

KOLBE, F.-U. (2006). Institutionalisierung ganztägiger Schulangebote
– eine Entgrenzung von Schule? In Otto, H.-U.; Oelkers, J. (Eds.),
*Zeitgemässe Bildung. Herausforderung für Erziehungswissenschaft und
Bildungspolitik* (p. 161–177). München: Reinhardt.

KRAFT, V. (2006). Erziehung zwischen Ausdifferenzierung und
Entdifferenzierung am Beispiel der Ganztagsschule. In Otto, H.-
U.; Oelkers, J. (Eds.), *Zeitgemässe Bildung. Herausforderung für
Erziehungswissenschaft und Bildungspolitik* (p. 149–160). München:
Reinhardt.

LUDWIG, H. (1993). *Entstehung und Entwicklung der modernen Ganztagsschule
in Deutschland.* Köln: Böhlau.

LUDWIG, H. (2004). Die geschichtliche Entwicklung der Ganztagsschule
in Deutschland. In Otto, H.-U.; Coelen, T. (Eds.), *Grundbegriffe
der Ganztagsbildung. Beiträge zu einem neuen Bildungsverständnis
in der Wissensgesellschaft* (p. 209–219). Wiesbaden: VS Verlag für
Sozialwissenschaften.

MANGOLD, M.; MESSERLI, A. (2005). Die Ganztagsschule in der Schweiz. In Ladenthin, V.; Rekus, J. (Eds.), *Die Ganztagsschule. Alltag, Reform, Geschichte, Theorie* (p. 107–124). Weinheim: Juventa.

OECD [ORGANISATION FOR ECONOMIC COOPERATION AND DEVELOPMENT] (1999). *Measuring Student Knowledge and Skills. A New Framework for Assessment.* Paris: OECD.

OELKERS, J. (2004). Gesamtschule und Ganztagsschule – Politische Dimensionen des deutschen Bildungswesens. In Otto, H.-U.; Coelen, T. (Eds.), *Grundbegriffe der Ganztagsbildung. Beiträge zu einem neuen Bildungsverständnis in der Wissensgesellschaft* (p. 221–246). Wiesbaden: vs Verlag für Sozialwissenschaften.

POPP, U. (2006). Argumente für eine zeitgemässe Ganztagsschule aus schulpädagogischer Sicht. In Otto, H.-U.; Oelkers, J. (Eds.), *Zeitgemässe Bildung. Herausforderung für Erziehungswissenschaft und Bildungspolitik* (p. 178–190). München: Reinhardt.

RADISCH, F.; KLIEME, E. (2004). Wirkungen ganztägiger Schulorganisation. Bilanz und Perspektiven der Forschung. *Die Deutsche Schule, 96,* 153–169.

RAMSEGER, J. (2007). «*Die Ganztagsschule ist ein Januskopf.*» Interview mit *Professor Ramseger.* Verfügbar unter: http://www.ganztagsschulen. org/7179.php [11.8.2008].

RAUSCHENBACH, T. (2007). Deutschland – auf dem Weg zur Ganztagsschule. *DJI-Bulletin, Nr. 78,* 6–8.

ROTHER, U. (2005). Leitfragen zur Ganztagsschulentwicklung – Zwischenbilanz und Perspektiven. In Fitzner, T.; Schlag, T.; Lallinger, M. W. (Eds.), *Ganztagsschule – Ganztagsbildung* (p. 476–483). Bad Boll: Evangelische Akademie.

RELLSTAB, U. (1985). Die Entwicklung des Tagesschulgedankens in der Schweiz. ‹und Kinder›, *Nr. 23,* 19–24.

STECHER, L. (2006). Ganztagsschulen in Deutschland. *Beiträge zur Lehrerbildung, 24,* 214–222.

STECHER, L.; RADISCH, F.; FISCHER, N. (2008). Ganztägige Bildungssettings im Vor- und Grundschulalter. *Aus Politik und Zeitgeschichte, Heft 23,* 33–38.

SUTER, M. (2004). Tagesschulen – sinnvolle Strukturen für die Zukunft. *e-ducation. Amtliches Schulblatt des Kantons Bern, Heft 6,* 5.

TENORTH, H.-E.; TIPPELT, R. (EDS.) (2007). BELTZ *Lexikon Pädagogik.*
   Weinheim: Beltz.

TILLMANN, K.-J. (2004). Schulpädagogik und Ganztagsschule. In Otto, H.-
   U.; Coelen, T. (Eds.), *Grundbegriffe der Ganztagsbildung. Beiträge zu*
   einem neuen Bildungsverständnis in der Wissensgesellschaft (p. 193–198).
   Wiesbaden: vs Verlag für Sozialwissenschaften.

TSV (2008). *Tagesschulverordnung.* Beschlossen vom Regierungsrat des
   Kantons Bern am 28. Mai 2008.

TYRELL, H. (1987). Die ‹Anpassung› der Familie an die Schule. In Oelkers,
   J.; Tenorth, H.-E. (Eds.), *Pädagogik, Erziehungswissenschaft und*
   Systemtheorie (p. 102–124). Weinheim: Beltz.

VONK, J. H. C. (1997). The Changing Social Context of Teaching in Western
   Europe. In Biddle, B. C.; Good, T. L.; Goodson, I. F. (Eds.), *International*
   Handbook of Teachers and Teaching, Vol. II (p. 985–1051). Dordrecht:
   Kluwer.

VORTRAG ZUR TSV (2008). *Vortrag der Erziehungsdirektion zur*
   Tagesschulverordnung. Bern: Erziehungsdirektion des Kantons Bern.

VSA [VOLKSSCHULAMT DES KANTONS ZÜRICH] (2008). *Das Volksschulgesetz*
   in Kürze. Zürich: Bildungsdirektion. Verfügbar unter: http://www.vsa.
   zh.ch/file_uploads/bibliothek/k_531_UmsetzungneuesVSG/
   3033_0_vsg_01_vsginkuerze.pdf [25.6.2009].

VSG BE (2008). *Volksschulgesetz des Kantons Bern. Mit Änderungen vom 1.*
   August 2008.

VSG ZH (2005). *Volksschulgesetz des Kantons Zürich vom 7. Februar 2005.*

VTS [VEREIN TAGESSCHULEN FÜR DIE SCHWEIZ] (O. J. [1993]). *Was ist eine*
   Tagesschule?

VTS [VEREIN TAGESSCHULEN SCHWEIZ] (2007). *Vision für 2012: Tagesschulen*
   für alle – gratis. Verfügbar unter: http://www.bildung-betreuung.ch/
   PDF/Vision2012_d.pdf [25.6.2009].

WIRZ, B. (2006). Blockzeiten und Tagesstrukturen am Kindergarten
   und an der Primarschule – Überlegungen aus der Sicht der
   Bildungsverwaltung. *Beiträge zur Lehrerbildung, 24,* 202–213.

Ganztägige Bildung und Betreuung in Kooperation von Schule und ihren Partnern – aktuelle (bundesdeutsche) Diskussion

Heinz-Jürgen Stolz

1   Einleitung

Die bundesdeutsche Diskussion um ganztägige Bildung, Erziehung und Betreuung erreichte durch das vom Bund in Absprache mit den Ländern im Jahre 2003 aufgelegte «Investitionsprogramm Zukunft Bildung und Betreuung» (IZBB) (Bundesministerium für Bildung und Forschung 2003) mit einem Fördervolumen von vier Milliarden Euro eine neue Dimension. In der Folge wurde – nicht zuletzt aus Kostengründen – vor allem der Ausbau der offenen Form von Ganztagsschule vorangetrieben, wobei die quantitativen Ausbauziele der Bundesländer über lange Zeit hinweg im Vordergrund standen. In letzter Zeit kommt nun der Qualitätsdebatte in der aktuellen Diskussion ein höheres Gewicht bei.

In dieser neueren Debatte spielt das Motiv der ganztagsschulischen ‹Kooperation auf Augenhöhe› eine grosse Rolle. Insbesondere die in Deutschland institutionell autonome und auch professionsbezogen (sozialpädagogisch) eigenständige Kinder- und Jugendhilfe fordert als grosses, öffentlich verantwortetes System im Bereich von Bildung, Erziehung und Betreuung eine mehr als nur schulunterstützende Funktion im Ganztag ein. Die eigenen, auf Partizipation, Freiwilligkeit, Gegenwartsbezug und Ernstcharakter ausgerichteten «nonformalen» Bildungsangebote sollen dabei in einer nicht-verschulten Form eingebracht werden. Dazu müsse sich zuallererst auch Schule selbst in dem Sinne öffnen, dass sie ein sozialräumlich präsenter institutioneller Akteur wird, der eine anregende Lern- und Lebensumgebung für seine Schülerinnen und Schüler zu gestalten bemüht ist (vgl. Bundesjugendkuratorium et al. 2002).

Perspektiven der Ganztagsdebatte werden gegenwärtig vor allem in einer integrierten lokalen Bildungslandschaft gesehen. Hier bedürfe es einer «staatlich-kommunalen Verantwortungsgemeinschaft» (Projektleitung «Selbstständige Schule» 2008, p. 11), die in Deutschland ordnungspolitisch aber nur schwer

zu realisieren ist. Vor allem der im gegliederten Sekundarstufensystem ende-
mischen sozialen Entmischung der Schülerschaft (vgl. Ehmke & Baumert 2008)
könnte durch eine schul- und quartiersübergreifende lokale Bildungsplanung
als integralem Bestandteil von Stadtentwicklungs- und Regionalplanung be-
gegnet werden. So liesse sich ein Abbau der in Deutschland strikten Kopplung
von sozialer Herkunft und Bildungsbeteiligung durch eine Heterogenisierung
von Bildungssettings im Ganztag möglicherweise erreichen.

2   Grobstruktur des Bildungssystems in Deutschland

Wie die Schweiz so ist auch Deutschland ein föderal organisierter Staat und
hier wie dort liegt die Hauptverantwortung für das Schul- und Bildungssystem auf der unteren Ebene, sprich: bei den Kantonen bzw. den Bundesländern.
Damit stellt sich für letztere das politische Integrationsproblem, etwa in Form
der wechselseitigen Anerkennung von Schulabschlüssen oder der Formulierung gemeinsamer Bildungsstandards. In Deutschland wird diese Funktion
von der Ständigen Kultusministerkonferenz der Länder (KMK) wahrgenommen. Die Bundesebene hat in der Folge der jüngsten Föderalismusreform ihre
ohnehin schon eng begrenzten Amtskompetenzen für das Bildungssystem fast
gänzlich eingebüsst.

Eine Eigentümlichkeit des Schulsystems in Deutschland besteht in der institutionellen Trennung von inneren und äusseren Schulangelegenheiten. Die
inneren Schulangelegenheiten umfassen alle schulpädagogischen Fragen und
werden von den Schulaufsichtsbehörden als nachgeordneten Behörden der Bundesländer bearbeitet. Die äusseren Schulangelegenheiten umfassen alle logistischen und administrativen Fragen, also etwa die Schulentwicklungsplanung,
die Einstellung von Hausmeistern und schulischem Verwaltungspersonal sowie
die Instandhaltung von Schulgebäuden. Verantwortlich sind in den meisten
Fällen die Kommunen als Schulträger. Nur in wenigen Fällen üben die kommunalen Schulträger auch für bestimmte Schulformen die innere Schulaufsicht aus. Die institutionelle Trennung von Schulaufsicht und Schulträgerschaft
wird aus wissenschaftlicher Sicht überwiegend als kontraproduktiv betrachtet;
auch in der Fachpolitik nimmt die Skepsis gegenüber diesem ordnungspolitischen Rahmen mehr und mehr zu.

Staatliche Schulen sind in Deutschland in der Regel keine Rechtssubjekte,
dürfen keine Giro-Konten führen, entscheiden nicht selbständig über Perso-

naleinstellungen und verwalten kein eigenes Budget. In einer Reihe von Bundesländern wurde oder wird zwar – zumeist erfolgreich – mit Strukturen einer stärker «Selbstständigen Schule» (Projektleitung «Selbstständige Schule» 2008) befristet experimentiert; es wird dann aber versäumt, nach dem Auslaufen entsprechender Landesprogramme und Schulversuche die Ergebnisse auch für einen nachhaltigen Umbau von Schulmanagement und Unterrichtsentwicklung nutzbar zu machen.

Private Schulen spielen in Deutschland bei einem Gesamtanteil an der Schülerschaft von derzeit sieben Prozent eine wachsende Rolle. Zwar sind mehr als ein Drittel aller in Privatschulen unterrichteten Schülerinnen und Schüler an Gymnasien verortet, doch nimmt der Anteil der Privatschulen in allen Schulformen – einschliesslich Haupt- und Förderschulen – zu. Als grösster Einzelanbieter firmieren dabei die anthroposophisch orientierten Waldorfschulen[1] (vgl. Autorengruppe Bildungsberichterstattung 2008, p. 65). Man hat es in Deutschland im Privatschulbereich nicht durchgängig mit einer gesellschaftlich entsolidarisierenden Elitenförderung nach britischem Muster zu tun.

Deutschland befindet sich derzeit auf dem Weg von der Halbtags- zur Ganztagsschule. In den vergangenen Jahren wurden mit Hilfe des «Investitionsprogramm Zukunft Bildung und Betreuung» (IZBB) sowie ergänzender Länderprogramme erhebliche Anstrengungen zum Ausbau ganztägiger Bildungsangebote unternommen. Die Zahl der schulischen Verwaltungseinheiten, die Ganztagsangebote anbieten, verdoppelte sich zwischen 2002 und 2006 und erreichte einen Gesamtanteil von rund einem Drittel; der Ausbauschwerpunkt lag bei den Grundschulen, aber auch Hauptschulen und Gymnasien wiesen deutlich steigende Anteile auf. Aus der Tatsache, dass der Ausbau zumeist in Form der offenen Ganztagsschule mit freiwilliger Teilnahme am Angebot erfolgt, erklärt sich, dass der Anteil teilnehmender Schülerinnen und Schüler mit 18 Prozent (2002: zehn Prozent) niedriger liegt als der Anteil der schulischen Verwaltungseinheiten mit Ganztagsangebot. Zu berücksichtigen ist, dass Ganztagsbetreuung in Deutschland nicht ausschliesslich in Schulen, sondern – zumeist für Kinder im Grundschulalter (unter elf Jahren) – ebenso in den Horten der Kinder- und Jugendhilfe vorgehalten wird. Es ist daher statistisch nicht präzise bestimmbar, welcher Anteil der in Deutschland lebenden Kinder im Grundschulalter ganztägige Betreuungsangebote in Anspruch nimmt. Eine Schätzung der Gesamt-

---

1   In der Schweiz: Rudolf-Steiner-Schulen.

betreuungsquote für Kinder im Grundschulalter erbringt für die alten Bundesländer einen Wert von ca. 13 Prozent, für die neuen Länder aus dem Bereich der ehemaligen DDR hingegen eine Vergleichszahl von 65 Prozent (vgl. Autorengruppe Bildungsberichterstattung 2008, p. 71 ff.).

Eine Besonderheit des deutschen Bildungssystems besteht darin, dass neben der Schule mit der Kinder- und Jugendhilfe eine weitere grosse, öffentlich verantwortete Institution im Bereich von Bildung, Erziehung und Betreuung existiert, deren Gesamtumfang dem Schulsystem nicht nachsteht, in der also mehrere hunderttausend Menschen hauptamtlich beschäftigt sind. Im Unterschied zum Schulsystem wird diese Institution derzeit faktisch noch über ein Bundesrecht reguliert, wobei die zentralen Gestaltungsmöglichkeiten auf der kommunalen Ebene verankert sind. Die Föderalismusreform liesse eine Zersplitterung auch dieser Institution auf der Länderebene zu; derzeit wird diese Option von den Bundesländern aber (noch) nicht wahrgenommen.

Der institutionellen Differenz von Jugendhilfe und Schule entspricht in Deutschland eine stark ausgeprägte Differenz in der pädagogischen Ausbildung, die in beiden Institutionen zu weitgehenden professionalistischen ‹Monokulturen› geführt hat; auch dies wird in der aktuellen Bildungsforschung überwiegend als Fehlentwicklung charakterisiert. Während in Schule überwiegend Personen mit Lehramtsausbildung beschäftigt sind, lassen sich in der Kinder- und Jugendhilfe häufig nur Sozialpädagoginnen und -pädagogen finden; in dem zumeist der Kinder- und Jugendhilfe institutionell zugeordneten Bereich der Kindertageseinrichtungen (Kitas) arbeiten (zumindest auf der Gruppenleitungsebene) vorwiegend Erzieherinnen. Eine Leitperspektive der Schaffung multiprofessioneller Teams in Schulen und anderen pädagogischen Einrichtungen ist derzeit bestenfalls ansatzweise realisiert, entsprechende infrastrukturell orientierte Anstrengungen existieren kaum oder gar nicht.

Die Kinder- und Jugendhilfe ist durch eine, für eine öffentlich verantwortete Institution (fast) einzigartig stark ausgeprägte zivilgesellschaftliche Komponente charakterisiert. Die Jugendämter als Regulierungsinstanzen sind zweigliedrig aufgebaut, wobei neben der Administration der u. a. mit Vertretern der so genannten «freien Träger» der Jugendhilfe besetzte Jugendhilfeausschuss die zweite Säule bildet. Diese zivilgesellschaftlich getragene Instanz ist befugt, der Jugendamtsverwaltung Aufträge zu erteilen. Das Jugendamt als Repräsentant der öffentlichen Jugendhilfe ist per Subsidiaritätsprinzip verpflichtet, nichthoheitliche Aufgaben und Funktionen an die freien Träger zu delegieren und diese zu refinanzieren, wobei ihm gemeinhin eine allgemeine Regulierungs- und Qualifizierungsfunktion obliegt – hieraus rechtfertigt sich die Charakterisierung der Kinder- und Jugendhilfe als einer öffentlich *verantworteten*, aber eben nicht rein *öffentlichen* Institution. Ihr gesetzlicher Auftrag besteht im Kern darin, Kinder und Jugendliche individuell und sozial zu fördern, Eltern in Erziehungsfragen zu beraten und zu unterstützen und zur Schaffung positiver Lebensbedingungen sowie eines kind- und familiengerechten Umfeldes beizutragen, wobei die Gewährleistung von Chancengleichheit eine wesentliche Aufgabe darstellt. Ein Pendant zur leistungsindividualistisch begründeten Selektions- und gesellschaftlichen Platzanweiserfunktion des Schulsystems gibt es in der Kinder- und Jugendhilfe nicht. Schon aus dieser Grundkonstellation ergibt sich, dass die Zusammenarbeit beider Institutionen nicht einfach ist.

Neben den beiden grossen, öffentlich verantworteten Institutionen Jugendhilfe und Schule weist Deutschland eine breite Palette von Vereinen und Verbänden auf, die zum Teil bundesweit organisiert und vernetzt sind. Die höchste Bedeutung kommt dabei dem organisierten Sport zu, während beispielsweise die über den Kinder- und Jugendplan des Bundes finanziell unterstützten Jugendverbände einen vergleichsweise geringen Zulauf erhalten. In einem gesellschaftspolitisch beklagenswerten Zustand befindet sich die mittlerweile an den Rand der Irrelevanz gedrängte politische Jugendbildung, während die sehr gut vernetzte kulturelle Jugendbildung deutliche Anstrengungen unternimmt, aus ihrer traditionell auf die bildungsnahen Sozialmilieus zugeschnittenen Nische herauszutreten.

Zum Bildungssystem gehören schliesslich neben den öffentlich verantworteten und den zivilgesellschaftlichen Bereichen auch kommerzielle Sektoren wie etwa Nachhilfeunterricht, kostenpflichtige Kurse oder der kommerzielle Vertrieb von Lernmaterialien, etwa im Rahmen der Nutzung neuer Medien. Laut dem zwölften Kinder- und Jugendbericht der Bundesregierung erhält ein Drittel aller Neuntklässler in Deutschland Nachhilfeunterricht. Im Jahre 2003 suchten dieser Quelle zufolge etwa 22 Prozent aller Schülerinnen und Schüler kommerzielle Nachhilfeinstitute auf. Die Zahl der Nachhilfeinstitute sei seit den 1990er Jahren stetig gestiegen. Die beiden grössten Anbieter «Studienkreis» und «Schülerhilfe» betreuten jeweils bis 2004 nach eigenen Angaben etwa 750 000 Schülerinnen und Schüler und beschäftigten jeweils ca. 10 000 Lehrkräfte. Alleine diese beiden Anbieter waren dabei an ca. 2100 Standorten präsent (vgl. Bundesministerium für Familie, Senioren, Frauen und Jugend 2005, p. 447).

Fazit: Ein deutsches Bildungssystem als solches existiert nicht! Im Schulbereich gibt es vielmehr – wie es Andreas Schleicher von der OECD einmal formuliert hat – 16 auf Länderebene zentralistisch organisierte Schulsysteme mit
einer Vielzahl jeweils unterschiedlich benannter Schulformen und einer zwischen Kommunen, Landkreisen, Regierungsbezirken und weiteren Regulati-
onsebenen parzellierten Schulträgerschaft. Neben der Schule besteht mit der
Kinder- und Jugendhilfe eine weitere grosse, öffentlich verantwortete und derzeit noch bundesrechtlich regulierte Institution; hinzu kommen ein im internationalen Vergleich in Deutschland sehr gut ausgebauter non-formaler Bil-
dungsbereich, hauptsächlich bestehend aus Vereinen und Verbänden, sowie
kommerziellen Bildungsanbietern.

Die Fachpolitik hat sich mit einem von der Kultus- und der Jugendminis-
terkonferenz der Länder im Jahre 2004 beiderseitig verabschiedeten Erklärung zur «Stärkung und Weiterentwicklung des Gesamtzusammenhangs von
Bildung, Erziehung und Betreuung» (vgl. Jugend- und Kultusministerkonferenz 2004) auf die Leitperspektive einer systembezogenen Kooperation der genannten Bildungsbereiche verpflichtet. Es sollte nach dem Vorangegangenen
klar geworden sein, dass die Umsetzung dieser Leitperspektive nur im Rahmen einer alle politisch-institutionellen Ebenen und Betroffenen einbeziehen-
den Aushandlungs- und Beteiligungskultur gelingen kann; ein ‹Durchregieren›
würden die skizzierten ordnungspolitischen Rahmenbedingungen mit ihren
administrativ fragmentierten Zuständigkeitsregelungen hingegen gar nicht zulassen. Es gilt daher buchstäblich, aus der Not eine Tugend zu machen und auf
politische Kultur anstatt ordnungspolitische Struktur zu setzen: Man müsse
aus dem Denken in fragmentierten «Zuständigkeiten» heraustreten und in einer gemeinsamen «staatlich-kommunalen Verantwortungsgemeinschaft» zu-
sammenfinden, propagiert beispielsweise die in diesem Handlungsfeld seit vielen Jahren tätige Bertelsmann-Stiftung (Projektleitung «Selbstständige Schule»
2008, p. 11). Da der Aufbau eines modernen öffentlichen Bildungssystems mit
bundesstaatlich-gesetzlicher Rahmenverantwortung, kommunaler Ausgestaltung (bei Finanzausgleich für strukturschwache Kommunen) und weitgehend
selbständigen Schulen in Deutschland auch mittelfristig durch föderalistische
Kleinstaaterei und Partikularinteressen verunmöglicht sein wird, kann der geforderte Gesamtzusammenhang eben nicht in Form eines institutionell bruch-
los strukturierten Bildungs*systems* sondern nur in Form einer vernetzten Bildungs*landschaft* gestaltet werden. Dabei gilt der lokale Raum der Kommune

(Stadt, Landkreis) gemeinhin als besonders geeignet. Die Gestaltung *lokaler Bildungslandschaften* avancierte daher in den letzten Jahren zu einer der zentralen bildungspolitischen Perspektiven. Infrastrukturell betrachtet geht es dabei vor allem um den Ausbau ganztägiger Bildungsangebote sowie um die Ermöglichung bruchloser und erfolgreicher Bildungsbiographien.

Als wesentliches bildungspolitisches Leitziel erscheint in Folge der diesbezüglich für Deutschland katastrophalen PISA-Ergebnisse derzeit der Abbau herkunftsbedingter Bildungsbenachteiligung durch mehr individuelle Förderung, eine verbesserte Lehr- und Lernkultur, mehr Gelegenheiten zum sozialen Lernen und durch die stärkere Integration von Elementen der Freiwilligkeit und Partizipation in den Bildungssettings (vgl. Bundesministerium für Bildung und Forschung o. J.). Auf diese Weise soll mehr Chancengleichheit im Bildungssystem gesichert und mehr kulturelle Teilhabe – gerade auch von Kindern und Jugendlichen aus schulbildungsfernen Sozialmilieus – ermöglicht werden. Zudem geht es in dem stark hierarchisierten und hochgradig verregelten System Schule darum, für alle Schülerinnen und Schüler mehr Freiräume zur Aneignung individueller Selbstregulationsfähigkeiten zu schaffen – sei es durch die Umgestaltung von Schule zu einer anregenderen Lern- und Lebensumgebung (Stichworte: pädagogische Architektur; Ressourcen zum Selbstlernen wie Bibliotheken, Computerkabinette, Rückzugsräume; Einbezug freizeit- und kulturpädagogischer Angebote, Bewegungserziehung, etc.), durch die intensivierte Nutzung ausserschulischer Lernorte und/oder durch die Schaffung integrierter Bildungssettings in Kooperation von Schule und ausserschulischen Partnern (z. B. Einbezug sozial- und freizeitpädagogischer Elemente, von Methoden der kulturellen und der politischen Jugendbildung und der Bewegungserziehung).

3   Ganztagsschule oder Ganztagsbildung?

Es stellt sich die Frage, inwiefern der Übergang vom Halb- zum Ganztagsschulsystem zur Erreichung der genannten fachpolitischen Leitziele beitragen kann. In dieser Hinsicht wird medienöffentlich – aber durchaus auch von Seiten einzelner Fachpolitikerinnen und -politikern – zum Teil äusserst krude und politisch autoritär argumentiert: Es sei nötig, heisst es hinter vorgehaltener Hand, vor allem Kinder aus schulbildungsfernen Milieus und mit Migrationshintergrund auch am Nachmittag aus ihren wenig Anregungen liefernden und sich nicht der deutschen Verkehrssprache bedienenden Familien – auch gegen deren Willen – herauszulösen um sie im Ganztag individuell zu fördern. Präferiert wird in dieser Perspektive folgerichtig der Ausbau gebundener Ganztagshauptschulen in sozialen Brennpunkten. Bezeichnend ist, dass diese Haltung aus derselben politischen Strömung heraus artikuliert wird, die sich noch vor Jahren vehement gegen den Ganztagsschulausbau zur Wehr gesetzt hat – und dies ausgerechnet mit dem Vorwurf, der Staat wolle den Eltern die Kinder wegnehmen.

Es ist evident, dass diese autoritär-etatistische Haltung schon im Ansatz in einen unauflöslichen Widerspruch zur Kinder- und Jugendhilfe gerät, deren Ziel nicht zuletzt in der Unterstützung von Familien in belasteten Lebenslagen bei den Aufgaben von Erziehung und Bildung besteht. Aus sozialpädagogischer Perspektive kann eine öffentlich verantwortete Bildung, Erziehung und Betreuung nur im Arbeitsbündnis mit Eltern und Kindern – nicht gegen diese – funktionieren; eine Ausnahme bilden hier lediglich eng umgrenzte Fälle von Kindeswohlgefährdung. Gefragt sind daher aus Sicht der Kinder- und Jugendhilfe partizipativ orientierte Angebotsgestaltungen, eine aktive Elternarbeit der Pädagoginnen und Pädagogen sowie eine Einbindung der für die Kinder und Jugendlichen sozialräumlich relevanten Lern- und Lebensorte und (jugendkulturellen) Aneignungsformen über die Grenzen von Schule hinaus. Kaum noch bestritten wird auch von dieser Institution aber die prinzipielle Notwendigkeit einer öffentlich verantworteten ‹Ganztagsbildung›; diese sollte aber eben nicht rein schulzentriert (bei nachgeordneter Bedeutung ausserschulischer Bildungsanbieter und Lernorte), sondern unter Einbezug aller im sozialen Nahraum verfügbaren Potenziale – also ‹dezentriert› – strukturiert werden. Dieser Ansatz einer «*Dezentrierten Ganztagsbildung*» (Stolz 2006) erscheint in mancherlei Hinsicht viel versprechender zu sein als eine einzelschulzentrierte Ausbaustrategie, in deren Rahmen Angebote ausserschulischer Anbieter additiv als Dienstleistungen eingebracht werden (vgl. Übersicht 1).

Es zeigt sich, dass die bundesdeutsche Unterrichtsschule mit ihren geringen Verwaltungs- und Overheadressourcen kaum in der Lage ist, die komplexen Anforderungen einer mehr als nur additiv an einen unverändert bleibenden Unterricht angehängten Ganztagsangebotsgestaltung zu realisieren. Insbesondere stehen den Lehrkräften im Rahmen ihrer Dienst- und Stundenpläne kaum entsprechende Vor- und Nachbereitungszeiten zur Verfügung, es wird also zumeist erwartet, dass sie ein entsprechendes Engagement ohne Stundenentlastung

Übersicht 1: Grenzen der einzelschulischen Gestaltung des Ganztages

- Begrenzte Spezialisierungsmöglichkeiten: Jede Schule muss für sich das volle Angebotsspektrum vorhalten und kann daher nur begrenzt z. B. schulprogrammspezifische Schwerpunkte setzen.
- Begrenzte Angebotsdiversifikation: Für die in Bezug auf eine verbesserte individuelle Förderung notwendigen Nischenangebote kommen in jeder einzelnen Schule für sich genommen häufig nicht genug Anmeldungen zustande.
- Begrenzte Nutzung ausserschulischer Lernorte: Jede Schule muss für sich Netzwerke knüpfen und logistische Probleme (Schülerinnen- und Schülertransport) lösen.
- Mangelnde Rahmenvereinbarungen: Je nach Bundesland unterschiedlich müssen Honorarverträge, versicherungs- und aufsichtsrechtliche Fragen (bei Delegation der Aufsichtspflicht an Kooperationspartner) etc. von jeder Schule und (im Extremfall) in jeder neuen Kooperationsbeziehung neu ausgehandelt werden.
- Begrenzte Steuerungs- und Leitungsressourcen: Vor allem kleinere (Grund-) Schulen haben häufig kein Leitungsteam, keine hinreichenden Stundenkontingente für Angebotskoordinatoren und zu geringe Verwaltungsressourcen (z. B. im Schulsekretariat); die ‹Letztverantwortung der Schulleitung› für das Angebot steht dann zum Teil nur auf dem Papier.
- Begrenzte Konzeptqualität: Im Tagesgeschäft kann die reflexiv-planerische Thematisierung der Leitziele von Ganztagsschule sowie die Implementierung eben dieser Planung schnell aus dem Blick geraten.

im Hinblick auf ihre Unterrichtsverpflichtungen aufbringen. In populistischer Weise werden ihnen zusätzliche schulische Präsenzzeiten am Nachmittag abverlangt, ohne dann aber auch von Seiten des Schulträgers angemessen ausgestattete Arbeitsplätze in der Schule zur Verfügung zu stellen. Es wird weithin nicht begriffen, dass Einzelschulen in Deutschland derzeit von ihrer Organisationsstruktur und rechtlichen Verfasstheit gesehen einfach nicht für die Erfüllung unterrichtsferner Aufgaben geeignet sind. Hier bedarf es langjähriger Organisationsentwicklungs- und Fortbildungsprozesse bei Schulmanagement und Unterrichtsentwicklung, wie in dem kürzlich zum Abschluss gebrachten Modellprojekt «Selbstständige Schule» der Bertelsmann-Stiftung in Verbindung mit dem Bundesland Nordrhein-Westfalen realisiert (vgl. Projektleitung «Selbstständige Schule» 2008). Insofern die Mehrzahl der rund 44 000 Schulen in Deutschland weder diese organisatorischen Voraussetzungen noch die entsprechenden Handlungsspielräume (Stichworte: Budgetverantwortung und schulscharfe Lehrereinstellung) mitbringen, steht die von der Fachpolitik geforderte ‹Letztverantwortung der Schulleitung› für das Ganztagsangebot häufig ebenso nur auf dem Papier wie das geforderte ‹gemeinsame pädagogische Konzept› von Schule und ausserschulischen Partnern bei der Gestaltung des Ganztagsangebots.

Übersicht 2: Potenziale lokaler Steuerung

- Synergieeffekte einzelschulischer Spezialisierung: Wenn auch Schülerinnen und Schüler anderer Schulen im Nahraum das jeweilige Angebot nutzen können, muss nicht jede Schule das volle Angebotsspektrum vorhalten und es können anspruchsvollere, stärker spezialisierte Bildungssettings entwickelt werden.
- Synergieeffekte integrierter lokaler Fachplanung: Entlastung der Einzelschulen und Einrichtungen der Kooperationspartner durch Rahmenvereinbarungen (soweit nicht auf Landesebene gesetzt): Logistik (z. B. Schülerinnen- und Schülertransporte; Ressourcenbereitstellung), rechtliche Fragen, Honorarvereinbarungen, Auslastung ausserschulischer Lernorte.
- Konzeptqualität durch Kooperation ‹auf Augenhöhe›: Durch lokale Vereinbarungen (z. B. Jugendhilfe- und Schulausschuss; gemeinsame Steuergruppen; integrierte Jugendhilfe- und Schulentwicklungsplanung) können Schulen und Einzeleinrichtungen entlastet und kann das Angebotsspektrum deutlicher an übergeordneten (lokalen) fachpolitischen Zielen entlang entwickelt werden.
- Qualitätsentwicklung: Durch inter-institutionell getragene lokale Wirksamkeitsdialoge oder analoge Strukturen können die Bildungsleistungen von Ganztagsangeboten gezielt verbessert (und gegebenenfalls zertifiziert) werden.
- Konstitution lokaler Bildungsnetze: Über intermediäre Instanzen (lokale Bildungsbüros, Servicestellen, etc.) kann Ganztagsbildung in netzwerkförmig verbindlich geordneten, quartier-, schul- und schulformübergreifenden sowie sozial stärker durchmischten Bildungssettings vorangebracht werden.

Fast spiegelbildlich beschreibbar sind die Vorteile einer lokalen Steuerung von Ganztagsbildung (vgl. Übersicht 2). Neben den eher logistischen und organisationsbezogenen Potenzialen lokaler Steuerung liegen deren Möglichkeiten vor allem in einer sozial durchmischten Gestaltung von Ganztagsangeboten. In Deutschland haben wir es im Bereich der weiterführenden Schulen, aber auch in den sozialräumliche Segregationslinien widerspiegelnden Grundschulstandorten nämlich mit *sozial weitgehend entmischten Lernmilieus* zu tun. Für eine lokal geplante Ganztagsbildung stellt sich die Aufgabe, ob dieser Entmischungstendenz kompensatorisch entgegen wirken soll. Pädagogisch sinnvoll erscheint dies, da Kinder und Jugendliche sehr stark am Vorbild anderer lernen, wobei die Mitglieder ihrer Lerngruppe – die so genannten *Peers* – eine herausragende Bedeutung einnehmen. Die Konsequenzen aus diesem bildungswissenschaftlichen Befund haben bislang weder Schule noch ausserschulische Bildungsanbieter in Deutschland gezogen – ganz im Gegensatz zur Pädagogik in anderen, vor allem skandinavischen Ländern. Diese Konsequenzen bestehen, kurz gesagt, darin, dass die Potenziale des «*Peer Learning*» umso grösser sind, je heterogener die Lerngruppe in sozialer und altersmässiger Hinsicht strukturiert ist. Die deutsche Aussonderungs- und Homogenisierungspädagogik verringert diese Potenziale aber systematisch:

- Im Falle der Schule durch das zuletzt vom UN-Menschenrechtsinspektor Munoz völlig zu Recht als Verletzung des Menschenrechts auf Bildung gebrandmarkte Förderschulwesen[2], das einer bildungsbiographischen Sackgasse gleichkommt; daneben aber auch durch die Ausdifferenzierung milieuspezifisch geprägter Grundschulen und natürlich vor allem durch das gegliederte Sekundarstufensystem mit seiner im internationalen Vergleich sehr frühen Eingangsselektivität.

---

2   Selbst die Versuche, statt gesonderten Förderschulen (in der Schweiz als Sonderschulen bezeichnet) entsprechende Kleinklassen an den Regelschulen einzurichten, durchbrechen diese Aussonderungs- und Stigmatisierungslogik nicht wirklich, sondern konstituieren ebenfalls (vermeintlich) leistungs- und problemhomogen zusammengesetzte Bildungssettings. Einer anderen Logik folgen hingegen Versuche, lern- und verhaltensauffällige Kinder (ebenso wie Kranke und Behinderte) *in den Regelklassen* zu beschulen, wofür dann aber eine pädagogische Zweitkraft (i. d. R. mit sonderpädagogischer Expertise) benötigt wird. Die infrastrukturelle Durchsetzung dieses Modells individueller Förderung in heterogen zusammengesetzten Lerngruppen würde allerdings ganz andere Bildungsausgaben erfordern und beschränkt sich daher bislang auf wenige ‹Leuchtturmschulen› bzw. ‹-regionen›.

- Im Falle der Jugendhilfe durch die Konstitution vermeintlich problemhomogen zusammengesetzter Lerngruppen, etwa in der Sozialen Gruppenar-
  beit, in Tagesgruppen oder in Projekten mit Schulverweigerern.

Ein kürzlich abgeschlossenes Forschungsprojekt am Deutschen Jugendinstitut
(vgl. Kaufmann 2008) hat für den Bereich der Ganztagsgrundschulen gezeigt,
wie ausgeprägt die Stigmatisierungspotenziale solcher Sonderfördermassnah-
men sind. Bildung hängt bei Kindern und Jugendlichen sehr eng mit *interperso-
nalen Anerkennungsverhältnissen* in der Lerngruppe zusammen und jede sozial
auffällige Form der Ausgliederung aus diesem Lernverband ist infolgedessen
hochproblematisch. Eine lokal geplante Ganztagsbildung kann diese Befunde
aufnehmen und den Aufbau einzelschul- und schulformübergreifender sowie
nicht auf einzelne Wohnquartiere begrenzter Bildungssettings fördern.

4   Ausblick

Die aktuelle Diskussion um Ganztagsschule und Ganztagsbildung wird in
Deutschland derzeit immer noch sehr stark schulzentriert geführt. Man ist sich
aber zunehmend einig, dass die lokale Vernetzungsebene eine notwendige Ergänzung zur einzelschulisch verantworteten Angebotserstellung darstellt. Allerdings ist es bisher zumeist nicht gelungen, ein tragfähiges gemeinsames pädagogisches Konzept von Schule und Partnern zu erarbeiten.

Eine öffentlich verantwortete, lokal verbindlich vernetzte und auf den Abbau herkunftsbedingter Bildungsbenachteiligung als primäres Leitziel verpflich-
tete Ganztagsbildung hat die ‹Kooperation auf Augenhöhe› zwischen Jugendhilfe und Schule zur Voraussetzung (vgl. Arnoldt 2007) und die Strategie einer
stärker sozial durchmischten – zum Beispiel auch einzelschul- und schulformübergreifenden – Nutzung von Bildungssettings (im Ganztag) zum Programm.
Die Kinder- und Jugendhilfe in Deutschland

- hat vielfältige Kontakte und Hilfebezüge zu Kindern und Eltern aus schulbildungsfernen Sozialmilieus,
- erreicht mit ihren erfahrungs- und lebensweltorientierten Bildungsansät-
  zen Kinder und Jugendliche aus allen Milieus auf eine qualitativ andere
  Weise als dies die Schulpädagogik vermag,
- verfügt über eine Vielzahl an ausserschulischen Lernorten sowie über
- einen fundierten Einblick in jugendkulturell typische Aneignungsweisen
  und Kompetenzen.

Die volle Nutzung dieser Potenziale scheint im Rahmen der einzelschulzentrierten Ausgestaltung lokaler Bildungslandschaften nicht realisierbar zu sein. Eine gut vernetzte und öffentlich verantwortete Ganztagsbildung kann aber auch *dezentriert* gestaltet werden, indem der gesamte lokale Raum als anregende Lern- und Lebensumgebung genutzt wird, anstatt Kinder und Jugendliche auf den räumlichen und institutionellen Ort Schule zu fixieren. Und umgekehrt kann Schule als Lern- und Lebensort zum Ausgangspunkt sozialräumlicher Aneignungsformen werden. Inwiefern diese Gestaltungsalternative lokaler Bildungslandschaften sich aber auch paradigmatisch durchsetzt, bleibt derzeit offen. Empirische Befunde sprechen indessen für die Gestaltungsvariante der Dezentrierten Ganztagsbildung. So zeigte bereits der erste Nationale Bildungsbericht aus dem Jahr 2006 auf der Basis einer Re-Analyse von Daten der Freiwilligensurveys von 1999 und 2004 auf, dass der Lern- und Lebensort Schule auch für Jugendliche (14 bis 19 Jahre) immer mehr zu einem Ausgangspunkt freiwilligen Engagements wird – eine Entwicklung, die sich im Zuge des Ausbaues von Ganztagsangeboten mit sozialräumlicher Orientierung weiter verstärken dürfte (vgl. Konsortium Bildungsberichterstattung 2006, p. 64).

In einer postmodernen Gesellschaft werden ganz generell Formen der Subjektivierung sozial konstruiert, die mit der Zentrierung der individuellen Alltagswelt auf wenige institutionelle und räumliche Kontexte nicht mehr vereinbar sind. Schon von diesem allgemeinen säkularen Trend aus betrachtet, hat eine schulzentrierte Variante von Ganztagsbildung wenig für sich. Sie mag für Grundschulkinder noch möglich sein – ebenso wie für sozial benachteiligte Jugendliche, deren Mobilitätsverhalten aufgrund mangelnden sozialen Kapitals eingegrenzter ausfallen kann als bei Gleichaltrigen aus anderen Sozialmilieus. Gerade ältere Jugendliche können durch ein solches Modell aber zum Grossteil nicht – bzw. nur gezwungenermassen in voll gebundenen Ganztagsschulen – erreicht werden.

Die in Deutschland vor allem aus Mangel an finanziellen Ressourcen vorherrschende offene Form der Ganztagsschulgestaltung zwingt Schule und ihre Partner zu einer bedarfsgerechten Angebotsgestaltung und fördert damit auch die Chancen zur Entwicklung dezentrierter Formen der Ganztagsbildung im lokalen Raum. Sie ist damit unanfällig für die völlig unbewiesenen Mythen der aktuellen Bildungsdebatte, nach denen Kinder und Jugendliche in der rhythmisierten, voll gebundenen, vermeintlich ‹echten› Ganztagsschule per se besser lernen und individuell gefördert würden. Dennoch muss sich auch die offene Ganztagsschule dafür kritisieren lassen, dass sie es bislang offenkundig nicht schafft, Unterricht und Angebot in einem gemeinsamen pädagogischen Konzept zu verzahnen. Hier könnte eine stärker dezentrierte Gestaltung offener Angebote Entwicklungschancen eröffnen.

Literaturverzeichnis

ARNOLDT, B. (2007). Kooperationsformen – Bedingungen für gelingende Zusammenarbeit? In Holtappels, H.-G. et al. (Eds.), *Ganztagsschule in Deutschland. Ergebnisse der Ausgangserhebung der «Studie zur Entwicklung von Ganztagsschulen» (StEG)* (p. 123–136). Weinheim: Juventa.

AUTORENGRUPPE BILDUNGSBERICHTERSTATTUNG (2008). *Bildung in Deutschland 2008. Ein indikatorengestützter Bericht mit einer Analyse zu Übergängen im Anschluss an den Sekundarbereich I.* Bielefeld: Bertelsmann.

BUNDESJUGENDKURATORIUM ET AL. (2002). *Bildung ist mehr als Schule. Leipziger Thesen zur aktuellen bildungspolitischen Debatte.* Verfügbar unter: http://www.bmfsfj.de/Kategorien/ aktuelles,did=5420,render=renderPrint.html [11.12.2008].

BUNDESMINISTERIUM FÜR BILDUNG UND FORSCHUNG (O. J.). *Qualitätskriterien für Ganztagsschulen.* Verfügbar unter: http://www.ganztagsschulen.org/118.php [11.12.2008].

BUNDESMINISTERIUM FÜR BILDUNG UND FORSCHUNG (ED.) (2003). *Verwaltungsvereinbarung: Investitionsprogramm «Zukunft Bildung und Betreuung» 2003–2007.* Verfügbar unter: http://www.bmbf.de/ pub/20030512_verwaltungsvereinbarung_zukunft_bildung_und_ betreuung.pdf [11.12.2008].

BUNDESMINISTERIUM FÜR FAMILIEN, SENIOREN, FRAUEN UND JUGEND (2005). *Zwölfter Kinder- und Jugendbericht. Bericht über die Lebenssituation junger Menschen und die Leistungen der Kinder- und Jugendhilfe in Deutschland.* Verfügbar unter: http://www.bmfsfj.de/RedaktionBMFSFJ/ Abteilung5/Pdf-Anlagen/zwoelfter-kjb,property=pdf.pdf [11.12.2008].

EHMKE, T.; BAUMERT, J. (2008). Soziale Disparitäten des Kompetenzerwerbs und der Bildungsbeteiligung in den Ländern: Vergleiche zwischen PISA 2000 und PISA 2006. In PISA-Konsortium Deutschland (Eds.), *PISA '06*.

PISA 2006 in Deutschland. Die Kompetenzen der Jugendlichen im dritten Ländervergleich (p. 319–341). Münster: Waxmann.

JUGEND- UND KULTUSMINISTERKONFERENZ (2004). Zusammenarbeit von Schule und Jugendhilfe zur «Stärkung und Weiterentwicklung des Gesamtzusammenhangs von Bildung, Erziehung und Betreuung». Verfügbar unter: http://www.kmk.org/fileadmin/pdf/ PresseUndAktuelles/2004/Zusammenarbeit_von_Schule_und_ Jugendhilfe_BS_JMK_KMK.pdf [8.6.2009].

KAUFMANN, E. (2008). Individuelle Förderung in ganztägig organisierten Schulformen des Primarbereichs. Abschlussbericht. Verfügbar unter: http://www.dji.de/bibs/Abschlussbericht_Kaufmann_mit_ Deckblatt.pdf [8.6.2009].

KONSORTIUM BILDUNGSBERICHTERSTATTUNG (ED.) (2006). Bildung in Deutschland. Ein indikatorengestützter Bericht mit einer Analyse zu Bildung und Migration. Bielefeld: Bertelsmann.

PROJEKTLEITUNG «SELBSTSTÄNDIGE SCHULE» (ED.) (2008). Selbstständige Schulen in regionalen Bildungslandschaften. Eine Bilanz. Troisdorf: Bildungsverlag EINS.

STOLZ, H.-J. (2006). Dezentrierte Ganztagsbildung. Diskurskritische Anmerkungen zu einer aktuellen Debatte. In Otto, H.-U.; Oelkers, J. (Eds.), Zeitgemässe Bildung. Herausforderungen für Erziehungswissenschaft und Bildungspolitik (p. 114–130). München: Reinhardt.

Internationaler Vergleich von Tagesschulsystemen unter dem Fokus der pädagogischen Qualität

Thomas Coelen

Ein Vergleich von Tagesschulen bzw. Ganztagsschulen und ganztägigen Bildungs- oder Betreuungseinrichtungen in europäischen Ländern ermöglicht, ein breites Spektrum von Konzeptionen, pädagogischen Zielen und ihren Realisierungen kennen zu lernen sowie mögliche Effekte einzuschätzen. Darüber hinaus könnte es auch um Wirkungen auf die Struktur, die Angebote und die Nutzung ausserschulischer Bildungs- und Freizeitangebote gehen.

1 Modelle

Der vorliegende Vergleich bezieht sich auf Frankreich, Finnland und die Niederlande.[1] Diese drei Länder wurden ausgewählt, weil sie in der aktuellen Debatte aus unterschiedlichen Gründen am häufigsten erwähnt werden:
- Frankreich, weil es eine klassische Ganztagsschule hat – allerdings mit einem schulfreien Mittwoch(nachmittag);
- Finnland, weil es PISA 2000 gewonnen hat – allerdings kaum eine Ganztagsschule hat;
- Die Niederlande, weil es gute Lernleistungen produziert und ganztägige Einrichtungen durch Kooperationen bewerkstelligt – allerdings keine gute Vereinbarkeit von Familie und Beruf ermöglicht.[2]

---

1 Für die Situation in Italien sei auf den nachstehenden Text von Siegfried Baur in diesem Band verwiesen.
2 Die Darstellung musste leider auf deutsch- und englischsprachige Quellen beschränkt bleiben. Die Darstellung des französischen Systems basiert auf Angaben von Schmidt (1994), Deroide (1997), Hörner (2002), Alix (2003), Allemann-Ghionda (2003), Testu (2003), Hörner (2004); die Darstellung des finnischen Systems auf Angaben von Kokko et al. (1997), Kansanen (2002), Matthies (2002), Renz (2003), Pulkkinnen & Pirttimaa (2004); die Darstellung des niederländischen Systems auf Angaben von Schmidt (1994), Brinkmann (1996), van der Laan (1997), Nieslony (1997), van de Ven (2002) und du Bois-Reymond (2004). Die Länderdarstellungen sind gerahmt durch Daten von Döbrich & Huck (1994) und EURYD-ICE (1997a), durch Ergebnisse der ersten PISA-Studie (Deutsches PISA-Konsortium 2001) und der Arbeitsgruppe «Internationale Vergleichsstudie» 2003 sowie den Literaturbericht

Ein zweiter Grund für die Auswahl liegt darin, dass sich die genannten Systeme in besonderer Weise eignen, um drei Typen von ganztägigen Bildungssystemen zu unterscheiden: Klassische Ganztags*schul*systeme, Ansätze zu Ganztags*betreuungs*systemen und Elemente von Ganztags*bildungs*systemen. Denn Tagesstrukturen können entweder eine Verlängerung des Unterrichts in traditionellen Formen bedeuten; sie können auch sozial-, jugend- und freizeitpädagogische Elemente in die Schule einbauen und so insgesamt den Tagesablauf in neuer Weise strukturieren; Schulen können aber auch mit ausserschulischen Institutionen ein gemeinsames drittes Neues arrangieren.[3]

Der vorliegende Vergleich ist daher keine Komparatistik von Schulsystemen,[4] sondern von Ganztagsorganisationen, insofern unausweichlich eine Institutionen übergreifende Zusammenstellung. Der Beitrag bietet somit eine Grundlage, um die Entwicklung von ganztägigen Schul-, Betreuungs- und Bildungsarrangements im internationalen Vergleich einschätzen zu können.

1.1 Ganztagseinrichtungen in drei europäischen Ländern

Der Vergleich ist auf folgenden Ebenen angesiedelt:
1. Struktur der ganztägigen Schulsysteme (Schulstufen und -formen, Ausbau des Ganztagsangebotes)
2. Organisation von Ganztagsschulen (Öffnungszeiten, Tagesablauf, Unterricht und ausserunterrichtliche Angebote, Förder- und Freizeitangebote)
3. Personal (Qualifikationen, Struktur)
4. Kooperation mit ausserschulischen Einrichtungen (Anlässe, Partner, Formen)
5. Ausserschulische Angebote für Jugendliche (Trägerschaft, Einrichtungen, Finanzierung).[5]

---

von Radisch & Klieme (2003). Zur besseren Lesbarkeit des detailreichen Textes wird im Folgenden auf Einzelbelege verzichtet (siehe dazu die Synopse in Coelen 2005).

3   Zu letzterem siehe Coelen (2008).

4   Siehe dazu Döbert et al. (2002).

5   Auf drei weitere europäische Länder (nämlich Russland, England und die Schweiz) bezieht sich der methodisch anders angelegte Vergleich von Legitimationsdiskursen über schulisch organisierte Zeiten, der im Sammelband von Kolbe et al. (2008) über die Ganztagsschule als «symbolische Konstruktion» zu finden ist (Coelen 2008). Darin finden sich weitere Erhellungen – und auch Entmythologisierungen – zu der Frage, welche pädagogischen Ziele mit ganztägigen Schulformen erreicht werden sollen.

Anhand der oben genannten Fragen und Ebenen ist der Beitrag gegliedert: Im ersten Teil sind zentrale Merkmale der Bildungssysteme unter Zuhilfenahme länderspezifischer Quellen kompiliert. Im kürzeren zweiten Teil finden sich eine Bewertung des jetzigen Forschungsstandes sowie des Spektrums der Konzeptionen und ihrer Effekte.

1.1.1 Frankreichs Ganztagsschulsystem

(1) Struktur   Frankreich verfügt, als einziges der drei hier vorgestellten Länder, über ein flächendeckendes, gebundenes Ganztagsschulsystem, allerdings mit einem schulfreien Mittwoch(nachmittag), der Probleme für die Vereinbarkeit von Familie und Beruf verursacht. In Vorschule und Sekundarbereich I handelt es sich um eine Gesamtschule für alle 4- bis 16-Jährigen: die *école maternelle* und das *collège*. Im Sekundarbereich II werden dann unterschiedliche Bildungsgänge angeboten.

Die Schulpflicht beginnt mit sechs Jahren (aber fast alle Drei- bis Fünfjährigen gehen bereits freiwillig zur *école maternelle*), sie endet mit 16 Jahren. Rechtsansprüche auf Betreuung erstrecken sich auf die schulisch organisierten Zeiten. Die Angebote im (nach)mittäglichen *foyer éducatif* sind fakultativ wählbar. Systembedingter Bedarf an zusätzlichen Bildungs- und Betreuungsangeboten entsteht vor allem mittwochs bzw. mittwochnachmittags und in den vergleichsweise langen Sommerferien.

Die französischen Schüler haben in PISA 2000 eine leicht überdurchschnittliche Lesekompetenz sowie mathematische und naturwissenschaftliche Grundbildung gezeigt; die Korrelation zwischen dem sozio-ökonomischen Status der Eltern und der Lesekompetenz der 15-jährigen Schüler war mittelstark ausgeprägt.

Die Schule gewährleistet einen zeitlichen Rahmen, auf den sich die Familien verlassen können: Berufstätigkeit von Müttern wird als normal angesehen und führt zu einer der höchsten Frauenerwerbsquoten und gleichzeitig zur dritthöchsten Geburtenrate unter den EU-Ländern. Zusammen betrachtet hat die Struktur der französischen Ganztagsschule also starke gesellschaftspolitische und durchschnittliche kognitive Effekte.

(2) Organisation   Die insgesamt vorgesehene Anzahl an Unterrichtsstunden für die Altersspanne von 7 bis 14 Jahren liegt mit ca. 7300 Stunden im oberen

Drittel europäischer Länder. Die Zeitanteile für ausserunterrichtliche Angebote, Betreuungen und Pausen sind in Frankreich am höchsten (25 Prozent der
innerschulisch verbrachten Zeit). Die Sekundarschulen sind mittwochs nachmittags, die Grundschulen den ganzen Mittwoch geschlossen. Die Schüler haben mindestens 28 Wochenstunden à 55 Minuten bei 180 Unterrichtstagen im
Jahr, d. h. die Kinder und Jugendlichen haben neun oder zehn halbe Tage Unterricht; die Mehrheit der Schüler nimmt am kostengünstigen Mittagessen in
der beaufsichtigten zweistündigen Mittagspause von 12 bis 14 Uhr teil; für den
Mittwoch(nachmittag) gibt es wahlweise religiöse, schulische und kommunale
Angebote oder private Lösungen; Unterrichtsbeginn ist gewöhnlich um 8.00
oder 8.30 Uhr, der Unterrichtsschluss zwischen 16 und 17 Uhr. Die schulisch
verbrachten Jahresstunden liegen bei ca. 950 Stunden. Für weitere schulbezogene Aktivitäten müssen die Franzosen vergleichsweise viel Zeit aufwenden.

Neben dem formellen Unterricht gibt es eine Reihe weiterer formeller Bildungsangebote, wie z. B. Förderunterricht und Hausaufgabenaufsicht, eine
nicht-formelle Betreuung für jüngere Kinder vor und nach dem Unterricht und
Freizeitangebote in der Mittagspause sowie durch Lehrer angebotene Sportgruppen nach Unterrichtsschluss. Hinzu kommen die Schulbibliotheken sowie weitere Möglichkeiten zur informellen Bildung, beispielsweise beim gemeinsamen Mittagessen.

(3) Personal Die Pädagogen der Vorschule und der Grundschule werden in
denselben universitären Institutionen ausgebildet, die Lehrer erhalten allerdings
nach ihrem Fachstudium nur eine einjährige schulpädagogische Ausbildung.
Förderunterricht und Hausaufgabenaufsicht werden aktuell vermehrt durch
pädagogisches Hilfspersonal oder Honorarkräfte gewährleistet. Insgesamt besteht mehr als ein Viertel der Schulangestellten aus Aufsichtspersonal, Erzie-
hungshelfenden und -assistierenden, Hilfs- und Honorarkräften, technischem
und Verwaltungspersonal, Kantinenkräften, Krankenbetreuende, Berufsbera-
terinnen und Beratern, Sozialarbeiterinnen und -arbeitern, Bibliothekarinnen
und Bibliothekaren sowie den Koordinatorinnen und Koordinatoren des ausserunterrichtlichen Bereichs. Die französischen Sozialpädagoginnen und Sozialpädagogen werden überwiegend drei Jahre lang an öffentlichen und staatlich finanzierten Fachhochschulen ausgebildet, ihr Staatsdiplom lässt sich an
einigen Universitäten bis zum Erwerb des Höheren Diploms in Erziehungswissenschaft erweitern. Die berufsfeldbezogene Ausbildung der Erzieherin-

nen und Erzieher dauert zwei oder zweieinhalb Jahre, die der Freizeitpädagoginnen und -pädagogen drei Jahre. Die didaktisch-methodische Forschung für den Vor-, Grund- und Sekundarschulbereich ist an Universitätsinstituten angesiedelt. Die Disziplinen zur Forschung und Ausbildung der nicht-lehrenden Professionen sind an Fachhochschulen verortet.

(4) Kooperation Die meisten Schulen befinden sich in nationalstaatlicher Trägerschaft, aber 14 Prozent der Primarschülerinnen und -schüler sowie 20 Prozent der Sekundarschülerinnen und Schüler gehen auf Schulen in kirchlicher Trägerschaft. Betreuung vor dem morgendlichen Schulbeginn ist ebenfalls staatlich oder zivilgesellschaftlich getragen. Mittagessen und -betreuung sind Bestandteile des schulischen Arrangements. Die Sportgruppen, die am unterrichtsfreien Mittwoch(nachmittag) eine entscheidende Rolle spielen, sind durch den Verband der Sportlehrer organisiert. Das *foyer socioéducatif,* in dem die Freizeitangebote mittags und spätnachmittags koordiniert werden, ist zivilgesellschaftlich getragen, ebenso wie Jugendarbeit oder Unterricht durch Religionsgemeinschaften. Neuerdings gibt es ein verstärktes Bemühen um Kooperationen mit kommunalen Angeboten und Vereinen oder Wohlfahrtseinrichtungen, wofür Mittel und Verträge bereitstehen. Anlässe zu Kooperationen sind vor allem Unterrichts- und Aufsichtslücken sowie die begonnene Dezentralisierung der Schulorganisation. Die ausserunterrichtlichen Förderungen haben vor allem unterrichtsergänzenden Charakter für schwächere Schüler, die Arbeitsgemeinschaften (AGs) unterrichtsunterstützende Funktionen; die mittwöchlichen Schulsportgruppen haben schulersetzenden, die Kooperationen schulergänzende Funktionen; die Religionsgruppen und auch die Ferienkolonien sind eigenständig.

(5) Ausserschulisches Die ausserunterrichtlichen Angebote, die zur Gewährleistung des Ganztagssystems vonnöten sind, werden in Teilen nationalstaatlich (Mittagessen und -betreuungen, Hausaufgabenhilfen und Förderunterricht), kommunal (morgendliche Betreuungen, offene Einrichtungen), zivilgesellschaftlich (Nachmittagsclubs und Sportgruppen an Schulen; Angebote von Vereinen/Verbänden und Religionsgemeinschaften) oder privat (‹Mittwochslücke›) getragen.

Die Finanzierung des formellen (Vor-)Schulwesens ist fast vollständig nationalstaatlich, bei gleichzeitiger Finanzierung seiner nicht-formellen Lücken

(Betreuung vor und nach dem Unterricht, mittags und spätnachmittags, mittwochs, in den Ferien) durch Kirchen oder Vereine/Verbände sowie Departments, Kommunen oder gewerbliche Anbieter. Die Eltern finanzieren hauptsächlich das subventionierte Mittagessen, die Betreuung vor und nach dem Unterricht sowie die Freizeitangebote mittwochs und in den Ferien.

1.1.2 Finnlands «Drei-Viertel-Schulen»

(1) Struktur   Finnland hat – bis auf ein Modellprojekt an wenigen finnischen Grundschulen – kein Ganztagsschulsystem, sondern lediglich Vormittagsunterricht mit anschliessendem Mittagsessen. Die Schulbildung wird in einer einheitlichen Pflichtschule für alle 7- bis 12-Jährigen (Grundschule) und 13- bis 16-Jährigen (Grundbildung) vermittelt.

Die Schulpflicht beginnt mit sieben Jahren, ein Drittel der finnischen Fünfjährigen und drei Viertel der Sechsjährigen gehen aber bereits in die fakultative Vorschule. Das Recht eines jeden Kindes auf Tagesbetreuung – zwei Drittel der Vorschulkinder verbringen dort mehr als 40 Stunden pro Woche – bezieht sich nur auf Kleinkinder und endet mit dem Eintritt in die Schule. Ein Teil der Unterrichtzeit ist optionalen Angeboten vorbehalten; der Besuch der Horte und Jugendzentren ist freiwillig. Systembedingter Bedarf entsteht vor allem nachmittags zwischen 15 Uhr und dem Ende des Arbeitstages der Eltern.

Die finnischen Schüler haben in Bezug auf die Lesekompetenz die besten Werte in PISA 2000 erzielt und in mathematischer bzw. naturwissenschaftlicher Grundbildung ebenfalls vordere Plätze. Die Korrelation zwischen dem sozioökonomischen Status der Eltern und der Lesekompetenz der 15-jährigen Schüler ist in Finnland sehr schwach ausgeprägt. Es besteht eine hohe Vereinbarkeit von Familie und Beruf, die zu einer der höchsten Frauenerwerbsquoten europaweit geführt hat. Die Geburtenrate liegt ebenfalls relativ hoch. Zusammen betrachtet zeitigt die finnische «Drei-Viertel-Schule» mitsamt den nur lose damit verbundenen nachmittäglichen Betreuungsmöglichkeiten sowohl sehr gute kognitive als auch gesellschaftspolitische Effekte.

(2) Organisation   Die finnischen Schülerinnen und Schüler haben in der Altersspanne von 7 bis 14 Jahren mit ca. 5500 Stunden am wenigsten Stunden und verbringen auch insgesamt die geringste Zeit in der Schule (ca. 850 Stunden pro Jahr). Sie haben ca. 30 Wochenstunden à 45 Minuten bei 190 Unterrichtstagen im Jahr. Der Unterricht beginnt typischerweise zwischen 8 und 9 Uhr; durch das anschliessende obligatorische Mittagessen verlängert sich der Schultag auf 14 Uhr, bei gewählter vor- und nachschulischer Betreuungsmöglichkeit, z. B. im Hort, auf 8 bis 16 Uhr. Für weitere schulbezogene Aktivitäten müssen die finnischen Schüler vergleichsweise wenig Zeit aufwenden.

Neben dem grösstenteils projektartigen Unterricht stehen zahlreiche formelle Förderangebote. Daneben gibt es nur wenige, direkt auf die Schule bezogene nicht-formelle Bildungsorte (Nachmittagsgruppen, Horte etc.), aber einen traditionellen Bereich informeller Bildung beim gemeinsamen Mittagessen von Lehrern und Schülern.

(3) Personal An fast allen Schulen arbeiten zahlreiche Assistierende der Lehrpersonen, Sozialarbeiterinnen und Sozialarbeiter, Speziallehrpersonen, Krankenschwestern sowie weiteres Personal. Die Tätigkeiten als Grundschulklassenlehrpersonen oder Sekundarstufenfachlehrpersonen erfordern einen universitären MA-Abschluss, die Mitarbeit in den Horten einen universitären BA-Abschluss, der einen starken Fokus auf Einzelfallhilfe legt; hingegen wird die Arbeit in Jugendzentren vielfach durch eine Anzahl semi-professioneller und ehrenamtlicher Kräfte gewährleistet. Die Ausbildung für soziale Berufe ist auf allen drei Formalniveaus des tertiären Bildungssystems möglich. Das zwischengelagerte Institutsniveau für das Sozialwesen wird aktuell durch Fachhochschulen abgelöst. Die auf das Kindergarten-, Vorschul- und Schulwesen bezogene Forschung ist an Universitäten angesiedelt.

(4) Kooperation Die Schulen sind kommunal getragen, nur vier Prozent der Schüler gehen auf so genannte Privatschulen. Die von Lehrern geleiteten nachmittäglichen Arbeitsgemeinschaften (AGs) sind seit den 1990er Jahren stark rückläufig, ebenso die Nachmittagsbetreuungen in kommunalen Kindertagesstätten und Horten mit Hausaufgabehilfen und Freizeitgestaltung. Im Modellprojekt MUKAVA entwickeln sich die drei beteiligten Schulen zu Knotenpunkten von schulischen und ausserschulischen Aktivitäten unterschiedlicher Kooperationspartner, die allesamt auf dem Schulgelände stattfinden und vom Schulleiter koordiniert und verantwortet werden, um eine Ganztagsbetreuung zu gewährleisten. Anlass ist die nachmittägliche Betreuungslücke durch die Hortschliessungen seitens der Kommunen.

Die zahlreichen Förderangebote für schwächere Schüler haben unterrichts-unterstützende Funktion; die im Rückgang begriffenen Nachmittagsangebote der Kommunen und der freien Träger haben z. T. schulergänzende (Horte) und z. T. eigenständige Funktionen (Jugendzentren und -verbände). Die Nachmittagsbetreuung im Modellprojekt hat vor allem beaufsichtigende und insofern schulersetzende Funktion, als sie die nachmittägliche Betreuungslücke des finnischen Grundschulsystems schliessen soll.

(5) Ausserschulisches Die ausserunterrichtlichen Angebote sind in Teilen kommunal (Mittagessen, Schulbeförderung; Kindertagesstätten/Horte, Jugendzentren) oder zivilgesellschaftlich (Jugendverbände) getragen und finanziert. Elternbeiträge sind für vorschulische Kinderbetreuung und für gewerbliche Freizeitangebote fällig. Private Nachmittagslösungen, die aufgrund des Abbaus der Horte nötig geworden sind, lassen die Kinder und Jugendlichen auf sich allein gestellt oder gehen mit Einkommenseinbussen einher.

1.1.3 *Verlengde Schooldag* mit niederländischen Schulen

(1) Struktur In den Niederlanden hat die Zahl der durchgängig ganztägigen Bildungs- und Betreuungseinrichtungen – zumeist in Kooperation zwischen schulischen und ausserschulischen Anbietern – erst in den letzten Jahren auf ca. zwei Drittel aller Grundschulen (*basisscholen*) für ca. 30 Prozent der Schülerinnen und Schüler zugenommen, allerdings mit bleibenden Schwierigkeiten für die Vereinbarkeit von Familie und Beruf.
Alle Schülerinnen und Schüler erhalten in den ersten Jahren des Sekundarbereichs I eine allgemeine Schulbildung auf der Grundlage schulformübergreifender Curricula im Rahmen der *basisvorming*. Die Schulpflicht beginnt mit sechs Jahren, aber fast alle Vier- bis Fünfjährigen gehen bereits in die *basisschool*. Die Sekundarstufe II weist Elemente von didaktischer Freiwilligkeit auf. Auch die Gestaltung der Mittagszeit unterliegt in den Niederlanden der Freiwilligkeit, wenngleich hier kaum von einer freien Gestaltbarkeit gesprochen werden kann: Hier entsteht systembedingter Bedarf an Betreuung.
Die Niederlande waren bei einer Reihe von Lernleistungsstudien ausgesprochen erfolgreich; die Korrelation zwischen dem sozio-ökonomischen Status der Eltern und der Lesekompetenz der 15-jährigen Schülerinnen und Schüler ist in den Niederlanden durchschnittlich ausgeprägt. Die Erwerbstätigkeit

von Frauen ist immer noch wenig verbreitet (Teilzeitjobs sind üblich), die Geburtenrate liegt relativ hoch, deshalb wird der Ausbau von Betreuungsangeboten vorangetrieben, die häufig von Eltern, Staat und Betrieben mischfinanziert werden. Zusammen betrachtet, verbindet das niederländische Bildungssystem gute kognitive Funktionen mit mittelstark ausgeprägten gesellschaftspolitischen Funktionen.

(2) Organisation Die Niederländer haben im Vergleich der drei Länder am meisten Unterrichtszeit (ca. 1000 Jahresstunden, 10 500 Stunden zwischen dem 7. und dem 14. Lebensjahr) und verbringen auch die meiste Zeit in der Schule: Die Zeitanteile für ausserunterrichtliche Angebote, Betreuung und Pausen liegen zwischen den Extremwerten von Frankreich und Italien. Mittwoch nachmittags sind die Schulen geschlossen. Die Schüler haben mindestens 32 Wochenstunden à 50 Minuten bei 200 Unterrichtstagen pro Jahr. Der Schultag aus Unterricht und anderen Aktivitäten, die über Vor- und Nachmittage verteilt sind, endet an drei oder vier Wochentagen zwischen 15 und 16 Uhr. Die Schulen müssen auf Elternwunsch den mittäglichen Aufenthalt in der Schule gewährleisten. Für weitere schulbezogene Aktivitäten muss in den Niederlanden vergleichsweise durchschnittlich viel Zeit aufgebracht werden.

Beim formellen Unterricht haben die Einzelschulen grosse Gestaltungsspielräume, auch der fakultative Unterricht in den Muttersprachen sowie weiteren ausscurricularen Aktivitäten tragen zur Schulprofilbildung bei; hinzu kommen die Orte nicht-formeller Bildung in den Vorschulen und Horten.

(3) Personal Erzieherinnen und Erzieher sowie Grundschullehrpersonen werden, ebenso wie Sozialpädagoginnen und Sozialpädagogen, vier Jahre auf Fachhochschulniveau ausgebildet; die Sekundarschullehrpersonen absolvieren nach ihrem vierjährigen lernstoff-orientierten Universitätsstudium ein einjähriges Praxisstudium an universitätsnahen Fachbereichen. Sozialarbeiterinnen und Sozialarbeiter werden vier Jahre an fachhochschulischen Akademien ausgebildet, die traditionell streng von den forschenden Universitäten getrennt sind. Danach ist ein MA-Studium oder ein universitäres Studium der Sozialwissenschaften möglich. Zu den nachmittäglichen Schulaktivitäten tragen neben diesen Professionen noch weitere Experten und ehrenamtliche Kräfte bei: An der Koordination der 450 *brede scholen,* von denen die meisten in benachteiligten Stadtgebieten liegen, wirken neben Schul- und Sozialpädagogen auch

Schulärzte, Bibliothekare, Hausmeister und Verwaltungspersonal, Vertreter kommerzieller Freizeiteinrichtungen, Elternvertreter, Ausländerbeauftragte, Nachbarschaftspolizisten sowie andere Gemeindevertreter mit.

Die Forschung für die Bereiche Erziehung, Sozialpädagogik und Grundschulpädagogik ist an Fachhochschulen angesiedelt, diejenige für Sekundarschulpädagogik hingegen an universitätsnahen Fachbereichen oder pädagogischen Hochschulen.

(4) Kooperation Die Schulen sind überwiegend zivilgesellschaftlich getragen (65 Prozent in Trägerschaft durch Kirchen, Stiftungen, Vereine etc.) und finanzautonom, sie verhandeln mit den Kommunen über die nationalstaatlichen Mittel. Betreuung vor dem morgendlichen Schulbeginn und auch Nachhilfekurse werden entweder ebenfalls zivilgesellschaftlich oder privat-gewerblich, z. B. durch mittelständische Unternehmen, angeboten. Mittagessen und -betreuungen werden oft durch Eltern privat bzw. ehrenamtlich gewährleistet. Die mittägliche Betreuungslücke[6] ist auch Hauptanlass für die Zusammenarbeit mit ausserschulischen Akteuren. Die *brede scholen* können sich ausschliesslich durch Kooperationen zwischen schulischen und ausserschulischen Trägern konstituieren und erhalten daraufhin ihre Finanzierung durch die Kommunen. Die ausserschulischen Partner haben eine weitgehend eigenständige Funktion im *verlengde schooldag*. Daneben gibt es unterrichts- bzw. schulunterstützende Massnahmen der Schulen selbst oder der ebenfalls trägerrechtlich eigenständigen Schulsozialarbeit.

(5) Ausserschulisches Weit über die Hälfte der Babys und 80 Prozent der Kleinkinder sind in Tagespflege bzw. Kindertagesstätten, im Schulalter nutzt allerdings nur noch eine Minderheit den Hort. Mehr als 60 Prozent der niederländischen Teenager sind Vereinsmitglieder (52 Prozent in Sportvereinen, 11 Prozent in Jugendverbänden), etwa genauso viele gehen zu Musik- oder Theaterclubs.

---

6   Zwischen den Unterrichtsstunden am Vor- und am Nachmittag wird in vielen niederländischen Schulen kein Mittagessen und/oder keine Aufsicht angeboten.

1.2 Zusammenschau und Bewertung

Nach diesen drei Länderporträts werden nun die Hauptcharakteristika der Ganztagssysteme zusammengestellt und anschliessend unter dem Fokus der pädagogischen Qualität bewertet.

1.2.1 Zusammenschau der nationalen Entwicklungen

Die drei hier dargestellten, mehr oder weniger ganztägigen Bildungssysteme werden abschliessend noch einmal in anderer Akzentuierung zusammengefasst:

Auf der Organisationsebene haben wir es mit überwiegend kommunalen Trägerschaften und nationalstaatlichen Finanzierungen zu tun, bei gleichzeitig signifikanten – in den letzten Jahren durch Dezentralisierungsbestrebungen von oben offensichtlich steigenden – Anteilen sowohl zivilgesellschaftlich-öffentlicher als auch privatgewerblicher Träger und Geldgeber.

Hinsichtlich der Bildungsformen überwiegt die formelle Schulausbildung, bei gleichzeitig signifikanten – ebenfalls in den letzten Jahren offensichtlich steigenden – Anteilen nicht-formeller Bildung, der zumeist schulunterstützende und -ergänzende Funktionen zugeschrieben werden, und kleineren Anteilen eigenständiger Sozialisationsfunktionen.

Das Personal der Ganztagseinrichtungen setzt sich neben den Lehrerpersonen aus einer relativ grossen – ebenfalls in den letzten Jahren offensichtlich steigenden – Anzahl nicht-unterrichtender Pädagoginnen und Pädagogen, weiterer Professionen und angelernten Kräften zusammen, deren z. T. deutlich niedriger gestufte formale Ausbildungsgänge und die damit einhergehende Bezahlung ein steiles Gefälle in den Professionalisierungsgraden zwischen den Bereichen formeller und nicht-formeller Bildung mit sich bringen. Aus Sicht der Adressatinnen und Adressaten fällt auf,

*   dass die Kinder und Jugendlichen aus den drei Ländern deutlich unterschiedliche Zeitumfänge in bzw. mit der Schule verbringen und die Lücken der Ganztagssysteme (mittags, nachmittags, in den Ferien) auf äusserst vielfältige Weise gefüllt werden;
*   dass – bei durchgängiger Schulpflicht – Rechtsansprüche auf darüber hinausgehende Bildungs- und Betreuungsleistungen wenig verbreitet sind, jedoch ihre frei gewählte und fakultative Nutzung eine grosse Rolle spielt,

zumal in den Fällen, in denen der Bedarf daran durch die Lücken der Ganztagssysteme selbst verursacht wird;

- dass die allermeisten nicht-unterrichtlichen Angebote mit direkten oder
  indirekten finanziellen Beiträgen der Eltern verbunden sind;
- dass die ganztägige Organisation von Erziehung und Bildung hinsichtlich
  der Lernleistungen keinen Kausalzusammenhang erkennen lässt, wohl aber
  hinsichtlich der Vereinbarkeit von Familie und Beruf, wenngleich dies selbst
  in den am weitesten ausgebauten Ganztagssystemen aufgrund von Ange-
  botslücken schwierig bleibt.

In Bezug auf die beteiligten Fachdisziplinen ist zu sagen,

- dass ihr Formalstatus in den meisten Ländern höchstens eine Stufe voneinander entfernt ist: Lehrpersonen werden überwiegend an Universitäten,
  Sozialpädagoginnen und Sozialpädagogen und ähnliche Professionen zumeist an Fachhochschulen ausgebildet (zuzüglich der zahlreichen an- und
  ungelernten Kräften, die die Ganztägigkeit überhaupt erst ermöglichen);
- dass es kaum akademische Vernetzungen zwischen den (Teil-)Diszipli-
  nen gibt;
- dass die verwendeten Leitbegriffe weit verstreut aus dem grossen Spektrum zwischen Sozialpolitik, -pädagogik, -medizin und -psychologie entnommen sind.

1.2.2 Fazit und Bewertung

Die wesentliche Erkenntnis, die sich aus dem vorliegenden Vergleich ziehen
lässt, besteht darin, dass – wie in der Schweiz, Österreich und Deutschland,
so auch in anderen europäischen Ländern – ganztägige Bildungssysteme nur
durch die Zusammenarbeit von schulischen und ausserschulischen Organisationen, Professionen und Disziplinen möglich sind. Anders gewendet: Es gibt
kein Ganztagssystem, welches ausschliesslich aus Schulen oder dessen Personal ausschliesslich aus Lehrpersonen besteht oder dessen relevante Disziplinen
und Theorien lediglich schulpädagogisch sind; andere Organisationen (zumeist
kommunal oder vereinsrechtlich gefasste), anderes Personal (zumeist aus dem
Bereich der personenbezogenen sozialen Dienstleistungen) und andere wissenschaftliche Disziplinen (zumeist sozialarbeiterische, medizinische und psy-
chologische) sind in jedem der Fälle konstitutiv.

Letztgenannte Entwicklung ist insofern als ambivalent zu bezeichnen, weil sie in den meisten Fällen Ausdruck einer Inkorporierung ausserschulischer Institutionen in das jeweilige Schulsystem ist (vor allem in der französischen Ganztagsschule, aber auch im finnischen Modellprojekt zur Ganztagsbetreuung) und nur zu einem geringeren Teil Ausdruck einer Integration von schulischer und ausserschulischer Bildung (wie z. B. in den Ansätzen zu einer Ganztagsbildung in den Niederlanden). Diese beiden Grundmuster zur Verknüpfung von Organisationsformen und Bildungsmodalitäten (Inkorporation und Integration) wären z. B. auch in der schweizerischen Bildungssystementwicklung weiterzuverfolgen (parallel zum zur Zeit vorherrschenden Grundmuster der Addition).

2 Perspektiven

Im kürzeren zweiten Teil des Beitrags geht es um einen Ausblick auf die zukünftige Entwicklung: zuerst in institutioneller Perspektive und dann im Hinblick auf forschungsleitende Fragen.

2.1 Ganztagsschule, -betreuung oder -bildung?

Die zuletzt genannte Erkenntnis, dass es kein Ganztagssystem gibt, welches nur Schule ist, wurde als ambivalent bezeichnet, weil diese Tatsache in den meisten Fällen Ausdruck einer *Inkorporierung* ausserschulischer Institutionen und Personen in das jeweilige Schulsystem ist und nur zu einem geringeren Teil Ausdruck einer *Integration* von schulischer und ausserschulischer Bildung. Hinzu kommt, dass wir es in den deutschsprachigen Ländern zumeist mit einer schlichten *Addition* von Vormittagsunterrichtsschule und Nachmittagsbetreuung zu tun haben. Diese drei Grundmuster zur Verknüpfung von Organisationsformen und Bildungsmodalitäten können an Typen von Tagesschulen bzw. -betreuung verdeutlicht werden:

- Im Typus der klassischen, gebundenen *Ganztagsschule/Tagesschule* sind nicht-formelle Bildungsbereiche in den überwiegend formellen Rahmen der schulischen Organisationen inkorporiert und beide Modi zeitlich rhythmisiert. Die Trägerschaft dieses Typs liegt z. B. in Deutschland weitgehend bei den Bundesländern (bis auf die kommunale, so genannte äussere Schulträgerschaft).

- Im gegenwärtig am meisten verbreiteten Typus der *Ganztagsbetreuung* wird an die hauptsächlich formell gestaltete Vormittagsschule eine nicht-formelle Nachmittagsbetreuung angehängt – mit ganz wenigen personellen und inhaltlich-methodischen Berührungspunkten. Die Trägerschaft ist in Deutschland zumeist auf Bundesland und Kommune verteilt, wobei der rechtliche Gesamtrahmen durch den Status einer Schulveranstaltung gezogen wird.
- Im Typus der *Ganztagsbildung* sind ebenfalls formelle und nicht-formelle Bereiche systematisch miteinander verschränkt, und sie haben ihre Schwerpunkte auf dem Vor- bzw. Nachmittag. Die qualitativen Unterschiede bestehen einerseits in der systematisch angelegten personellen und inhaltlich-methodischen Verschränkung der beiden Bereiche (regelmässig mittags sowie punktuell vor- und nachmittags) und andererseits in der Beibehaltung der institutionellen Eigenständigkeiten (die sich auch räumlich ausdrücken kann) und damit der bildungswirksamen Strukturprinzipien beider Bereiche. Das Konzept sieht ferner – wie international üblich – eine kommunale Trägerschaft des schulischen Anteils und die Gründung eines gemeinsamen Trägervereins zur Gewährleistung des Ganztagsangebots vor.[7]

2.2 Fragerichtungen zur pädagogischen Qualität

Die genannten Grundmuster der Verknüpfung von Organisationsformen und Bildungsmodalitäten könnten durch empirische (internationale) Vergleiche überprüft und auf dieser Basis gegebenenfalls modifiziert werden. Hinsichtlich der Frage nach pädagogischer Qualität – die mehr bzw. anderes umfasst als Fragen nach Lernleistungen oder Vereinbarkeiten von Familie und Beruf – könnten zwei grundsätzliche Fragerichtungen eingeschlagen werden:
- Soll mit politischen Rahmenentscheidungen eher eine qualifizierende, arbeitsmarktorientierte Variante von Tagesschulen angestrebt werden?
- Oder will man sich auf eine partizipative, demokratiebildende Variante von ‹ganztägiger› Erziehung, Betreuung und Bildung verständigen?

---

7   Siehe dazu ausführlich Coelen (2008).

Literaturverzeichnis

ADICK, C. (2003). Globale Trends weltweiter Schulentwicklung: Empirische Befunde und theoretische Erklärungen. *Zeitschrift für Erziehungswissenschaften*, 2, 173–187.

ALIX, C. (2003). *Ganztagsschule Frankreich – eine Fallstudie. Erstellt im Rahmen des Projekts «Bildung Plus»*. Verfügbar unter: http://www.pedocs.de/volltexte/2008/370/pdf/GTS_Fallstudie_Frankreich.pdf [1.4.2009].

ALLEMANN-GHIONDA, C. (2003). Ganztagsschule – ein Blick über den Tellerrand. In Appel, S.; Ludwig, H.; Rother, U.; Rutz, G. (Eds.), *Jahrbuch Ganztagsschule 2004. Neue Chancen für die Bildung* (p. 206–216). Schwalbach: Wochenschau Verlag.

ANWEILER, O.; BOOS-NÜNNING, U.; BRINKMANN, G.; GLOWKA, D.; GOETZE, D.; HÖRNER, W.; KUEBART, F.; SCHÄFER, H. P. (EDS.) (1996). *Bildungssysteme in Europa. Entwicklung und Struktur des Bildungswesens in zehn Ländern: Deutschland, England, Frankreich, Italien, Niederlande, Polen, Russland, Schweden, Spanien, Türkei*. Weinheim: Beltz.

ARBEITSGRUPPE INTERNATIONALE VERGLEICHSSTUDIE (ED.) (2003). *Vertiefender Vergleich der Schulsysteme ausgewählter PISA-Teilnehmerstaaten*. Hrsg. v. Bundesministerium für Bildung und Forschung. Verfügbar unter: http://www2.dipf.de/publikationen/pisa_vergleichsstudie.pdf [1.4.2009].

BAAL, M. VAN; BOTTERWECK, A. (2003). *How are the children? Statistics Netherlands, Voorburg/Heerlen*. Verfügbar unter: http://www.cbs.nl/en-GB/menu/themas/vrije-tijd-cultuur/publicaties/artikelen/archief/2003/2003-1223-wm.htm [1.4.2009].

BMBF [BUNDESMINISTERIUM FÜR BILDUNG UND FORSCHUNG] (ED.) (2004). *Konzeptionelle Grundlagen für einen Nationalen Bildungsbericht. Non-formale und informelle Bildung im Kindes- und Jugendalter*. Berlin: BMBF.

BRAUN, K.-H. (1994). Schule und Sozialarbeit in der Modernisierungskrise. *Neue Praxis*, 2, p. 107–118.

BOIS-REYMOND, M. DU (2004). Die Beziehungen zwischen formeller und nicht-formeller Erziehung und Bildung in den Niederlanden. In Otto,

H.-U.; Coelen, T. (Eds.), *Ganztagsbildung international. Innovation durch Vergleich* (p. 93–104). Münster: Waxmann.

BRINKMANN, G. (1996). Niederlande. In Anweiler, O.; Boos-Nünning, U.; Brinkmann, G.; Glowka, D.; Goetze, D.; Hörner, W.; Kuebart, F.; Schäfer, H. P. (Eds.), *Bildungssysteme in Europa. Entwicklung und Struktur des Bildungswesens in zehn Ländern: Deutschland, England, Frankreich, Italien, Niederlande, Polen, Russland, Schweden, Spanien, Türkei* (p. 124–142). Weinheim: Beltz.

CHISHOLM, L.; BÜCHNER, P.; KRÜGER, H.-H.; BOIS-REYMOND, M. DU (EDS.) (1995). *Growing Up in Europe. Contemporary Horizons in Childhood and Youth Studies.* Berlin: de Gruyter.

COELEN, T. (2005). Synopse ganztägiger Bildungssysteme. Zwischenschritt auf dem Weg zu einer Typologie. In Otto, H.-U.; Coelen, T. (Eds.), *Ganztagsbildung international. Innovation durch Vergleich* (p. 191–218). Münster: Waxmann.

COELEN, T. (2008). Tagesstrukturen und Ganztagsbildung durch Kooperation von Demokratie bildenden Institutionen. In Larcher Klee, S.; Grubenmann, B. (Eds.), *Tagesstrukturen als sozial- und bildungspolitische Herausforderung. Erfahrungen und Kontexte* (p. 137–149). Zürich: Haupt.

COELEN, T. (2008). Diskurse über Schule und Zeit in anderen Ländern. In Kolbe, F.-U.; Reh, S.; Fritzsche, B.; Idel, T.-S.; Rabenstein, K. (Eds.), *Ganztagsschule als symbolische Konstruktion. Fallanalysen zur Legitimationsdiskursen in schultheoretischer Perspektive* (p. 47–65). Opladen: Leske+Budrich.

COELEN, T.; OTTO, H.-U. (EDS.) (2008). *Grundbegriffe Ganztagsbildung. Das Handbuch.* Wiesbaden: vs Verlag für Sozialwissenschaften.

DENCIK, L. (1995). Modern Childhood in the Nordic Countries: ‹Dual Socialisation› and its Implications. In Chisholm, L.; Büchner, P.; Krüger, H.-H.; Bois-Reymond, M. du (Eds.), *Growing Up in Europe. Contemporary Horizons in Childhood and Youth Studies* (p. 105–119). Berlin: de Gruyter.

DAHRENDORF, R. (1968). *Gesellschaft und Demokratie in Deutschland.* München: Piper.

DEICHSEL, W. (1987). *Die offene Tür. Jugendberatungsstellen in der Bundesrepublik Deutschland, in Holland und in den Vereinigten Staaten. Eine vergleichende empirische Untersuchung.* München: Profil.

DEROIDE, N. (1997). Soziale Arbeit in Frankreich. In Puhl, R.; Maas, U. (Eds.), *Soziale Arbeit in Europa: Organisationsstrukturen, Arbeitsfelder und Methoden im Vergleich* (p. 71–89). Weinheim: Juventa.

DEUTSCHES PISA-KONSORTIUM (ED.) (2001). *PISA 2000. Basiskompetenzen von Schülerinnen und Schülern im internationalen Vergleich.* Opladen: Leske+Budrich.

DÖBERT, H.; HÖRNER, W.; KOPP, B. VON; MITTER, W. (EDS.) (2002). *Die Schulsysteme Europas.* Baltmannsweiler: Schneider.

DÖBRICH, P.; HUCK, W. (1994). Quantitative Tendenzen der Zeit für Schule im internationalen Vergleich. In Mitter, W.; Knopp, B. von (Eds.), *Die Zeitdimension in der Schule als Gegenstand des Bildungsvergleichs* (p. 11–43). Köln: Schneider.

EPSTEIN, E. H. (1997). Filtering Democracy through Schools. The Ignored Paradox of Compulsory Education. In Kodron, C. (Ed.), *Vergleichende Erziehungswissenschaft: Herausforderung – Vermittlung – Praxis. Festschrift für Wolfgang Mitter zum 70. Geburtstag* (p. 32–45). Köln: Böhlau.

EURYDICE [DAS INFORMATIONSNETZ ZUM BILDUNGSWESEN IN EUROPA] (1995). *Das Schuljahr und seine Gliederung in der Europäischen Union.* Brüssel: Eurydice.

EURYDICE [DAS INFORMATIONSNETZ ZUM BILDUNGSWESEN IN EUROPA] (1996). *Beiräte und andere Formen der Mitwirkung in den Bildungssystemen der Europäischen Union.* Brüssel: Eurydice.

EURYDICE [DAS INFORMATIONSNETZ ZUM BILDUNGSWESEN IN EUROPA] (1997A). *Sekundarbildung in der Europäischen Union: Strukturen, Organisation und Verwaltung.* Verfügbar unter: http://www.eurydice. org/Documents/second/de/FrameSet.htm [1.7.2004].

EURYDICE [DAS INFORMATIONSNETZ ZUM BILDUNGSWESEN IN EUROPA] (1997B). *Studie zu den Massnahmen der Mitgliedstaaten der Europäischen Union für Jugendliche, die das Bildungssystem ohne Qualifikation verlassen haben.* Brüssel: Eurydice.

GALLAND, O. (1995). Changing Family Transitions: Young People and New Ways of Life in France. In Chisholm, L.; Büchner, P.; Krüger, H.-H.;

Bois-Reymond, M. du (Eds.), *Growing Up in Europe. Contemporary Horizons in Childhood and Youth Studies* (p. 133–143). Berlin: de Gruyter.

HANSÉN, S.-E.; KÖRNER, A.; SEIDENFADEN, F. (1984). *Finnland. (Studien zum Bildungswesen Nord- und Westeuropas, Bd. 5).* Giessen: Verlag der Ferberschen Universitätsbuchhandlung Giessen.

HÖRNER, W. (2002). Frankreich. In Döbert, H.; Hörner, W.; Kopp, B. von; Mitter, W. (Eds.), *Die Schulsysteme Europas* (p. 155–175). Baltmannsweiler: Schneider-Verlag.

HÖRNER, W. (2004). Ganztagsschule in Frankreich. In Otto, H.-U.; Coelen, T. (Eds.), *Ganztägige Bildungssysteme. Innovation durch Vergleich* (p. 63–70). Münster: Waxmann.

HUXTABLE, M.; BLYTH, E. (EDS.) (2002). *School Social Work Worldwide.* Washington D. C.: NASW Press.

KANSANEN, P. (2002). Finnland. In Döbert, H.; Hörner, W.; Kopp, B. von; Mitter, W. (Eds.), *Die Schulsysteme Europas* (p. 142–154). Baltmannsweiler: Schneider-Verlag.

KLEMM, K. (2003). Rahmendaten. Vergleichsländer und Deutschland. In Bundesministerium für Bildung und Forschung (Ed.) (2003), *Vertiefender Vergleich der Schulsysteme ausgewählter PISA-Teilnehmerstaaten* (p. 80–94). Verfügbar unter: http://www2.dipf.de/publikationen/pisa_vergleichsstudie.pdf [1.4.2009].

KOKKO, M.-L.; RÄIHÄ, H.; RÄTY, E.; RATINEN, A.; TIKKANEN, M.; KOWALEWSKI, H. (1997). Soziale Arbeit in Finnland. In Puhl, R.; Maas, U. (Eds.), *Soziale Arbeit in Europa. Organisationsstrukturen, Arbeitsfelder und Methoden im Vergleich* (p. 161–176). Weinheim: Juventa.

KOLBE, F.-U.; REH, S.; FRITZSCHE, B.; IDEL, T.-S.; RABENSTEIN, K. (EDS.) (2008). *Ganztagsschule als symbolische Konstruktion. Fallanalysen zur Legitimationsdiskursen in schultheoretischer Perspektive.* Opladen: Leske+Budrich.

LAAN, G. VAN DER (1997). Soziale Arbeit in den Niederlanden. In Puhl, R.; Maas, U. (Eds.), *Soziale Arbeit in Europa. Organisationsstrukturen, Arbeitsfelder und Methoden im Vergleich* (p. 125–141). Weinheim: Juventa.

LÄHTEENMAA, J. (1995). Youth Culture in Transition to Post-Modernity: Finland. In Chisholm, L.; Büchner, P.; Krüger, H.-H.; Bois-Reymond,

M. du (Eds.), *Growing Up in Europe. Contemporary Horizons in Childhood and Youth Studies* (p. 229–235). Berlin: de Gruyter.

LAGRÉE, J.-C. (1995). Balladur's Questionnaire: Young People in France. In Circle for Youth Research Cooperation in Europe (Ed.), *The Puzzle of Integration. European Yearbook on Youth Policy and Research. Vol. 1/95* (p. 151–159). Berlin: de Gruyter.

LIVINGSTONE, D. W. (2001). *Adults' Informal Learning: Definitions, Findings, Gaps and Future Research (NALL Working Paper 21/01).* Verfügbar unter: http://www.oise.utoronto.ca/depts/sese/csew/nall/res/21adultsifnormallearning.htm [1.4.2009].

MATTHIES, A.-L. (2002). Finnisches Bildungssystem und Familienpolitik: ein «leuchtendes» Beispiel? *Aus Politik und Zeitgeschichte, Beilage zur Wochenzeitung «Das Parlament», B 41,* 38–45.

MOSS, P. (1988). *Childcare and Opportunity. Consolidated Report to the European Commission.* Brüssel.

NIESLONY, F. (1997). *Schulsozialarbeit in den Niederlanden. Perspektiven für Deutschland?* Opladen: Leske+Budrich.

OECD (ED.) (2003). *Bildung auf einen Blick. OECD-Indikatoren 2003 (deutsche Übersetzung hrsg. v. Bundesministerium für Bildung und Forschung).* Berlin: BMBF.

OTTO, H.-U.; COELEN, T. (EDS.) (2004). *Grundbegriffe der Ganztagsbildung. Beiträge zu einem neuen Bildungsverständnis in der Wissensgesellschaft.* Wiesbaden: VS Verlag für Sozialwissenschaften.

OTTO, H.-U.; COELEN, T. (EDS.) (2005). *Ganztägige Bildungssysteme. Innovation durch Vergleich* (Studien zur International und Interkulturell Vergleichenden Erziehungswissenschaft, Bd. 5). Münster: Waxmann.

OVERWIEN, B. (2002). Informelles Lernen und Erfahrungslernen in der internationalen Diskussion. Begriffsbestimmungen, Debatten und Forschungsansätze. In Rohs, M. (Ed.), *Arbeitsprozessintegriertes Lernen. Neue Ansätze für die berufliche Bildung* (p. 13–36). Münster: Waxmann.

PUHL, R.; MAAS, U. (EDS.) (1997). *Soziale Arbeit in Europa. Organisationsstrukturen, Arbeitsfelder und Methoden im Vergleich.* Weinheim: Juventa.

PULKKINNEN, L.; PIRTTIMAA, R. (2004). Der «integrierte Schultag» in Finnland. In Otto, H.-U.; Coelen, T. (Eds.), *Ganztagsbildung international. Innovation durch Vergleich* (p. 81–90). Münster: Waxmann.

RADISCH, F.; KLIEME, E. (2003). *Wirkung ganztägiger Schulorganisation. Bilanzierung der Forschungslage. Literaturbericht im Rahmen von «Bildung Plus».* Verfügbar unter: http://www.pedocs.de/ volltexte/2008/368/pdf/wirkung_gts.pdf [1.4.2009].

RENZ, M. (2003). Ganztagsschule im europäischen Ausland – eine Selbstverständlichkeit? *Schulverwaltung spezial, Sonderausgabe 1/03,* 40–42.

RICHTER, H.; COELEN, T. (EDS.) (1997). *Jugendberichterstattung. Politik, Forschung, Praxis.* Weinheim: Juventa.

SCHMIDT, G. (1994). Die Ganztagsschule in einigen Ländern Europas. Vergleichende Analyse im Rahmen des Projekts «Zeit für Schule». In Mitter, W.; Knopp, B. von (Eds.), *Die Zeitdimension in der Schule als Gegenstand des Bildungsvergleichs* (p. 45–112). Köln: Böhlau.

SCHÜMER, G. (2004). Zur doppelten Benachteiligung von Schülern aus unterprivilegierten Gesellschaftsschichten im deutschen Schulwesen. In Schümer, G.; Tillmann, K.-J.; Weiss, M. (Eds.), *Die Institution Schule und die Lebenswelt der Schüler. Vertiefende Analysen der PISA-2000- Daten zum Kontext von Schülerleistungen* (p. 73–114). Wiesbaden: VS Verlag für Sozialwissenschaften.

SCHUNTER-KLEEMANN, S. (1992). Wohlfahrtsstaat und Patriarchat. Ein Vergleich europäischer Länder. In Dies. (Ed.), *Herrenhaus Europa. Geschlechterverhältnisse im Wohlfahrtsstaat* (p. 141–180). Berlin: Edition Sigma.

TESTU, F. (2003). *Dans le futur débat sur l'école, le problème des rythmes scolaires.* Verfügbar unter: http://www.cahiers-pedagogiques.com/ article.php3?id_article=90 [1.4.2009].

TREPTOW, R. (2002). International Vergleichende Sozialpädagogik. Eine Aufgabenbestimmung zwischen Projektkooperation und Grundlagenforschung. In Thole, W. (Ed.), *Grundriss Soziale Arbeit. Ein einführendes Handbuch* (p. 897–910). Opladen: Leske+Budrich.

VEN, B. VAN DE (2002). Niederlande. In Döbert, H.; Hörner, W.; Kopp, B. von; Mitter, W. (Eds.), *Die Schulsysteme Europas* (p. 329–346). Baltmannsweiler: Schneider.

VINKEN, B. (2002). *Die deutsche Mutter: der lange Schatten eines Mythos.* München: Piper.

ZEIJL, E.; BEKER, M.; BREEDVELD, K.; BROEK, A. VAN DEN; HAAN, J. DE; HERWEIJER, L.; HUYSMANS, F.; WITTEBROOD, K. (2003). *Report on the Young 2002.* Verfügbar unter: http://www.scp.nl/english/publications/summaries/9037701116.html [1.4.2009].

Ganztagsschule in Italien

Siegfried Baur

1 Recht auf Studium und Bildung für alle

Die Ganztagsschule ist in Italien fast 40 Jahre alt. Ihr offizieller Start wird durch das Staatsgesetz Nr. 820 vom 24. September 1971 gegeben. Dieses Gesetz führt zwar die Ganztagsschule nicht flächendeckend ein, sieht aber ausreichende Finanzmittel vor, um der Nachfrage, vor allem in den städtischen Gebieten, gerecht zu werden. Neben der Möglichkeit der Einführung der Ganztagsschule in der fünfjährigen für alle verpflichtenden Grundschule ermöglicht das Gesetz auch die Einführung von ergänzenden Tätigkeiten am Nachmittag und fördert – immer auf Grundschulebene – das Bildungsangebot in besonderen Bereichen, wie z. B. dem Erlernen einer ersten Fremdsprache, der Musikerziehung oder der Erziehung zum künstlerischen Ausdruck.

Die Ganztagsschule markiert den Übergang vom Konzept der Schulfürsorge zum Konzept des «Rechtes auf Studium und Ausbildung». Der Art. 34 der Verfassung der Italienischen Republik sieht ausdrücklich vor, dass der Unterricht an den Grundschulen acht Jahre lang erteilt, verpflichtend und kostenlos sein muss und dass die fähigen und verdienstvollen Schülerinnen und Schüler das Recht haben, die höchsten Studiengrade zu erreichen. Dieser Artikel äussert sich allerdings nicht explizit zum Problem der sozialen Genese der kulturellen Deprivation und scheint das Problem der Lern- und Bildungsprobleme der Schülerinnen und Schüler der sozial schwächeren sozialen Schichten nicht zu thematisieren. Die politische Interpretation dieser Verfassungsnorm erfolgte jedoch vor allem von laizistischer Seite aus in extensiver Weise. Bis zum Einbruch des Neoliberalismus in die Kultur- und Gedankenwelt gegen Mitte der 1990er Jahre wurde dieser Artikel der Verfassung grundsätzlich von allen politischen Kräften Italiens übereinstimmend als eine Verpflichtung verstanden, den Bildungsweg der Kinder der sozial niederen und wirtschaftlich benachteiligten Schichten durch eine bestmögliche Förderung zu ebnen.

Die Idee eines verlängerten Unterrichts, die Möglichkeit längere Lernzeiten auch am Nachmittag vorzusehen, sollte nicht nur eine charakterisierende Massnahme des mit Beginn der 1970er Jahre in Italien entstehenden Wohlfahrts-

staates sein – wie auch eine Antwort auf die zunehmende Berufstätigkeit der
Frauen in den urbanen Gebieten, vor allem des Industriedreieckes im Norden
–, sondern sollte in erster Linie eine kulturelle Massnahme sein. Als Bildungs-
massnahme zielte sie darauf ab, die Zahl der positiven Pflichtschulabschlüsse
und der Abiturientinnen und Abiturienten durch eine intensive Förderung der
Kinder der sozial schwächeren Schichten zu erhöhen und gleichzeitig das Bil-
dungsniveau qualitativ zu heben. Schulklassen waren immer schon bunt gemischte Gruppen, lange bevor in Italien die Integration von Schülerinnen und
Schülern mit Behinderungen verwirklicht wurde und lange bevor sich grosse
Massen von Personen vorstellen konnten, den eigenen Kontinent zu wechseln.
In den Schulklassen sassen immer schon Individuen mit unterschiedlichen
persönlichen Interessen und mit unbekannten und teilweise völlig unerwar-
teten Entwicklungsmöglichkeiten. Diese Individuen wurden nicht immer als
solche behandelt, sondern sie wurden in ihrer ganz persönlichen Konstellation
oft als Störung empfunden. Der Standardschüler war der Wunschschüler und
er ist es oft leider auch heute noch. Die Klagen der Lehrpersonen über die zu
grossen Unterschiede in den Klassen und die damit verbundenen Schwierigkeiten, das Lehren und Lernen in effizienter Weise zu organisieren, sind wahrscheinlich so alt wie die Schule selbst.

Worin sollte also die Schulpädagogik ihr oberstes Ziel und ihre epistemolo-
gische Basis sehen? «Im Subjekt zuerst, und in seiner physischen und kognitiven Entwicklung ... Dass *dieses* Kind hier sein Lebensziel erreiche, das ist ihre
eigene Aufgabe, die ihr niemand nehmen kann» (Nohl 1949, p. 20). Eichelberger und Wilhelm schlagen in der Einleitung zu ihrem Buch «Reformpädagogik als Motor für Schulentwicklung» vor, dann von Individualisierung zu sprechen, «... wenn Lehrerinnen und Lehrer keine Chance mehr haben, von der
Existenz eines ‹Kollektivgehirns› ihrer Klasse auszugehen, sondern gezwungen sind, sich mit ihrem Lernarrangement auf die einzelne Schülerin und den
einzelnen Schüler einzustellen» (Eichelberger & Wilhelm 2003, p. 9). Die Indi-
vidualität der Schülerinnen und Schüler wird in den Klassen jedoch oft durch
die Zugehörigkeit zu einer bestimmten sozialen Schicht «verdeckt», die oft der
Grund für eine grössere oder geringere Lernmotivation ist. Zu dieser Erkenntnis war schon in den 1960er Jahren des vergangenen Jahrhunderts der Sozio-
linguist Basil Bernstein gelangt, der eine Defizithypothese entwickelt hatte, der
zu Folge die Sprache der sozial niedereren Schichten im Vergleich zur Sprache
der Mittelschicht Defizite aufwies (vgl. Bernstein 1970). Diese Hypothese be-

traf die Kinder der sozial niederen Schichten in England, sie traf aber sicher auch auf die italienischen Kinder der Unterschicht und Mittelschicht der 60er und 70er Jahre des vergangenen Jahrhunderts zu.

Die Schule orientiert sich an einem bestimmten kulturellen Modell der Gesellschaft, das sicher nicht dem der sozialen und wirtschaftlich schwächeren Schichten der Gesellschaft entspricht. Lernschwierigkeiten von Schülern aus sozial niederen Schichten, wie heute auch Integrationsschwierigkeiten von Migrantenkindern, haben ihre Ursachen oft nicht in angenommenen kognitiven Schwächen bzw. in der kulturellen Differenz, sondern in der Zugehörigkeit zu einer sozial niederen Schicht. Der Grund für die Einführung der Ganztagsschule in Italien im September 1971 entsprang diesen Überlegungen. Gleichheit der Möglichkeiten bedeutet, diese besondere Art von Verschiedenheit anzugehen und Lernwege anzubieten, die jenen mehr Zeit zum gelenkten Lernen geben, die auf Grund ihrer multiplen sozialen Benachteiligung mehr Zeit brauchen. Ein Grund lag auch darin, dass die Mitte-Links-Regierungen den Schülerinnen und Schülern der öffentlichen Schulen eine ähnliche Qualität im Sinne eines verlängerten Unterrichtes anbieten wollten, den in den 1970er Jahren ungefähr zehn Prozent der Schülerinnen und Schüler aus der Mittelschicht oder aus höheren sozialen Schichten in Anspruch nahmen, die eine meist konfessionelle Privatschule besuchten.

2   Bedeutung der Ganztagsschule in Italien

Die Zahl der Ganztagsschulen ist in Italien seit 1971 wenn auch mit einem deutlichen Nord-Süd-Gefälle, konstant angestiegen. Dies ist einerseits darauf zurückzuführen, dass die Ganztagsschulen eine konkrete Antwort auf drei grosse soziale Bedürfnisse der Familien geben können:

a) auf die starke soziale Nachfrage nach längeren kostenlosen Betreuungszeiten, die von Alleinerziehenden und auch von Familien, in denen beide Partner berufstätig sind, immer dringender gefordert wird[1]

b) auf die starke Nachfrage nach sozialer Integration, nach Inklusion der Kinder mit Behinderungen vor allem im Grundschulbereich und

---

1   Den offiziellen Statistiken zufolge korreliert der Prozentsatz der Ganztagsschulen in den einzelnen italienischen Provinzen mit dem Prozentsatz der berufstätigen Frauen.

c) auf die immer stärkere Präsenz von Migrantenkindern und die Notwendigkeit ihrer Inklusion in das öffentliche Schulwesen

Andererseits aber gibt es auch pädagogische Beweggründe, welche noch näher auszuführen sind, die immer mehr Eltern von der Notwendigkeit einer Ganztagsschule überzeugen. Die Ganztagsschule als pädagogische Massnahme ist vor allem durch drei Aspekte gekennzeichnet:

d) Ganztagsschule bedeutet nicht einfach eine Verlängerung der Unterrichtszeit.

e) In der Ganztagsschule kommt es zu einer komplexen Reorganisation der Schulzeit.

f) Die Ganztagsschule ist die methodische Ausformung einer Pädagogik der Gleichheit.

Heute besuchen in ganz Italien 26 Prozent aller Grundschülerinnen und -schüler eine Ganztagsschule. Die Nachfrage liegt aber bei ca. 30 Prozent. Zieht man nur die Prozentsätze der Provinzhauptorte in Betracht, so steigt der Anteil auf fast 35 Prozent. Dabei ist, wie schon erwähnt, ein deutliches Nord-Süd-Gefälle festzustellen: In der Provinz Mailand z. B. werden 85 Prozent der Grundschulklassen als Ganztagsklassen geführt, in den Provinzen Bologna und Modena liegt der Anteil bei 54 Prozent bzw. bei 67 Prozent, in Neapel, Bari, Palermo hingegen nur bei drei bis vier Prozent.[2]

Die Ganztagsschule ist also nur in den wirtschaftlich strukturstärkeren, vor allem urbanen Gebieten zum vorwiegenden Schulmodell geworden. Der Grund dafür liegt in gesellschaftlichen Veränderungen, wie der durch die Migration bedingten zunehmenden Vielfalt an Kulturen und Sprachen und dem grösseren Bildungsdruck, der durch die Öffnung der Schere zwischen Reichtum und Armut in der postmodernen Konsumgesellschaft entsteht. Eltern in diesen Gebieten sehen für ihre Kinder in der Ganztagsschule bessere Startbedingungen und bessere Zukunftsmöglichkeiten. In Südtirol, in einem Gebiet, in dem die Landwirtschaft und der Fremdenverkehr eine wesentliche Rolle spielen, liegt der Anteil der Ganztagsklassen in der deutschen Schule bei zwei Prozent aller Grundschulklassen, und diese wenigen Klassen sind in den grössten urbanen Zentren konzentriert. Bei der italienischen Sprachgruppe in Südtirol, die vor allem in urbanen Gebieten lebt, liegt dieser Anteil bei 33 Prozent. Eine Rolle bei dieser Verteilung der Ganztagsklassen spielen sicher auch kulturelle Hin-

---

2   Ministero della Pubblica Istruzione: *I numeri della scuola 2007.*

tergründe. Bei der deutschen Sprachgruppe besteht noch die weit verbreitete Haltung, die den zentralen Ort für das Kind vor allem im Hause, in der Familie bei der nicht berufstätigen Mutter sieht und die die Schulzeit noch eher als notwendige Abwesenheit von der Familie versteht.

Grundsätzlich handelt es sich bei der Ganztagsschule um ein pädagogisches Projekt mit einer starken demokratischen Valenz, das imstande sein sollte – dies war und ist jedenfalls der Anspruch –, weiten Teilen der Heranwachsenden als mündige Staatsbürgerinnen und -bürger einen Zugang zum Aufbau einer zivilen Gesellschaft und zur kreativen Mitgestaltung des Wirtschafts- und Kulturlebens in einer Gesellschaft zu öffnen, die immer stärker durch vielfältige Dimensionen der Pluralität (Integration von Schülerinnen und Schüler mit besonderen Bedürfnissen in die Normalklassen, Integration einer zunehmend grösseren Anzahl von Schülerinnen und Schüler aus unterschiedlichsten Kulturkreisen, Erfüllung der kompensatorischen Aufgabe der Schule) gekennzeichnet ist.

Heute, wie vor 37 Jahren, geht es konkret darum, den Kindern der sozial schwächeren Schichten, den Kindern berufstätiger Eltern, die keine Möglichkeit haben, in ihrem Lernprozess ausserhalb der Schule unterstützt zu werden, gleichberechtigte Möglichkeiten des Zuganges zur höheren Bildung zu garantieren.

3 Ziele der Ganztagsschule, Organisationsstruktur und Rahmenbedingungen

Die Ganztagsschulen waren und sind im Rahmen des italienischen Gesamtschulsystems (achtjähriger gemeinsamer Pflichtschulunterricht für alle) auf die fünfjährige Grundschulzeit beschränkt. Im Bereich der dreijährigen Mittelschule wurde gegen Ende der 1970er Jahre eine verlängerte, eher fakultative Unterrichtszeit (*tempo prolungato*, vgl. Senni 1992) eingeführt, die das Hauptaugenmerk auf schulergänzende Tätigkeiten legte, aber nie jene komplexe Valenz eines neuen Lehr- und Lernmodells erreichte, das durch Interdisziplinarität, Integration von Schülerinnen und Schüler mit Behinderungen, Interkulturalität, vor allem im Zuge der wachsenden Migrationsbewegungen, gekennzeichnet war und ist.

3.1 Ziele der Ganztagsschule

Wenn es in der heutigen Wissensgesellschaft nur darum ginge, ein immer homogeneres Wissen rasch zu verbreiten, das an wenigen zentralen Stellen mit grosser Effizienz produziert wird, dann braucht es dazu weniger Schulzeit. Allerdings werden auf diese Weise nicht alle so viel wie möglich lernen und möglichst umfassende Kompetenzen erwerben. Das bildungspolitische Ziel der Ganztagsschulen war und ist es aber gerade, die sozialen Bildungsbarrieren, wenn nicht zu beseitigen, so doch teilweise abzubauen. Für eine Schule der Begegnung und interkulturellen Auseinandersetzung, für eine Schule, die auf lokaler Ebene in kreativer Weise kulturell tätig ist und auf eine Differenzierung des kulturellen Angebotes Wert legt, braucht es mehr Zeit.

Die Ganztagsschule in Italien erhebt in ihrer idealen Dimension daher komplexe pädagogische Ansprüche.

- Sie stellt einen Versuch dar, eine tragfähigere Basis für die Gleichheit der Entfaltungsmöglichkeiten zu schaffen, wohl wissend, dass es eine pädagogische Utopie bleibt, für alle Schüler und Schülerinnen gleiche Kompetenzniveaus zu garantieren.
- Die Ganztagsschule ermöglicht durch ihre ruhigeren, langsameren Lernzeiten einen komplexeren Alphabetisierungsprozess, der die kommunikativen Kompetenzen mit zusätzlichen Ausdrucksmöglichkeiten in den Vordergrund stellt, ganz im Sinne des Ausspruches von Don Milani, dem Begründer der Schülerschule von Barbiana, dass es die Sprache ist die gleich macht (vgl. Langer 1980).
- Zentrales Anliegen der Ganztagsschule ist nicht nur der Unterricht, also die Dimension des Lehrens und Lernens, sondern auch die Dimension einer sozialisierenden Erziehung zur demokratischen Bürgerin bzw. zum demokratischen Bürger. Es geht darum, ein Konzept zu überwinden, das Erziehung durch Didaktik ersetzen will.
- Die Ganztagsschule erlaubt es, im Sinne von Rousseau (1971), «Zeit zu verlieren». Die unterschiedlichsten Ausgangspunkte der Schülerinnen und Schüler, das unterschiedliche kulturelle Umfeld, erfordern eine Differenzierung und Individualisierung der Lernwege. Die Heterogenität der Schulklassen bringt besondere erzieherische Bedürfnisse (*«special educational needs»*) zum Vorschein, die nicht nur einzelne Schülerinnen und Schüler betreffen, sondern die gesamte Schulklasse. Die Antwort darauf kann nur eine grö-

ssere Flexibilität in der Organisation des Lernprozesses (*special educational provisions*) sein (vgl. Stainback & Stainback 1993).

- Ein wichtiges Anliegen der Ganztagsschule ist es, die immer noch dominierende Dimension des reproduzierenden Lernens und des Frontalunterrichtes zu überwinden. Was ist Lernen? Ist es Reproduktion von Wissen oder Konstruktion von Wissen? Durch das entdeckende und forschende Lernen will die Ganztagsschule zu einer Integration der kognitiven, sozialen, emotionalen sowie der Handlungsdimension des Lernens gelangen.
- Dies erfordert eine Lernkultur, die durch eine flexible Organisation der Lernprozesse, durch offenen Unterricht, individuelle Förderung, handlungsorientiertes Lernen und durch vertiefende Projektarbeit sowie die Integration der Übungsaufgaben in den Unterricht gekennzeichnet ist. Zu dieser Lernkultur gehört aber auch freie und selbstgestaltete Zeit, die in den Tagesablauf eingebaut ist.
- Die Ganztagsschule legt Wert auf soziales Lernen, auf das Lernen in der Gruppe, auf Formen des *cooperative learning,* das unsinniges, stressvolles Lernen in Konkurrenzsituationen vermeiden soll. Eine Lernkultur braucht auch Zeit für das Miteinander.
- Ziel der Ganztagsschule war und ist es ausserdem, nach Abschaffung der Förderklassen, Kinder mit körperlichen und geistigen Behinderungen zu integrieren oder bei schweren geistigen Behinderungen zumindest eine Verbindung zur Sonderklasse herzustellen und über längere oder kürzere Tageszeiten hinweg eine soziale Integration dieser Kinder in der Ganztagsklasse immer wieder zu versuchen.
- Schliesslich besteht ein Charakteristikum der Ganztagsschule auch darin, die Schule im Territorium, im sozialen Umfeld zu verankern. Diese Öffnung der Schule nach aussen, hin zu den sozialen, wirtschaftlichen und kulturellen Angeboten und Bedürfnissen des umliegenden Bezirkes, der Kommune, der Provinz, erlaubt zumindest ansatzweise eine Verbindung zwischen ausserschulischen und schulischen Initiativen, zwischen formeller und nicht formeller Erziehung. Cerini (2003) schreibt dazu: «... die pädagogische Botschaft der Ganztagsschule war klar: eine mutigere Beziehung zur umliegenden Gemeinschaft, zur Gesellschaft, zur Kultur des Territoriums, eine grosse Fähigkeit, Differenzen zu akzeptieren und zu inkludieren, Achtung und Aufwertung der unterschiedlichen Herkunft und Identitäten. Diese Botschaft sollte durch die emanzipatorische und befreiende

Kraft der Erkenntnis, des Lehrens und Lernens, auf einen weiteren Horizont projiziert werden» (Cerini 2003, p. 10). Konkret bedeutet dies, dass Projekte, auch in Kooperation mit Vereinen und Kulturorganisationen, im schulischen Umfeld realisiert werden, dass Lernorte aufgesucht, Experten und Eltern in die Schule geholt werden, dass offene Freizeitangebote organisiert werden.

Die Ganztagsschule wurde und wird als ein «Haus des Lernens» verstanden, das enge Beziehungen zum sozialen, wirtschaftlichen und kulturellen Umfeld aufrecht erhält. In vielen Ganztagsschulen gibt es offene Lernwerkstätten, die klassenübergreifend angeboten werden, und es stehen didaktische Projekte der Erforschung der Umwelt im Vordergrund und nicht so sehr Detailaspekte der einzelnen Fachbereiche. Interdisziplinarität als Zusammenspiel der Fachbereiche, als ganzheitliches Lernen wird betont. Hier zeigt sich ein deutlicher Unterschied zur modularen Organisation des Unterrichtes laut Gesetz Nr. 148/1990[3] (drei Lehrpersonen für zwei Klassen), bei dem die didaktischen Zeiten teilweise intensiver und hektischer sind und die fachspezifischen Aspekte,

---

3   Mit dem Staatsgesetz Nr. 148 vom 5. Juni 1990 erfolgte eine grundlegende Reform des Grundschulwesens in Italien. Ausgehend von den neuen Grundschullehrplänen des Jahres 1985, die einen stark konstruktivistischen Ansatz aufwiesen und viel Wert auf neue Bildungsbereiche (Erziehung zum Schauen (statt Zeichnen), Erziehung zum Hören (statt Singen), motorische Erziehung (statt Turnen)) legten – insgesamt hinsichtlich der Bildungsziele und grundlegender didaktischer Prinzipien und der Lernkonzepte sehr anspruchsvoll waren (entdeckendes und forschendes Lernen) – wurde eine modulare Organisation des Unterrichtes bei einer leicht verlängerten Unterrichtszeit flächendeckend in wenigen Jahren eingeführt. Das Grundmodell sah drei Lehrer für zwei Klassen vor. Diese drei Lehrpersonen teilten sich die Fächerbereiche meist in folgender Weise: Spracherziehung und Erziehung zum Schauen, Mathematik und Erziehung zum Hören, Heimat- und Umweltkunde und motorische Erziehung. Für eine Gesamtwochenstundenanzahl der beiden Klassen von insgesamt 55 Stunden standen mindestens 66 Lehrerstunden zur Verfügung. Dieser Überhang an Lehrerstunden ermöglichte Kopräsenz und Teamunterricht, individuelle und gezielte Gruppenförderung und stellte auch eine wertvolle Hilfe für die Integration von Schülerinnen und Schüler auch mit geistigen Behinderungen dar. Diese modulare Organisation ist bis zum Schuljahr 2003/2004 beibehalten worden. Sie wurde allerdings im Zuge der Schulreform der Unterrichtsministerin Moratti (Ermächtigungsgesetz Nr. 53 vom 28.3.2003) mit einem Legislativdekret vom 23.1.2004 insofern abgeändert, dass eine Hauptlehrperson als «Tutor» bzw. «Tutorin» mehr Stunden als die beiden anderen Lehrpersonen übernimmt und die beiden anderen Lehrpersonen ihre Unterrichtsverpflichtungen in zusätzlichen Klassen ableisten müssen. Dies hat zu einem starken Rückgang des Teamunterrichtes und zu einer Minderung der gemeinsamen erzieherischen und didaktischen Verantwortung der Lehrpersonen geführt.

teilweise auch verfrüht, stärker zum Ausdruck kommen. Denn jede der drei Lehrpersonen, die für bestimmte fachliche Schwerpunkte verantwortlich ist, einfach mehr Inhalte präsentiert, einen stärkeren Lerndruck ausübt und somit die Zusammenschau der Tätigkeiten etwas schwieriger wird. Ganz frei von diesen Gefahren waren aber die Ganztagsschulen auch nicht. Die verlängerte Unterrichtszeit wurde nicht selten per se als Garantin für Lernerfolg und gleiche Bildungschancen für alle betrachtet. Dazu ist es notwendig, darauf hinzuweisen, dass die Schulzeit nicht immer Bildungszeit ist oder es per se sein muss. Petracchi (1986) ist der Meinung, dass die Schulzeit durchaus unterschiedliche und konträre Aspekte annehmen kann: «… diviene o tempo di interesse e di partecipazione all'impegno di apprendimento, o tempo di noia e disinteresse, o addirittura tempo di rifiuto» (Petracchi 1986, p. 18).[4]

Es gibt allerdings auch Probleme bei der Realisierung der pädagogischen Zielsetzungen der Ganztagsschule. So hat die Ganztagsschule vor allem ihren Anspruch einer Kooperation zwischen Jugendarbeit, ausserschulischen Initiativen und schulischem Lernen auf Grund objektiver Schwierigkeiten derartiger Projekte nicht immer realisieren können. Ebenso war im Bereich der Ganztagsschule die Trennung zwischen curricularen und extracurricularen Bereichen, zwischen so genannten «Hauptfächern» am Vormittag und «Nebenfächern» am Nachmittag, häufig doch deutlich zu bemerken.

Dennoch war und ist das Modell der Ganztagsschule in der öffentlichen Meinung stark präsent, nicht nur weil es ein sehr kompaktes und integriertes Modell ist, das auch verschiedene Zusatzdienste beinhaltet (Mensadienst, meist von den Kommunen finanziert, Schülerbeförderung von Provinzen und Regionen finanziert), sondern auch, weil es sich bei der Ganztagsschule «um eine erzieherische Institution handelt, die der Stadt, dem Territorium gegenüber offen war, um eine Institution, die sich auch um die Weiterbildung der Eltern kümmerte und kümmert» (Cerini 2003, p. 10).

3.2 Ganztagsschule: Organisationsstruktur

Die Ganztagsschulen sehen insgesamt 40 Wochenstunden bei einer Fünftagewoche von Montag bis Freitag vor. Die eigentliche Unterrichtszeit reicht täg-

---

4   Übersetzung: «… sie kann eine Zeit des Interesses und der aktiven Teilnahme an der Anstrengung sein, etwas zu lernen, sie kann auch eine Zeit der Langeweile und des Desinteresses sein, sie kann sogar eine Zeit der Verweigerung sein.»

lich meist von 8 Uhr bis 12.30 Uhr und von 14 Uhr bis 16 Uhr. Von 12.30 Uhr
bis 13.30 Uhr findet das gemeinsame Mittagessen statt; von 13.30 bis 14 Uhr sind
freie, spielerische, sozialisierende und erholende Tätigkeiten geplant.[5]

Zwei Lehrpersonen sind in gemeinsamer Verantwortung für die Planung
und Gestaltung des gesamten Bildungsverlaufes zuständig. Sie teilen sich die
Unterrichts- und Erziehungsbereiche nach ihren spezifischen Kompetenzen, sie
teilen sich die Präsenzzeit in der Mensa, das gemeinsame Essen mit den Kindern und verbessern und intensivieren so die sozialen Kontakte und das Klas-
senklima. In Südtirol ergibt sich auf Grund der Verfügbarkeit einer speziellen
Lehrperson für Religion und für die zweite Sprache Italienisch an der deutschen
Grundschule bzw. Deutsch an der italienischen Grundschule für beide Lehrpersonen ein leichter Stundenüberhang, sodass für jede Lehrperson eine wöchent-
liche Kopräsenz von vier bis fünf Stunden möglich wird, die für Gruppenarbei-
ten, Projektarbeiten, Förder- und Stützunterricht genützt werden kann.

In vielen Ganztagsklassen und Ganztagsschulen auf Grundschulebene erfolgt auch über externe Lernwerkstätten eine Kooperation mit Erziehern und
Sozialpädagogen von Jugendfreizeiteinrichtungen und mit Mitarbeiterinnen
und Mitarbeitern von kulturellen Vereinen, die vor allem am Nachmittag periodisch in die Umsetzung von Projekten (Strategien zur Mülltrennung und
Müllvermeidung, Ausbau von Radfahrwegen, Sicherheit auf dem Schulweg,
Klassenpartnerschaften mit anderen Schulen, soziale Hilfeleistungen usw.)
eingebunden werden.

---

5   Die Wochenstundenverteilung der Fachbereiche ist auf nationaler Ebene meist folgende: Im
     ersten Zyklus (erste und zweite Klasse) Muttersprache achteinhalb Stunden, Mathematik
     acht Stunden, Geschichte zwei Stunden, Sozialkunde eine Stunde, Geografie zwei Stunden,
     Naturwissenschaften zwei Stunden, Englisch eine Stunde, Kunsterziehung zwei Stunden,
     Musikerziehung zwei Stunden, motorische Erziehung zwei Stunden, Religion eine Stunde;
     im zweiten. Zyklus (dritte, vierte und fünfte Klasse) Muttersprache acht Stunden, Mathe-
     matik siebeneinhalb Stunden, Geschichte drei Stunden, Sozialkunde eine Stunde, Geografie
     zwei Stunden, Naturwissenschaften zwei Stunden, Englisch drei Stunden, Kunsterziehung
     eine Stunde, Musikerziehung eine Stunde, motorische Erziehung zwei Stunden, Religion
     eine Stunde. In Südtirol gibt es einige grundlegende Änderungen: für Religion sind zwei
     Wochenstunden vorgesehen, für die zweite Sprache Italienisch an deutschen Grundschu-
     len eine Stunde in der ersten Klasse, vier Stunden in der zweiten und dritten Klasse, fünf
     Stunden in der vierten und fünften Klasse. Englisch wird ab der vierten Grundschulklasse
     mit zwei Wochenstunden unterrichtet. Dafür werden die Wochenstunden in Mutterspra-
     che, Mathematik sowie Heimat- und Umweltkunde entsprechend gekürzt.

3.3 Ganztagsschule: Rahmenbedingungen

Die Ganztagsschule bietet mehr Zeit für das entdeckende Lernen und das gemeinsame Arbeiten, sie erfordert aber als Rahmenbedingungen auch lerngerechte Raumstrukturen für schülerzentriertes Lernen, angemessene Lernmaterialien sowie didaktische Ressourcen im Bereich der *Information and Comunication Tecnologies* (ICT). Leitlinie dabei ist die räumliche Gestaltung der Schule als Unterrichtsort, Freizeitbereich und Lebensraum. Dies bedeutet, dass der klassische Klassenraum und der Pausenhof nicht mehr allein die einzigen Schülerorte sein können. Es braucht Zusatzräume, in denen es möglich ist, eine anregende Lernumwelt mit entsprechenden Materialien zu gestalten. Es braucht Räume für Lern- und Freizeitaktivitäten und schliesslich geeignete und spezifisch ausgestattete Aussenanlagen. Diese Rahmenbedingungen erleichtern eine rhythmische Ordnung des Tagesablaufes mit einer kindgerechten und lerngerechten Zeiteinteilung: Einem sinnvollen Wechsel von Konzentrations- und Bewegungsphasen, von Lernarbeit und Freizeit. Didaktisch-pädagogische Elemente wie Unterrichtsblöcke, Übungsstunden, Spielpausen, offene Freizeit, gemeinsames Mittagessen, AGS, gleitender Schulanfang, Morgen- und Schlusskreis sind wesentliche Bestandteile einer kind- und lerngerechten Zeiteinteilung.

Von besonderer Bedeutung ist die Ausgestaltung des Schullebens als eine zusätzliche Rahmenbedingung. Darunter verstehen die beiden Grundschulen «Eusebio Francesco Chini» und «Johann Heinrich Pestalozzi» in Bozen, die beide als Ganztagsschulen geführt werden und an deren Organisationsstruktur sich dieses Beitrags anlehnt, die Organisation eines schulinternen Freizeitbereiches zur Förderung gestalterischer, handwerklicher und musischer Fähigkeiten, langfristig angelegte und projektartige Aktivitäten wie Schultheater, Schulhofgestaltung sowie die selbstbestimmte Gestaltung von Freiräumen für altersübergreifendes Lernen. Wichtig für die Möglichkeit der Identifikation der Schulmitglieder mit der Schule ist auch die periodische Festlegung von Orten und Zeiten, an denen ein intensives Kennenlernen der Schülerinnen und Schüler, Eltern und Lehrpersonen erfolgen kann.

Es ist klar, dass eine pädagogische Schulmodalität, wie die der Ganztagsschule, mit der Professionalität der Lehrpersonen steht und fällt. Die seit etwas mehr als zehn Jahren errichteten Laureatsstudiengänge für Bildungswissenschaften für die Ausbildung der Grundschul- und Kindergartenlehrpersonen werden vor allem von Studierenden besucht, die von berufsbildenden Sekundarschulen kommen und grösstenteils niederere Abiturnoten aufweisen, als die Studierenden anderer Fakultäten. Dies ist aus soziologischer Sicht klar nachweisbar und hat auch mit der zu geringen Anerkennung des Lehrerberufes in Italien zu tun. Die Schule in Italien steht auf Grund einer vor 20 Jahren eingeleiteten Pensionsreform vor einem Generationswechsel und es ist nicht sicher, ob die neue Generation über ebenso umfassende Kompetenzen, ein ebenso hohes kulturelles Bewusstsein und ein ebenso vertieftes Wissen verfügt, wie die Kolleginnen und Kollegen, die noch ohne universitäre Ausbildung in den Dienst eingetreten sind und nun in Pension gehen.

Auch die Reformvorschläge der Regierung tendieren eher dahin, die neuen Lehrpersonen der Grundschule auf der fachlichen Ebene (reflektiertes Wissen und Didaktik) zu qualifizieren, was sicher wesentlich ist. Die Ganztagsschule braucht aber auch Lehrpersonen, die über Kompetenzen auf psychopädagogischer und sozialpädagogischer Ebene verfügen.

4   Die Zukunft der Ganztagsschule

Im März 2003, im Zeitraum der zweiten Regierung Berlusconi, beschloss das Italienische Parlament ein Ermächtigungsgesetz (Gesetz Nr. 53/2003), mit dem eine Kürzung der Lehrerstunden pro Klasse erfolgte, um eine Verringerung der Ausgaben im Grundschulbereich zu erreichen. Dadurch wurde die Ganztagsschule, die allerdings nicht abgeschafft wurde, stark in Mitleidenschaft gezogen. Denn von nun an standen staatliche Lehrerstunden nicht mehr in ausreichendem Masse zur Verfügung, um einen Gesamtwochenstundenplan von 40 Stunden abzudecken.

Lehrerinnen- und Lehrerverbände, Lehrerinnen- und Lehrergewerkschaften, Elternvereinigungen, Universitätsdozierende, Parteienvertreterinnen und Vertreter der politischen Opposition haben gegen diesen Rückbau des öffentlichen Unterrichtes und gegen die Sparmassnahmen im Schulbereich heftig protestiert. Einer der bekanntesten italienischen Erziehungswissenschafter, Franco Frabboni von der Universität Bologna, brachte am 13. September 2003 in einer Presseerklärung an die Presseagentur Adnokronos in Rom das Problem auf den Punkt: «Quello che mi preoccupa di più è l'introduzione anche nella scuola pubblica di una logica mercantile dell'istruzione, spazzando via il tempo pieno e trasformando la famiglia in un'impresario della formazione dei figli.»[6]

Im September 2007 erliess der Ministerrat der zweiten Regierung Prodi auf Vorschlag des Unterrichtsministers Fioroni ein gesetzesvertretendes Dekret, mit dem die weitere Finanzierung der Ganztagsschule im Primarbereich gesichert wird. «Die Öffnung der Schulen am Nachmittag», schreibt Minister Fioroni in einer Pressemitteilung des Ministeriums vom 5. September 2007, «ist ein vorzügliches Instrument im Kampf gegen das Unbehagen der Jugendlichen und gegen den vorzeitigen Schulaustritt.»

Die neue Unterrichtsministerin der dritten Regierung Berlusconi, Mariastella Gelmini, erklärte in der Tageszeitung *«La Repubblica»* vom 27.6.2008, dass die Situation der Finanzen des Unterrichtsministeriums zwar dramatisch und Streichungen nicht zu vermeiden seien, dass aber die Ganztagsschule davon nicht betroffen sein werde. Die neoliberalistische Tendenz im Schulbereich ist jedoch auch in der dritten Regierung Berlusconi nicht zu übersehen.

Das Überleben der Ganztagsschule wird in dieser unsicheren finanziellen Situation letztlich davon abhängen, ob die Schulen, die seit dem Jahre 1997 öffentlich-rechtliche Körperschaften geworden sind und über eine weitreichende didaktische und auch finanzielle Autonomie verfügen, imstande sein werden, die erforderlichen organisatorischen und finanziellen Anstrengungen zu bündeln. Ohne ein zusätzliches finanzielles Engagement der öffentlichen Körperschaften (Kommunen, Provinzen und Regionen) – und vielleicht auch ohne einen, wenn auch im Verhältnis zu den Möglichkeiten, gestaffelten finanziellen Beitrag der Eltern – wird sich die Ganztagsschule im bisherigen quantitativen Ausmass und auf dem bisherigen qualitativen Niveau nicht leicht halten können.[7]

---

6 Übersetzung: «Das was mich ganz besonders besorgt, ist die Tatsache, dass nun auch in der öffentlichen Schule eine Marktlogik im Unterricht eingeführt werden soll. Auf diese Weise wird die Ganztagsschule hinweg gefegt und die Familien in Unternehmen für die Ausbildung ihrer Kinder umgewandelt.»

7 Mit dem Gesetz Nr. 169 vom 30. Oktober 2008 wurde das Gesetz Nr. 148 vom 5. Juni 1990 abgeschafft, das eine modulare Organisation des Unterrichtes bei einer leicht verlängerten Unterrichtszeit flächendeckend in wenigen Jahren eingeführt hatte und das drei Lehrer für zwei Klassen vorsah (vgl. Fussnote 3). Dadurch wurde aus Gründen der Bilanzeinsparung wieder das Einlehrersystem mit 24 Wochenstunden pro Grundschulklasse eingeführt. Das Gesetz sieht zwar vor, dass im auszuarbeitenden Reglement auf Grund der Bedürfnisse der Familien eine längere Schulzeit vorgesehen werden kann. Allerdings bleibt die Frage offen, ob diese neue Regelung nicht de facto die Abschaffung der Ganztagsschule

Für die zukünftige Entwicklung und Entfaltung der Ganztagsschule, die mehr Zeit als andere Schulen zur Verfügung hat, ist allerdings auch eine vertiefte Reflexion und ein erneutes Bewusstsein über den Wert folgender pädagogischer Kriterien erforderlich.

- Wert der Individualisierung in immer heterogeneren Klassen. Die Ganztagsschule hat die Möglichkeit, unterschiedliche Lernwege anzubieten.
- Wert der Kreativität des einzelnen Schülers, der einzelnen Schülerin genauso wie der kreativen Potenzialitäten der Gruppe: Die Ganztagsschule kann sich am sozialen Konstruktivismus, am kooperativen Lernen orientieren.
- Wert der realen Optionen: Die Ganztagsschule kann und soll auf persönliche Bedürfnisse und Interessen der Schüler und Schülerinnen eingehen ohne das gemeinsame Ziel der Erreichung von Basiskompetenzen aus dem Auge zu verlieren.
- Wert der engen Verbindung mit dem schulischen Umfeld: Nachhaltige Kompetenzen können nur im Austausch zwischen dem geschützten Raum der Klasse/der Schule und den sozialen, wirtschaftlichen, kulturellen, technischen, beruflichen Problemen usw. des Umfeldes der Aussenwelt annähernd erreicht werden.
- Wert des engen erzieherischen Kontaktes mit den Familien: Die Ganztagsschule darf nicht als Modell verstanden werden, bei dem der Kontakt mit den Familien weniger wichtig ist, da «alles» schon in der Schule gemacht wird. Die Ganztagsschule kann und soll sich vielmehr darum bemühen, sich mit den Erziehungsmodellen der Familien, denen vielfach pädagogische Bezugsmodelle fehlen, konstruktiv auseinander zu setzen.

---

bedeutet, auch wenn das Gesetz Nr. 820 vom 24. September 1971 nicht abgeschafft worden ist. Diese Änderungen stellen jedenfalls die Errungenschaften der Ganztagsschule ernstlich in Frage und gehen Hand in Hand mit den Erhöhungen der Zuwendungen an die Privatschulen. Die neuen Massnahmen sollen ab dem Schuljahr 2009/10 umgesetzt werden und es ist noch nicht abzusehen, in welchem Ausmasse und in welchem Umfange die im Schuljahr 2008/09 bestehenden Ganztagsklassen und Ganztagsschulen mit der ursprünglichen Struktur weitergeführt werden können.

Literaturverzeichnis

APPEL, S.; RUTZ, G. (1998). *Handbuch Ganztagsschule. Konzept, Einrichtung und Organisation.* Schwalbach: Wochenschauverlag.

BAUR, S. (2005). Verlängerte Unterrichtszeit in Italien. In Otto, H.-U.; Coelen, T. (Eds.), *Ganztägige Bildungssysteme. Innovation durch Vergleich* (p. 73–80). Münster: Waxmann.

BAUR, S. (2008). *La pedagogia e le sfide della pluralità. La Bildung nella società postmoderna.* Trento: Erickson.

BERNSTEIN, B. (1970). *Soziale Struktur, Sozialisation und Sprachverhalten. Aufsätze 1958–1970.* Amsterdam: De Munter.

CERINI, G. (2003). *Mitico (?!) tempo pieno. Ragioni e immaginario di un persistente successo.* Verfügbar unter: http://www.edscuola.it/archivio/riformeonline/mitico_tempo_pieno.htm [10.6.2009].

EICHELBERGER, H. ; WILHELM, M. (2003). *Reformpädagogik als Motor der Schulentwicklung.* Innsbruck: Studienverlag.

LANGER, A. (1980). *Scuola di Barbiana. Die Schülerschule. Brief an eine Lehrerin.* Berlin: Wagenbach.

FRABBONI, F. (1972). Motivazioni della scuola a tempo pieno. *Scuola di base,* 2, 3–14.

HOLTAPPELS, H. G. (1994). *Ganztagsschule und Schulöffnung. Perspektiven für die Schulentwicklung.* Weinheim: Juventa.

NOHL, H. (1949). *Pädagogik aus dreissig Jahren.* Frankfurt a. M.: Schulte-Bulmke.

PETRACCHI, G. (1986). *Tempo scuola.* Brescia: Editrice La Scuola.

ROUSSEAU, J.-J. (1971). *Emile oder über die Erziehung.* Paderborn: Ferdinand Schöningh.

SENNI, P. (1992). *Il tempo prolungato in Emilia Romagna.* Bologna: Editrice CLUEB.

STAINBACK, S.; STAINBACK, W. (1993). *La gestione avanzata dell'integrazione scolastica. Nuove reti organizzative per il sostegno.* Trento: Erickson.

Mehr Zeit für Bildung –
Qualität ganztägiger Angebote für
Kinder im Primarschulalter

Karin Kleinen

1   Einleitung

Ganztagsschulen und/oder Ganztagsangebote für Mädchen und Jungen im Primarschulalter werden in politischen Programmen und (fach)öffentlichen Diskursen in aller Regel mit einer doppelten Zielsetzung verbunden, die eng mit dem demographischen Wandel und veränderten Lebens- und Aufwachsbedingungen verknüpft ist: Mütter und Väter sollen Familie und Beruf miteinander vereinbaren können und zudem in ihrer Erziehungsverantwortung gestärkt und entlastet werden. Das ist die *familienpolitische Zielsetzung*. Sie antwortet auf die wachsende Zahl erwerbstätiger Frauen, aber auch gewandelter Familienverhältnisse mit zunehmend mehr getrennt oder allein erziehenden Müttern und Vätern und zugleich immer unübersichtlicher werdenden Anforderungen in der Berufs- und Lebenswelt. Mütter und Väter müssen ein höheres Ausmass an Diskontinuität in ihr Leben integrieren und sehen sich mit vermehrten Ansprüchen an eine «gelingende Kindheit» konfrontiert. Diese Anforderungen bestehen insbesondere im schulischen Bereich, denen sich viele Eltern nicht gewachsen fühlen. Mütter und Väter brauchen darum verlässliche Ganztagsangebote für ihre Kinder und darüber hinaus Unterstützung in ihrer Erziehungsarbeit und die Einbindung in soziale Netzwerke.[1]

---

[1]   Der *Zwölfte Kinder- und Jugendbericht der Bundesregierung* weist darauf hin, dass der «Familie mit Blick auf die Bildung, Betreuung und Erziehung der Kinder eine ebenso zentrale wie lebensbegleitende Schlüsselfunktion» zukomme (Bundesministerium für Familie, Senioren, Frauen und Jugend 2005, p. 46). Einerseits in erheblichem Umfang von den Leistungen der Familie profitierend, lasse die Gesellschaft sie doch andererseits weitgehend allein. In einer kinderfeindlich strukturierten Arbeitswelt liessen sich die Lebensentwürfe von Frauen und Männern und die Bedarfe und Bedürfnisse von Kindern nur schwer miteinander vereinbaren. Hinzu komme eine grosse – vielfach als eigene Unzulänglichkeit individualisierte – Verunsicherung in Erziehungsfragen. Die Gesellschaft ginge dabei stillschweigend von einer «allseits zeitlich belastbaren, umfassend verlässlichen und

Die *bildungspolitische Zielsetzung* unterstreicht die Bedeutung und den Eigenwert der Ganztagsangebote für die Entwicklungs- und Bildungsprozesse von Kindern und Jugendlichen. Sie entsprechen den Bedürfnissen der Mädchen und Jungen nach Begegnung und Austausch mit Gleichaltrigen in einer alternden Gesellschaft zumal mit einem Ungleichverhältnis von Erwachsenen zu Kindern oftmals bereits in den Familien (wenige bis keine Geschwister mit Unterschieden z. B. bezogen auf einheimische Familien und Familien aus anderen Herkunftsländern und bezogen auf eine Zunahme alternativer Lebensformen).

Ganztagsangebote sollen ausserdem dazu beitragen, Bildungschancen zu erhöhen sowie persönliche Beeinträchtigungen und herkunftsbedingte Benachteiligungen von Mädchen und Jungen auszugleichen, um langfristig den engen Zusammenhang von sozialer Lage und Bildungserfolg aufzubrechen, der insbesondere in Deutschland noch eklatant ist. Alle Kinder sollen in ihrer Entwicklung individuell und ganzheitlich gefördert, in ihren Bedürfnissen und Interessen ernst genommen und an allen Angelegenheiten, die sie betreffen, aktiv beteiligt werden. Lernen und Arbeiten sollen einen entspannten, kindgemässen Rhythmus finden, im sinnvollen Wechsel von formalen, non-formalen und informellen Bildungsmöglichkeiten. Dazu wiederum sollen die Schulen sich nach aussen, ins Gemeinwesen öffnen und mit anderen Erziehungs- und Bildungspartnern, gemeinnützigen Institutionen und Organisationen aus Kultur und Sport eine «neue Lernkultur» entwickeln.

Das alles sind Leitziele, wie sie beispielsweise im Erlass zur Offenen Ganztagsschule im Primarbereich in Nordrhein-Westfalen in Deutschland von 2003 festgeschrieben sind (Ministerium für Schule und Weiterbildung 2008). Kreise und Kommunen als Schul- und Jugendhilfeträger und die einzelnen Schulen mit ihren Kooperationspartnern müssen diese Leitziele, orientiert an den unterschiedlichen strukturellen Bedingungen, Lebenssituationen und Bedürfnissen vor Ort, in spezifische «Ganztags-Profile» und pädagogische Konzepte überführen. Solche Konzepte definieren Ziele, beschreiben Inhalte und Methoden und sollen nicht zuletzt alltagstauglich sein.

Wer aber legt die Inhalte fest? Wer sagt, was gut ist bzw. was die Qualität solcher Konzepte und Profile ausmacht? Gibt es auf alle Ganztagsangebote für

---

alltagskompetenten Familie» aus, ohne zu fragen, wo und wie diese Erziehungs- und Bildungskompetenz denn erworben worden sei (ebd., p. 47 f.).

Mädchen und Jungen im Primarschulalter gleichermassen übertragbare Kriterien – eine Qualität für alle? Sollten entsprechend Standards formuliert und verpflichtend festgeschrieben werden? «Betroffene sind Beteiligte», so lautet ein Grundsatz im Qualitätsmanagement. Nimmt man ihn ernst, dann sitzen viele verschiedene Akteure an einem «Runden Tisch»: angefangen bei den Mädchen und Jungen, die die Angebote wahrnehmen, über ihre Mütter und Väter, die Lehrerinnen und Lehrer, die Erzieherinnen und Erzieher, all jene, die sozial-, freizeit- oder kulturpädagogische Angebote sowie Angebote der Bewegungserziehung unterbreiten, die schulfachliche Aufsicht und die pädagogische Fachberatung bis hin zu den Vertretern aus Politik und Verwaltung. Ihre verschiedenen Sichtweisen und Erwartungen machen Aushandlungsprozesse erforderlich.

Qualität, so wird deutlich, ist ein Konfrontations- und Reflexionsthema, das im Dialog zu entwickeln ist. Damit dies systematisch und zielführend geschieht, müssen entsprechende Strukturen, angefangen auf regionaler oder kommunaler Ebene bei Planungs- und Steuerungsgruppen bis hin zu fest verankerten Teamsitzungen an den einzelnen Schulen, etabliert werden. Ausserdem braucht es Instrumente zur Qualitätsentwicklung, Qualitätssicherung und Evaluation der Strukturen, Prozesse und Ergebnisse.

2 Die offene Ganztagsschule in Nordrhein-Westfalen

Die offene Ganztagsschule im Primarbereich (OGS) wurde 2003 als familien- und bildungspolitisches Programm der Landesregierung Nordrhein-Westfalens eingeführt. Konzeptionelle Leitlinie war und ist die Entwicklung und Gestaltung des «Ganztags» (das betrifft die Zeit von mindestens 8.00 bis 15.00 Uhr, in der Regel bis 16.00 Uhr) in gemeinsamer Verantwortung von Jugendhilfe und Schule unter dem Dach der Schule.[2] Das Ziel ist es, Unterricht und diesen

---

2 In Deutschland gibt es mit der Kinder- und Jugendhilfe als bedeutende Sozialisationsinstanz neben Familie und Schule ein ausgeprägtes System von Erziehungs-, Bildungs- und Betreuungsangeboten für Kinder und Jugendliche (vgl. Stolz in diesem Band). Dazu gehören u. a. Kindergärten und Kindertagesstätten, die offene Kinder- und Jugendarbeit, Erziehungsberatung, ambulante Hilfen zur Erziehung, sozialpädagogische Familienhilfe, Pflege- und Adoptivfamilien, Heime und andere betreute Wohnformen. Die gesetzliche Grundlage dieser Angebote und Leistungen bildet im Wesentlichen das Achte Buch des Sozialgesetzbuches, SGB VIII (auch Kinder- und Jugendhilfegesetz genannt). Die grundlegenden Aufgaben der Kinder- und Jugendhilfe sind in §1 Abs. 3 dieses Gesetzes

ergänzende Angebote von ausserschulischen Partnern zu einem Gesamtkonzept von Bildung, Erziehung und Betreuung zusammenzuführen und Schule
als verlässlichen Lern- und Lebensraum für Kinder weiterzuentwickeln und
ins Gemeinwesen zu öffnen.

Im Zuge der Einführung der OGS hat das Land verschiedene Programme
und Massnahmen zur Qualitätsentwicklung eingeführt, die seit Mitte 2008 im
Rahmen einer «Qualitätsinitiative» stärker aufeinander bezogen und in einem
Qualitätsnetzwerk verbunden werden. Darauf wird unten näher eingegangen.
Mindeststandards z. B. bezogen auf den Personalschlüssel und die Professionalität des Personals hat Nordrhein-Westfalen dabei allerdings, anders als im
Bereich der Kindertagesstätten, nicht festgelegt. Dies einerseits, um in dem
Neuland, das mit der Einführung der OGS betreten wurde, verschiedene Entwicklungen zuzulassen und zu fördern anstatt sie zu bremsen. Andererseits
hätte das Land mit strukturellen Vorgaben im Sinne von Mindeststandards
die Kommunen in die (finanzielle) Lage versetzen müssen, diese Mindeststandards auch umzusetzen. Solche fehlen und auch darum zeigen sich in Nordrhein-Westfalen erhebliche Unterschiede in der qualitativen Ausgestaltung der
OGS sowohl im Vergleich der Städte und Regionen als auch in einzelnen Stadt-
teilen und Quartieren innerhalb der Städte.

Die vorhandenen Disparitäten sind jedoch nicht allein der prekären Finanz-
lage vieler Kommunen geschuldet, wie Beispiele von Kommunen zeigen, die
trotz Nothaushalts erhebliche Eigenmittel zum Auf- und Ausbau der OGS aufbringen. Ausschlaggebend waren und sind vielmehr die kommunalpolitischen
Entscheidungen, ob und auf welcher Verantwortungsebene beispielsweise eine
Steuerungs- und Planungsgruppe eingerichtet wird und wer darin aktiv mit-
wirkt, ob ein kommunales Leitbild und Bildungsgesamtkonzept mit dem Ziel,
Bildung von Geburt an zu unterstützen und zu begleiten vorhanden ist und in
diesem Konzept auch Qualitätsstandards festgeschrieben sind. Kommunalpo-
litisch zu entscheiden wäre zudem, ob und inwiefern die Prozesse der Einführung und Ausgestaltung der OGS fachlich begleitet und unterstützt werden.

---

festgeschrieben. Kinder- und Jugendhilfe soll demnach «1. junge Menschen in ihrer individuellen und sozialen Entwicklung fördern und dazu beitragen, Benachteiligungen zu
vermeiden oder abzubauen, 2. Eltern und andere Erziehungsberechtigte bei der Erziehung
beraten und unterstützen, 3. Kinder und Jugendliche vor Gefahren für ihr Wohl schützen,
4. dazu beitragen, positive Lebensbedingungen für junge Menschen und ihre Familien sowie eine kinder- und familienfreundliche Umwelt zu erhalten und zu schaffen» (Bundesministerium für Familie, Senioren, Frauen und Jugend 2007).

In diesem Sinne haben die Städte und Gemeinden, die als Schul- und Jugendhilfeträger wesentlich für die Umsetzung des OGS-Programms verantwortlich sind, den grossen Handlungs- und Gestaltungsspielraum, den ihnen der
Erlass zur Einführung der OGS eröffnet hat, sehr unterschiedlich genutzt: Hier
wurde die OGS in erster Linie als «Betreuungsangebot» eingeführt. In diesem
Sinne dominieren derzeit so genannte «additive Konzepte», bei denen die ausserunterrichtlichen Angebote noch weitgehend unabhängig vom Unterricht
im Anschluss an ihn vorgehalten werden. Dort wurde die OGS als integraler
Bestandteil eines Betreuung und Erziehung umfassenden (kommunalen) Bil-
dungsgesamtkonzepts verstanden, bei dem es wesentlich darum gehen müsse,
soziale Benachteiligungen auszugleichen und Bildungschancen für alle Kinder
unabhängig von ihrer sozialen Herkunft zu erhöhen. Dazu wurde beispielsweise
zusätzlich einschlägig qualifiziertes Personal angestellt oder wurden weitere
soziale Dienste wie Erziehungs- und schulpsychologische Beratung, individuelle systematisch am Unterstützungsbedarf der einzelnen Mädchen und Jungen und ihrer Familien entwickelte Förderprogramme in das System der OGS
integriert (statt die Schülerinnen und Schüler aus dem Angebot heraus zu nehmen). Zwischen diesen Polen gibt es sehr viele Mischformen, wobei, wie gesagt,
additive Konzepte vorherrschen. Zu beachten ist, dass je nachdem, welche Zielsetzung vorrangig verfolgt wird, sehr unterschiedliche Konzepte und Leistungen daraus erwachsen und dass auch das Selbst- und Aufgabenverständnis der
beteiligten Akteure dadurch variiert.

3 Die Tagesschule als Ort vielfältiger Bildungsgelegenheiten und als öffentlicher Erfahrungsraum

Das Aufwachsen von Kindern ist zunehmend in Institutionen verlagert, so
dass die Kindheitsforschung auch von institutionalisierter oder von verwal-
teter Kindheit spricht und bereits eine «fürsorgliche Belagerung» konstatiert
(vgl. z. B. Berg 1995; 1996). Institutionalisierte Ganztagsangebote bzw. Tagesschulen verstärken diese Entwicklung. Sie binden Mädchen und Jungen an
die Institution und nehmen ohne Frage mehr Zeit und Raum von Kindern im
Alltagsleben in Anspruch: Zeit, über die sie ansonsten selbst und frei verfügen
könnten, Raum, den sie nach eigenem Geschmack ausgestalten und aus eigener Sicht womöglich sinnvoller oder besser nutzen könnten. «Das ist langwei-
lig.» «Ich muss immer solange warten, bis ich dran komme/raus darf/mit den

Hausaufgaben beginnen kann.» «Das bringt (mir) nichts.» «Ich werde sowieso
nie fertig.» «Ich habe überhaupt keine Zeit zum Spielen und um mich mit mei-
nen Freundinnen/Freunden zu treffen.» – Das sind Aussagen von Mädchen
und Jungen aus der Kinderstudie der wissenschaftlichen Begleitung der Offenen Ganztagsschule in NRW, die verdeutlichen können, dass es auch aus ihrer
Sicht um einen sinnvollen, durchaus auch effizienten und effektiven Gebrauch
ihrer wertvollen Zeitressource, um Bildungsökonomie geht (vgl. Beher et al.
2007; Beher, Hermens & Nordt in diesem Band).

Bezüglich des Auftrags von Ganztagsschulen und Ganztagsangeboten bedeutet dies, dass diese treuhänderisch mit der Zeit der Kinder umgehen und
ihnen ihre Zeit, wie Krappmann es formuliert, «gestaltbarer, beziehungsinten-
siver, erfahrungsstimulierender» zurückgeben müssen, als die Mädchen und
Jungen sie ausserhalb der Schule selbst erfahren könnten (Krappmann 1996,
p. 94f.). In diesem Sinne müssen auch die Lern- und Gestaltungsmöglichkeiten in den selbstbestimmten und angeleiteten Aktivitäten der Kinder in den
Tagesschulen und Ganztagsangeboten mit jenen der hier verankerten formalen Lernprozesse (in Unterricht und z. B. bei der Hausaufgabenbetreuung) ver-
glichen werden. Wie viel Zeit dürfen diese im Gesamt der vielfältigen anderen
(selbstbestimmten) Lerngelegenheiten einnehmen?

Der Topos «Mehr Zeit für Bildung» zielt auf diesen verantwortungsvollen
Umgang mit der kostbaren Zeit der Kinder, und meint damit zugleich alles andere als eine blosse Verlängerung von Unterricht auf den Nachmittag. Bildung
ist mehr als Schule – diese allerdings auch mehr als Bildung.

Die «Bildungsprozesse von Kindern und Jugendlichen finden an vielen
Orten statt; sie sind nicht an die Grenzen institutioneller Zuständigkeiten gebunden» (Bundesministerium für Familie, Senioren, Frauen und Jugend 2005,
p. 24). Es gibt sehr unterschiedliche Wege zu lernen und des Lernens, höchst
unterschiedliche Lernerfahrungen und mehr oder minder begeisternde (im
doppelten Sinne des Wortes anregende, faszinierende, Kopf und Herz berei-
chernde) oder auch demotivierende Bildungserlebnisse und Erlebnisse mit Bil-
dungsanforderungen. Mit Donata Elschenbroich (2001, p. 24) liesse sich fragen,
welche «Bildungserlebnisse» Tagesschulen und andere Ganztagsangebote Kindern – als Mädchen und Jungen – vermitteln und welche Zugänge zur Welt
sie ihnen eröffnen. Zudem stellt sich die Frage wie und inwiefern sie die Bildungsprozesse der einzelnen Schülerinnen und Schüler unterstützen und be-
fördern – oder auch hemmen.

Die Internationale Grundschul-Lese-Untersuchung, IGLU 2006 hat noch einmal deutlich gemacht, was im Grunde lange bekannt ist: Kinder aus bildungs-
näheren Elternhäusern verfügen «mit Beginn der Schulzeit ... häufig schon
über einen erheblichen Wissensvorsprung gegenüber ihren Mitschülerinnen
und Mitschülern aus bildungsferneren Elternhäusern» (Bos et al. 2006, p. 226).
Dieser Befund gilt für alle Teilnehmerstaaten. Je nach Elternhäusern und deren
Möglichkeiten und Fähigkeiten, Kindern Bildungserlebnisse zu vermitteln, haben die Schülerinnen und Schüler also höchst unterschiedliche Startbedingungen, wenn sie in die Schule kommen. Die Frage ist, wie es gelingen kann, diese
sozialen Disparitäten möglichst gering zu halten und soziale Ungleichheit zu
kompensieren. In Deutschland gelingt dies – anders als z. B. Italien und Däne-
mark – nicht, wenn auch im Vergleich zu IGLU 2001 erhebliche Fortschritte zu
verzeichnen sind. Nach wie vor schaffen es die Grundschulen in Deutschland
nicht, den bestehenden sozialen Ungleichheiten kompensierend zu begegnen»
(ebd., p. 336). Frappierend ist dabei, dass sich die «herkunftsbedingten Differenzen ... auf Grund der besseren häuslichen Förderung (Hilfe bei den Hausaufgaben, Bezahlung von Nachhilfe, etc.) im Laufe der Schulzeit» noch verstärken (ebd., p. 226). Das deutet, dass die Schule immer noch viel zu stark und mit
einer allzu grossen Selbstverständlichkeit (oftmals auch verknüpft mit Appel-
len an die «Erziehungsverantwortung von Eltern») auf unterstützende Leistungen in den Elternhäusern setzt, Eltern als eine Art Hilfslehrer zur Verstärkung
schulischen Lernens begreift.

4 Die Qualitätsoffensive in Nordrhein-Westfalen für die offene Ganztagsschule

Das Land lässt die Einführung und Entwicklung der OGS wissenschaftlich begleiten und evaluieren und sucht so dem grossen Bedarf an einer verbesserten
empirischen Bildungsforschung Rechnung zu tragen (vgl. Beher et al. 2007; Beher, Hermens & Nordt in diesem Band).

Es hat zudem – teilweise im Verbund mit anderen Bundesländern, in jedem Fall aber nachhaltig unterstützt durch die Deutsche Kinder- und Jugend-
stiftung – eine Qualitätsoffensive «Lernen für den Ganztag» ins Leben gerufen,
bei der es auf der strukturellen Ebene um die Entwicklung und Verankerung

eines Beraternetzwerkes geht.[3] Auf der inhaltlich-fachlichen Ebene geht es
im Wesentlichen um den Aufbau eines Fort- und Weiterbildungssystems für
Multiplikatorinnen, aber auch unmittelbar für die Lehr- und pädagogischen
Fachkräfte in ihren Teams vor Ort (vgl. Serviceagentur Ganztägig Lernen in
Nordrhein-Westfalen 2008). Im Folgenden werden die einzelnen Bausteine der
Qualitätsinitiative skizziert.

4.1 Serviceagentur «Ganztägig Lernen in NRW»

Die Serviceagentur «Ganztägig Lernen in NRW» ist die Schnittstelle im Programm «Ideen für mehr! Ganztägig lernen» der Deutschen Kinder- und Ju-
gendstiftung, die durch das Bundesministerium für Bildung und Forschung
und den Europäischen Sozialfonds gefördert wird. Als eine von insgesamt 14
Serviceagenturen in Deutschland und in deren Verbund fördert sie den Austausch und die Vernetzung von Ganztagsschulen, weist gute Praxisbeispiele
aus und bietet Fortbildungen an. Ausserdem unterstützt sie die Bildung und
Arbeit örtlicher Qualitätszirkel. All dies geschieht im Auftrag des Ministeriums für Schule und Weiterbildung, MSW (der sie untersteht), und des Ministeriums für Generationen, Familien, Frauen und Integration, MGFFI, das mit
seiner Abteilung «Jugend» die oberste Landesjugendbehörde ist (vgl. Serviceagentur Ganztägig Lernen in Nordrhein-Westfalen 2009).

Vielerorts wird die Qualitätsentwicklung als kommunale Aufgabe begriffen.
Hier wurden *Qualitätszirkel* gegründet, in denen u. a. Rahmenvereinbarungen
entwickelt und Standards für die Einrichtung der OGS am Ort festgelegt wurden. Verantwortliche aus Politik und Verwaltung und den unterschiedlichen
Handlungsfeldern – Schulträger, schulfachliche Aufsicht, Jugendhilfe, Vertretende der Schulen (Schulleitungen), Kooperationspartner der Schulen aus der
Jugendhilfe, Sport, Kultur und nicht zuletzt Vertretende der Elternschaft – gehören diesen Qualitätszirkeln an. Die Serviceagentur «Ganztägig Lernen in
NRW» förderte im Auftrag der beiden Ministerien, im Schuljahr 2007/08 insgesamt 48 Qualitätszirkel und deren *regionale Zusammenschlüsse* in den insgesamt fünf Regierungsbezirken des Landes. Für 2009 ist eine Fortschreibung
des Programms vorgesehen, so dass sich die Zahl kommunaler Qualitätszirkel

---

3   Die Stelle der Autorin als Fachberaterin für die OGS beim Landschaftsverband Rheinland,
    LVR-Landesjugendamt, gehört in dieses System.

weiter erhöhen wird. Deren Arbeit wurde im letzten Jahr evaluiert und dokumentiert Im Rahmen des bundesweiten Ausbaus von Ganztagsschulen ist unter der Federführung Nordrhein-Westfalens das *Verbundprojekt «Lernen für den GanzTag»* durchgeführt worden. Hier wurden gemeinsame Qualitätsprofile für das multiprofessionelle Personal im Ganztag und entsprechende Fortbildungsmodule entwickelt, die nun über die Qualifizierung von Multiplikatoren in die Praxis umgesetzt werden sollen (vgl. ebd.).

4.2 QUAST und QUIGS – Instrumente der Qualitätsentwicklung und Qualitätssicherung für ausserunterrichtliche Angebote im Ganztag

Mit QUAST, *Qualitätsentwicklung in Angeboten für Schulkinder in Tageseinrichtungen* (und Offenen Ganztagsschulen; die OGS sind in einer neuen überarbeiteten und um ihre besondere Situation ergänzten Auflage einbezogen worden), und QUIGS, *Qualität in Ganztagsschulen* (ein auf QUAST aufbauendes gezielt für die OGS entwickeltes Material), wurden in Nordrhein-Westfalen Verfahren zur internen Qualitätsentwicklung und Qualitätssicherung erarbeitet, die ein schrittweises Vorgehen und Orientieren an überschaubaren Zielen favorisieren und über Checklisten und Formblätter anleiten (vgl. Strätz et al. 2008; Serviceagentur Ganztägig Lernen in Nordrhein-Westfalen 2007). Inhaltlich decken sie das Spektrum der pädagogischen Arbeit mit Mädchen und Jungen im Grundschulalter bezogen auf die ausserunterrichtlichen Angebote so umfassend wie möglich ab. Die Materialien helfen, die durchaus auch innerhalb einer Profession oft sehr unterschiedlichen Qualitätsvorstellungen der Beteiligten transparent zu machen und fördern Austausch und Abstimmung darüber. Voraussetzung sind regelmässige und möglichst themenspezifisch angelegte Teamsitzungen. Die Arbeit mit den beiden Qualitätsentwicklungsverfahren kann diesen Teamsitzungen eine klare Struktur geben und helfen, dass die Reflexion der Arbeit und ihre inhaltliche Weiterentwicklung systematisch und zielführend umgesetzt werden. QUAST und QUIGS ermöglichen es den Teams vor Ort, Prioritäten zu setzen, an je eigenen Frage- und Aufgabenstellungen zu arbeiten, da anzusetzen, wo unmittelbar Handlungsbedarf besteht (Was gelingt uns gut? Was sollten und wollen wir verändern? Welche Veränderungen sind realistisch leistbar? Was sollen die ersten Handlungsschritte sein?). Beide

Materialien helfen, Ziele systematisch zu entwickeln, möglichst präzise zu formulieren und deren Umsetzung zu kontrollieren.

Sie sind keine Materialien zur Qualitätsentwicklung von Unterricht, können aber für Schulentwicklungsprozesse genutzt werden und zeigen Entwicklungsmöglichkeiten für die Verzahnung von Unterricht und ausserunterrichtlichen Angeboten auf.[4]

5 Tagesschulen und Ganztagsangebote im Aufbau – ein Ausblick

Bei Auf- und Ausbau von Tagesstrukturen und ausserfamiliären Betreuungs- und Bildungsangeboten an Schulen gibt es Entwicklungserfordernisse, die der Unterstützung des Landes und der Kommunen bedürfen. Sie müssen die Rahmenbedingungen schaffen, die die Qualitätsarbeit in Unterricht und ausserunterrichtlichen Angeboten sichern und auf Dauer stellen. Dazu gehören ausreichend fachlich qualifiziertes, multiprofessionelles und angemessen bezahltes Personal, anregungsreiche, gestaltungsoffene, ansprechend viele und grosse Räume oder auch die infrastrukturelle Vernetzung mit Bildungsangeboten und sozialen Diensten im Gemeinwesen.

Die Kommunen übernehmen die systematische, zielführende Steuerung des Ausbaus von Ganztagsangeboten. Sie bilden eine Steuerungsgruppe (Betroffene sind Beteiligte), ermitteln den Bedarf an Ganztagsplätzen, entwickeln ein Leitbild und legen Qualitätsstandards fest. Sie geben Planungssicherheit und sorgen für die notwendigen Rahmenbedingungen.

Daneben gibt es aber auch Entwicklungsanforderungen, die zu einem wesentlichen Teil nur vor Ort von den Lehrpersonen und pädagogischen Fachkräften gemeinsam erfüllt werden können. Hier braucht es dann weniger die

---

4   QUAST und QUIGS sind Materialien der Selbstevaluation. Es braucht indessen auch effiziente, auf die konkrete Arbeit mit den Schülerinnen und Schüler und deren Rahmenbedingungen ausgerichtete Instrumente externer Evaluation. Die Lehrpersonen und pädagogischen Fachkräfte brauchen eine gezielte Rückmeldung über die Stärken und Schwächen ihrer Arbeit und Anhaltspunkte dafür, wie sie arbeiten müssten, um Defizite zu beheben. In Nordrhein-Westfalen gibt es solche Fremdevaluation – genannt «Qualitätsanalyse» – für den Unterricht. Es wäre wünschenswert, diese Materialien und Verfahren auch auf die ausserunterrichtliche Arbeit auszudehnen wie auch umgekehrt die Materialien von QUAST und QUIGS zur Selbstevaluation der unterschiedlichen Formen des Unterrichts weiterentwickelt werden müssten.

oft beschworenen besseren Rahmenbedingungen (z. B. per se mehr Erwachsene in der Hausaufgabenbetreuung) als vielmehr ein von den Pädagoginnen und Pädagogen (Lehrkräften und anderen Bildungspartnern) gemeinsam mit Eltern unter aktiver Einbindung der Kinder entwickeltes und getragenes pädagogisches oder auch Bildungsgesamtkonzept. Es gibt dabei Bereiche und Inhalte, die vorrangig in die Verantwortung von Schule fallen – z. B. die Haus- bzw. Schulaufgaben – und solche, die zum speziellen Kompetenz- und Qualitätsprofil der Bildungspartner gehören. Das betrifft z. B. freizeit-, erlebnis- und sozialpädagogische Angebote, Sport- und Bewegungsangebote oder kulturelle, musische Angebote.

Grundsätzlich aber müssen sich alle Beteiligten hinsichtlich eines pädagogischen Konzepts oder eines Ganztags(schul)konzepts folgende Leitfragen stellen:

- Welches Verständnis von Bildung liegt der Arbeit zugrunde?
- Wie werden Bildungsprozesse im Unterricht und in den ausserunterrichtlichen Aktivitäten miteinander verzahnt?
- Woran wird deutlich, dass die Kinder an der Gestaltung des Lebens in der Schule beteiligt sind, dass nicht für sie, sondern mit ihnen gearbeitet wird?
- Inwiefern orientiert sich die pädagogische Arbeit an der Lebenswelt der Kinder, die die Tagesschule bzw. die Ganztagsangebote besuchen?
- Inwieweit ist die Angebotsstruktur (z. B. hinsichtlich der Öffnungs- und Betreuungszeiten) am Bedarf der Kinder und Familien orientiert?
- Auf welche Weise berücksichtigt die pädagogische Arbeit unterschiedliche Interessen, Erfahrungen und Lernwege von Mädchen und Jungen?
- Gestalten die Pädagoginnen und Pädagogen ihre Interaktion und Kommunikation mit den Kindern entwicklungsfördernd?
- Hat ihre Interaktion und Kommunikation untereinander, mit Eltern bzw. mit Kooperationspartnern Vorbildcharakter?
- Ist die pädagogische Arbeit an dem Ziel orientiert, dass die Kinder ihren Alltag, auch ihren Bildungsprozess, zunehmend selbst gestalten?
- Werden Unterschiede – auch kulturelle Unterschiede – wertgeschätzt?

Zur Beantwortung dieser Fragen und ihrer konzeptionellen Verankerung im Alltag der Tagesschulen ist es unerlässlich, dass das pädagogische Konzept gemeinsam von den Professionen – und mit den Eltern der Kinder – entwickelt wird und dass darin auch Inhalte und Formen der Zusammenarbeit im Team und mit den Eltern explizit festgelegt sind. Pädagogische Reflexion und Planung müssen dabei fester Bestandteil der Zusammenarbeit sein und entsprechend auch im Arbeitszeitkonzept berücksichtigt werden (Zeit für die Vor- und Nachbereitung von Angeboten, Zeit für Beobachtung der Gruppenprozesse und einzelner Kinder, Zeit für Teamsitzungen, Klausurtage, Konferenzen, Fortbildungen). Teamsitzungen dürfen sich folglich nicht in der Klärung von organisatorischen und verwaltungstechnischen Fragen erschöpfen; die meiste Zeit muss vielmehr inhaltlichen Aspekten der pädagogischen Arbeit, beispielsweise den Entwicklungsverläufen einzelner Mädchen und Jungen gewidmet sein. Dazu bedarf es zunächst vertrauensbildender Massnahmen, d. h. Massnahmen der Teamentwicklung, die fest zu verankern sind (z. B. Moderation der Teamsitzungen, gemeinsame Fortbildungen und wo dies erforderlich ist auch Supervision). Schliesslich gehören Zielentwicklung und Zielüberprüfung sowie die Dokumentation der Ergebnisse zum festen, unverzichtbaren Bestandteil professioneller Arbeit. Solche Zielentwicklung wiederum muss das ganze Kind als Mädchen oder Junge in den Blick nehmen mit seinen unterschiedlichen Stärken, Fähigkeiten, Interessen und Bedürfnissen.

Literaturverzeichnis

CORTINA, K. S.; BAUMERT, J.; LESCHINSKY, A.; MAYER, K. U.; TROMMER, L.
(EDS.) (2005). *Das Bildungswesen in der Bundesrepublik Deutschland. Strukturen und Entwicklungen im Überblick.* Hamburg: Rowohlt Taschenbuch Verlag.

BEHER, K.; HAENISCH, H.; HERMENS, C.; NORDT, G.; PREIN, G.; SCHULZ, U.
(2007). *Die offene Ganztagsschule in der Entwicklung. Empirische Befunde zum Primarbereich in Nordrhein-Westfalen.* Weinheim: Juventa.

BEHER, K.; PREIN, G. (2007). Wie offen ist der Ganztag? *DJI-Bulletin, 17,* 15–16.

BERG, C. (1995). Fürsorgliche Belagerung. Aufwachsen in schwieriger Zeit. Kindheit heute. *Lutherische Monatshefte, 34,* 33–35.

BERG, C. (1996). Verwaltete Kindheit. *Zusammen: Behinderte und nicht behinderte Menschen, 16,* 4–8.

BETZ, T. (2006). Ungleiche Kindheit. Ein (erziehungswissenschaftlicher) Blick auf die Verschränkung von Herkunft und Bildung. *Zeitschrift für Soziologie der Erziehung und Sozialisation, 26,* 52–68.

BUNDESMINISTERIUM FÜR FAMILIE, SENIOREN, FRAUEN UND JUGEND (ED.) (2007). *Sozialgesetzbuch (SGB) VIII: Kinder- und Jugendhilfe.* Berlin.

BUNDESMINISTERIUM FÜR FAMILIE, SENIOREN, FRAUEN UND JUGEND (ED.) (2005). *Zwölfter Kinder- und Jugendbericht. Bericht über die Lebenssituation junger Menschen und die Leistungen der Kinder und Jugendhilfe in Deutschland.* Berlin.

ELSCHENBROICH, D. (2001). *Weltwissen der Siebenjährigen. Wie Kinder die Welt entdecken können.* München: Verlag Antje Kunstmann.

HENTIG, H. VON (1999). *Bildung. Ein Essay.* (2. Aufl.) Weinheim: Beltz.

BOS, W.; HORNBERG, S.; ARNOLD, K.-H.; FAUST, G.; FRIED, L.; LANKES, E.-M.; SCHWIPPERT, K.; VALTIN, R. (EDS.) (2007). *IGLU 2006. Lesekompetenzen von Grundschulkindern im internationalen Vergleich.* Münster: Waxmann.

KLEINEN, K. (2009). Hausaufgaben in der offenen Ganztagsschule im Primarbereich. In Deutscher Paritätischer Wohlfahrtsverband Landesverband Nordrhein-Westfalen e. V. (Ed.), *Denkanstöße V. Ganztags unterwegs ... Jugendhilfe und Schule in neuen Bildungslandschaften.* Wuppertal: Eigendruck.

KRAPPMANN, L. (1996). Die Entwicklung der Kinder im Grundschulalter und die pädagogische Arbeit des Hortes. In Berry, G.; Pesch, L. (Eds.), *Welche Horte brauchen Kinder? Ein Handbuch* (p. 85–98). Neuwied: Luchterhand.

MINISTERIUM FÜR SCHULE UND WEITERBILDUNG DES LANDES NORDRHEIN-WESTFALEN (ED.) (2008). *Offene Ganztagsschule im Primarbereich. Bereinigte Amtliche Sammlung der Schulvorschriften Nordrhein-Westfalen 12–63 Nr. 4. Fassung vom 31.07.2008.* Düsseldorf.

SERVICEAGENTUR GANZTÄGIG LERNEN IN NORDRHEIN-WESTFALEN (ED.) (2007). *QUIGS – Qualitätsentwicklung in Ganztagsschulen. Schriftenreihe Der GanzTag in NRW – Beiträge zur Qualitätsentwicklung (Heft 4).* Münster: Serviceagentur Ganztägig Lernen in Nordrhein-Westfalen.

SERVICEAGENTUR GANZTÄGIG LERNEN IN NORDRHEIN-WESTFALEN (ED.) (2008). *Lernen für den GanzTag. Schriftenreihe Der GanzTag in NRW – Beiträge zur Qualitätsentwicklung.* Münster: Serviceagentur Ganztägig Lernen in Nordrhein-Westfalen.

SERVICEAGENTUR GANZTÄGIG LERNEN NORDRHEIN-WESTFALEN (ED.) (2009). *Das Internetangebot für Ganztagsschulen in Nordrhein-Westfalen.* Verfügbar unter: http://www. nrw.ganztaegig-lernen.de [7.5.2009].

STRÄTZ, R.; HERMENS, C.; FUCHS, R.; KLEINEN, K.; NORDT, G.; WIEDEMANN, P. (2008). *Qualität für Schulkinder in Tageseinrichtungen und Offenen Ganztagsgrundschulen. Ein nationaler Kriterienkatalog.* (2. Auflage) Berlin: Cornelsen Verlag Scriptor.

Die Ganztagsschule aus Sicht der Kinder – Ausgewählte Ergebnisse der Kinderbefragungen zur offenen Ganztagsschule in Nordrhein-Westfalen

Karin Beher, Claudia Hermens und Gabriele Nordt

Mit der Einführung der *offenen Ganztagsschule* im Primarbereich[1] (OGS) in Nordrhein-Westfalen zu Beginn des Schuljahres 2003/04 verknüpfte die Landesregierung eine dreifache Zielsetzung, die zentrale familien- sowie bildungspolitische Aspekte miteinander verknüpfen sollte:

1. Den Eltern von grundschulpflichtigen Kindern sollte die Vereinbarkeit von Familie und Beruf erleichtert werden.
2. Es galt einen Beitrag zur Verbesserung von Bildungsqualität und Chancengleichheit zu leisten und
3. dieses Reformprojekt als integriertes Ganztagsangebot unter dem Dach der Schule einzurichten.

Zur Realisierung dieser Zielsetzungen wurde eine Angebotsschule konzipiert, die von Eltern und Schülerinnen und Schülern als Adressatinnen und Adressaten und als Nutzerinnen und Nutzer für mindestens ein Schuljahr gegen monatliche Gebühren an fünf Wochentagen in Anspruch genommen werden kann. Konstitutiv für das Modell der offenen Ganztagsschule ist die Kooperation zwischen Schule und Jugendhilfeträgern sowie weiteren ausserschulischen Partnern (z. B. städtischen Musikschulen, Sportvereinen, etc.). Dabei umfasst die Programmatik dieses neuen Schultyps einen Bildungs-, Erziehungs- und Betreuungsauftrag für alle Bereiche der OGS – d. h. für die ergänzenden Angebote ebenso wie für den Unterricht (vgl. Ministerium für Schule und Weiterbildung 2008a). Auf dieser konzeptionellen Grundlage sollten nach den Vorstellungen der Landesregierung bis zum Jahr 2010 mehr als 200 000 Plätze geschaffen werden. Das Projekt «offene Ganztagsschule» startete im Schuljahr 2003/04 mit 235 Schulen im Primarbereich, die für etwa 11 500 Schülerinnen und Schüler einen Ganztagsplatz zur Verfügung stellten. Für das sechste Jahr die-

---

1 Zum Primarbereich in Nordrhein-Westfalen gehören die Grundschule (erste bis vierte Klasse) sowie die Förderschule (erste bis sechste Klasse). In der Förderschule werden speziell Kinder mit sonderpädagogischem Förderbedarf unterrichtet.

ses Programms (Schuljahr 2008/09) weist die Übersicht des Ministeriums für Schule und Weiterbildung mehr als 2900 OGS mit ca. 184 000 Plätzen aus (vgl. Ministerium für Schule und Weiterbildung 2008b). Diese Grössenordnungen verdeutlichen, dass die Nachfrage nach Ganztagsplätzen in der Grundschule bei den Eltern in den letzten Jahren enorm war. Die offene Ganztagsschule ist auf dem Weg zum schulischen Regelangebot in Nordrhein-Westfalen. Inzwischen kann die Zahl der Schulen, die in eine OGS umgewandelt wurden, auf mehr als 80 Prozent geschätzt werden (eigene Berechnung aufgrund der amtlichen Schulstatistik).

Im Hinblick auf die Binnenstrukturen der OGS hat sich eine Ablaufstruktur herausgebildet, die überwiegend gekennzeichnet ist durch den Regelunterricht am Vormittag und verschiedene Angebotselemente am Nachmittag wie «Mittagessen», «Hausaufgabenbetreuung», «Angebote im Freizeitbereich» sowie offene Phasen mit unverplanter Zeit für selbstbestimmte Aktivitäten der Schülerinnen. Von den Schulen wird mehrheitlich dieses additive Modell favorisiert. Darüber hinaus experimentiert ein Teil der offenen Ganztagsschulen auch mit anderen Organisationsformen, um eine stärkere Rhythmisierung des Schultages und eine stärkere Vernetzung zwischen dem Unterricht und den ausserunterrichtlichen Angeboten zu erzielen. In diesem Kontext fällt etwa die Einrichtung von Ganztagsklassen bzw. -zügen (integratives Modell).

Mit der Einführung des offenen Ganztags in Nordrhein-Westfalen beauftragte die Landesregierung einen Forschungsverbund,[2] dieses innovative Vorhaben wissenschaftlich zu begleiten. Im Anschluss an die explorative Pilotstudie des Forschungsverbundes (2003–2005), in der die Konzeptentwicklung und Implementierung der offenen Ganztagsschule begleitet wurde, lag das zentrale Erkenntnisinteresse der Hauptstudie (2005–2007) darin, ein systematisches Bild zum Entwicklungsstand der OGS zu gewinnen und Schritte zur Weiterentwicklung ganztagsorientierter Formen der Bildung, Erziehung, Förderung und Betreuung aufzuzeigen. Hierzu gehörten zum einen die Untersuchung organisatorischer und personeller Aspekte der OGS, zum anderen die Auseinan-

---

2   Dies waren für die Hauptstudie die Technische Universität Dortmund im Forschungsverbund mit dem Deutschen Jugendinstitut (DJI) e. V. in München, die Fachhochschule Köln, das Institut für soziale Arbeit e. V. in Münster und die Bergische Universität Wuppertal. Seit 2007 wird die Arbeit im Rahmen einer Vertiefungsstudie als Teilreplikation von Grundsatzfragen aus der Hauptstudie und mit dem Schwerpunkt «Lernen und Fördern» bis Ende 2009 fortgesetzt.

dersetzung mit den Einstellungen der Adressaten, da sowohl Schülerinnen und Schüler als auch Eltern Erfahrungen mit den neuen Bildungs-, Betreuungs- und Förderarrangements machen und diese jeweils aus ihrem Blickwinkel bewerten. In ihrem methodischen Kern beruhte die Studie auf mehreren Befragungen. Die Sichtweisen der verschiedenen Akteursgruppen, d. h. der Schulleitungen, Lehr- und Fachkräfte, Eltern und Kinder zur OGS wurden damit entsprechend erfasst und analysiert. Im Hinblick auf die Gruppe der Schüler(innen) wurde eine kindorientierte Nutzeranalyse erarbeitet, in der die Bedürfnisse, Interessen und Einschätzungen der Kinder bezogen auf den Alltag in der OGS im Mittelpunkt standen (Beher et al. 2007, p. 12f.).[3]

1 Methodologische Gesichtspunkte und methodische Umsetzungen

1.1 Zielsetzung der Kinderbefragungen und Untersuchungsdesign

Für die inhaltliche Konzeption der Kinderbefragungen waren zum einen neuere Ansätze und Methoden der Kindheitsforschung richtungweisend, wie sie seit den 1980er Jahren in diesem Forschungsfeld diskutiert werden und in die Grundschulforschung Eingang gefunden haben (vgl. u. a. Behnken & Zinnecker 2001; Heinzel 2002, 2005; Honig, Lange & Leu 1999; Krüger & Grunert 2002). Zum anderen waren für die Anlage der Untersuchung die Ergebnisse der vom wissenschaftlichen Forschungsverbund durchgeführten qualitativen Explorationsstudie leitend, die in Richtung einer stärkeren Berücksichtigung der kindlichen Bedürfnisse in Konzept und Alltag der Ganztagsschule wiesen (vgl. Beher et al. 2005).

Wenn Kinder analog zu den Paradigmen der neueren Kindheitsforschung als Akteure und Subjekte ihrer Lebenswelt begriffen werden, sind solche Forschungsmethoden einzusetzen, die die Perspektive der Kinder aufgreifen und auf Formen der Selbstäusserung beruhen. Sie erlauben die Erhebung von Daten über den Alltag in der offenen Ganztagsschule in einer Art und Tiefe, die auf der Grundlage von Fremdauskünften seitens der Eltern, Fach- und Lehr-

---

3   Die Kinderbefragungen wurden von folgenden Personen entwickelt, durchgeführt und ausgewertet: Die quantitative Befragung (ältere Kinder) von Karin Beher (TU Dortmund) und Gerald Prein (DJI), die qualitative Befragung von Claudia Hermens (FH Köln) für die älteren Kinder und Gabriele Nordt (FH Köln) für die jüngeren Kinder.

kräfte nicht oder nur begrenzt zu ermitteln wären. Es sollte in diesem For-
schungskontext explizit nach der Perspektive der Kinder geforscht werden.
Durch eine einseitige Orientierung an den Einstellungen der Erwachsenen, d. h.
der Schulleitungen, Eltern, Lehr- und Fachkräfte, bleiben ansonsten die Mei-
nungen und Bewertungen gerade jener Akteursgruppe unberücksichtigt, auf
die sich wesentliche Intentionen der Ganztagsschulreform im Primarbereich
richten (vgl. Röhner 2006).

Bei der Erarbeitung des Untersuchungsdesigns fiel die Entscheidung für
ein Setting, das eine Integration quantitativ orientierter und qualitativ-parti-
zipativer Zugänge enthielt. Es wurde eine Fragebogenerhebung als standardisierte Befragung sowie ein qualitativer Zugang mittels Interview gewählt. Eine
besondere Form der Verknüpfung im Sinne einer Methodenintegration ergab
sich insbesondere aus der Zugrundelegung der gleichen Fragestellungen für die
Konstruktion des Fragebogens und der Entwicklung der Leitfäden. Des Weiteren wurden beide Ansätze von der Entwicklung der Forschungsfragen über
die konkrete methodische Ausgestaltung hin bis zur Auswertung gleichzeitig durchgeführt. Alle Instrumente wurden in einem Pretest erprobt und anschliessend modifiziert.

1.2 Gestaltung der Erhebungsinstrumente

Bei der Entwicklung des *standardisierten Fragebogens* wurde versucht, den Anforderungen an eine kindorientierte Gestaltung wie verständliche Fragefor-
mulierung und konkrete zeitliche Bezüge zu entsprechen (vgl. Mey 2006). Mit
Blick auf die Konzentrationsfähigkeit der Kinder sollte eine Untersuchungs-
zeit von 30 bis 45 Minuten nicht überschritten werden. Die schriftliche Befragung wurde an 62 Grundschulen mit Schülerinnen und Schüler der Klassen
drei und vier durchgeführt, die am offenen Ganztag teilnahmen. Zum Zeitpunkt der Erhebung besuchten knapp 1500 Schülerinnen und Schüler der dritten und vierten Klassen den offenen Ganztag. An der Befragung beteiligten
sich 655 Kinder, für die eine Einverständniserklärung der Eltern vorlag. Dies
entspricht einer geschätzten Rücklaufquote in Höhe von 44 Prozent. Werden
einige zentrale Merkmale der befragten Kinder in der Stichprobe herausgegrif-
fen, dann sind Mädchen und Jungen in etwa gleich verteilt. Die Neunjährigen
(41 Prozent) und die Jüngeren (36 Prozent) bildeten die beiden grössten Gruppen. Die Mehrzahl der Kinder besuchte die dritte Klasse (62 Prozent) und rund

37 Prozent der Kinder hatte im weiteren Sinne einen Migrationshintergrund.[4] Auf der Ebene der Schulen waren die Dauer der Teilnahme am offenen Ganztag und die Gemeindegrösse wichtige Merkmale. Über die Grundauswertung der Daten hinaus wurden bei den statistischen Auswertungen alle Zusammenhänge im Rahmen eines mehrebenenanalytischen Ansatzes untersucht.[5]

Mit Blick auf die vielfältigen Inhalte und Themen der Untersuchung fiel die Entscheidung bei dem qualitativen Zugang auf drei spezifische Interviewformen, die sich durch die *Art des Erinnerns* unterscheiden (Fuhs 2000, p. 94f.). Erfahrungen aus anderen Untersuchungen weisen daraufhin, dass so genannte *fokussierte Interviewformen*, die zumindest teilweise strukturiert sind, insbesondere den Strukturierungs- und Verbalisierungsfähigkeiten der jüngeren Kinder mehr entsprechen als offene, insbesondere narrative Interviewformen (Heinzel 1997, p. 402ff.).

Das *situationsnahe Interview*, das auf unmittelbares Erinnern abzielt, zeichnet sich dadurch aus, dass die Kinder zu Geschehnissen, Situationen und Handlungen befragt werden, die unmittelbar vergangen sind. Die Schülerinnen und Schüler wurden zu den Handlungsbereichen «Mittagessen», «Hausaufgabenbetreuung», «Angebote im Freizeitbereich» und «selbstbestimmte Aktivitäten» befragt.

Das *Sequenz-Interview* bezieht sich auf Situationsketten und komplexere Handlungsverläufe innerhalb eines Tages oder einer Woche. Dabei wurden die Kinder gebeten, am nächsten Tag ein Tagesprotokoll von ihrem Tagesablauf anzufertigen und erhielten dazu einen Protokollbogen sowie Material zur Bearbeitung. Ziel war es, in Erfahrung zu bringen, was das Kind wann, wo und mit wem gemacht hatte. Das Erleben im gesamten Tagesverlauf der OGS stand im Zentrum.

Beim *symbolischen Interview* wurden die Kinder aufgefordert, ihre bedeutungsvollen (Spiel-)Orte im Ganztag zu zeichnen. Im Anschluss daran wurde ein Interview mit den Kindern über ihre Bilder und ihr inneres Erleben zu den von ihnen dargestellten Orten geführt. Es wurde somit nicht unmittelbar mit

---

4   Neu generierte Variable aus den Angaben der Kinder zum Geburtsort und zur Familiensprache. Bei fehlenden Angaben erfolgte eine Nachkodierung ausgehend von Daten der Elternbefragung.

5   Die Mehrebenenanalyse wurde einem entsprechenden Prüfverfahren unterzogen, d. h. dass die in Kreuztabellen dargestellten Ergebnisse bzw. Effekte multivariat durch entsprechende Regressionsverfahren überprüft wurden.

den Kindern über ihre Lebenswelt gesprochen, sondern das Interview erfolgte mittels einer Zeichnung (vgl. Projektgruppe WANJA 2000; Spiegel 1997). Diese Interviewform schien geeignet, Vorstellungen zum Raumerleben sowie zu Aktivitäts- und Handlungsspielräumen von Kindern in der OGS zu erhalten.

Bei der Stichprobe für die Interviews handelte es sich um ein theoriegeleitetes Sample. Aus den 62 Schulen, die an der quantitativen Erhebung teilgenommen hatten, wurden acht Schulen nach bestimmten Kriterien (Gemeindegrösse, Schulgrösse, Anzahl der Kinder im Ganztag sowie Anteil von Kindern mit Migrationshintergrund) für die qualitative Erhebung selektiert (Beher et al. 2007, p. 189f.). An diesen acht Schulen wurden aus der Gesamtheit der Schülerinnen und Schüler im offenen Ganztag jeweils Kinder nach den Kriterien «Geschlecht» und «Alter» ausgewählt.[6] Insgesamt wurden 47 Interviews mit 139 Kindern geführt. Bezogen auf die Altersgruppe der jüngeren Kinder (Erst- und Zweitklassschülerinnen und -schüler) waren es 28 Interviews mit insgesamt 84 Kindern; bei den älteren Kindern (Dritt- und Viertklassschülerinnen und -schüler) 19 Interviews mit 55 Kindern. Die Kinderinterviews wurden entweder als Gruppeninterviews (situationsnahe Interviews) oder mit jeweils zwei Kindern durchgeführt (Sequenz- und symbolische Interviews) (Beher et al. 2007, p. 189f.).

Die Durchführung von Interviews mit Kindern stellt besondere Anforderungen an interviewende Personen, da über das methodische Vorgehen hinaus ihre Kommunikationsfähigkeit besonderes gefordert ist. Vor diesem Hintergrund wurde ein differenziertes Konzept für die Gestaltung der Interviewsituation erarbeitet und in einer zweitägigen Schulung wurden die interviewenden Personen auf die Durchführung der Interviews vorbereitet.

Im Anschluss an die Durchführung der Interviews wurden diese transkribiert und in ein Programm zur qualitativen Datenanalyse (MAXqda2) importiert. Die Auswertung erfolgte mittels inhaltsanalytischem Vorgehen auf der Grundlage des Modells von Mayring (2003). Wie in der Forschungspraxis üblich, erfolgte die Kategorienbildung durch eine Verzahnung deduktiver und induktiver Vorgehensweisen (Kuckartz 2005, p. 186).

---

6   Auswahl nach Geschlecht: 71 Jungen und 68 Mädchen; Auswahl nach Alter: 84 jüngere Kinder aus dem ersten und zweiten Schuljahr sowie 55 ältere Kinder aus dem dritten und vierten Schuljahr.

2 Ausgewählte Untersuchungsergebnisse

2.1 Orientierungsrahmen der Untersuchung

Wie aus der Kindheits- und Schulforschung bekannt ist, gehen Kinder im Grundschulalter überwiegend gern zur Schule und fühlen sich dort wohl. Dies ist das übergreifende Ergebnis von Studien, in denen Heranwachsende zum Wohlbefinden und zur Zufriedenheit in der Schule befragt wurden. Allerdings ist die Schulfreude in den ersten Grundschuljahren am grössten und nimmt bereits im Verlauf der Grundschulzeit ab (vgl. Schneider 2005). Wenig bekannt ist demgegenüber über den Zufriedenheitsgrad der Schülerinnen und Schüler mit den einzelnen Gestaltungselementen des Ganztags. Diese offene Frage bildete den Orientierungsrahmen für die schriftlichen und mündlichen Kinderbefragungen, die Aufschluss darüber geben sollten, wie eine kindorientierte Weiterentwicklung des Ganztags gestaltet werden kann.

Die Beantwortung der untersuchungsleitenden Frage, wie Kinder den Ganztag erleben und beurteilen, bedurfte einer spezifischen Interpretationsfolie. Dabei bot sich der Ansatz des «subjektiven Wohlbefindens» als eine zentrale Bezugskategorie an. Laevers gliedert diese Kategorie in drei verschiedene Aspekte: Wohlbefinden, Engagement (Motivation) und Interesse (vgl. Laevers 1997). Diese Differenzierung bot sich insbesondere bei den *qualitativen Interviews* an. Laevers geht davon aus, dass eine engagierte Beschäftigung mit einer Aufgabe oder einem Thema und das damit verbundene Wohlbefinden wesentliche Voraussetzungen für erfolgreiche Lernprozesse sind. Weitere Aspekte, die Lernprozesse unterstützen sind u. a. die Bereitschaft und Fähigkeit, sich für eine gewisse Zeit einem bestimmten Thema zu widmen und sich darin auskennen zu wollen sowie bei Schwierigkeiten und Unsicherheiten die Aktivitäten fortzusetzen. Der Austausch mit anderen Kindern über Ideen und die Übernahme von Verantwortung können ebenso als tragende soziale Bestandteile des Lernens betrachtet werden (vgl. Leu 2002, Alt 2005).

In der *standardisierten Befragung* wurde das Wohlbefinden der Kinder im ausserunterrichtlichen Bereich primär über «Zufriedenheit» erhoben und als Bezugsrahmen für die Auswertung zugrunde gelegt (Rollet 2007, p. 284f.). Hierbei wurde davon ausgegangen, dass zwischen dem subjektiven Wohlbefinden der Kinder und gelingenden Lern- und Bildungsprozessen vielfältige Interdependenzen bestehen.

2.2 Ausgewählte Handlungsfelder und übergreifende Aspekte des offenen Ganztags

2.2.1 Zufriedenheit der Kinder

Zur Erfassung des subjektiven Wohlbefindens sollten die Kinder zunächst ihre Zufriedenheit im Ganztag bilanzierend bewerten. Hierzu wurde den Schülerinnen und Schüler zu Beginn der standardisierten Erhebung die allgemeine Frage gestellt, wie es ihnen im offenen Ganztag gefällt. Hier zeigte sich: Mehrheitlich wird der Ganztag von den Kindern in der Befragung gut beurteilt: Rund 58 Prozent geben ein positives, 39 Prozent ein neutrales und lediglich 3,5 Prozent ein negatives Votum ab. Aus dieser Perspektive stösst der Ganztag bei den Kindern überwiegend auf positive Resonanz. Allerdings ist bei der Interpretation dieses Ergebnisses zu berücksichtigen, dass ein affirmatives Antwortverhalten in Befragungen für Grundschüler(innen) alterstypisch ist (vgl. Beisenherz 2005). Unter diesem Aspekt ist vor allem jene Kindergruppe von Interesse, die mit einem Anteil von fast 40 Prozent ein neutrales Urteil zum Ganztag abgegeben hat. Zur Differenzierung dieses allgemeinen Ergebnisses wurden die Kinder im Verlauf der Befragung zu ihrem Zufriedenheitsgrad in den verschiedenen Handlungsfeldern des Ganztags um Auskunft gebeten. Hier veranschaulichen die Aussagen der Kinder, dass sie trotz des überwiegend zustimmenden Antwortverhaltens differenzierte Einschätzungen zu den einzelnen Handlungsfeldern des offenen Ganztags haben und nicht alle Angebotselemente in gleichem Umfang positiv bewerten. Auf ausserordentlich grosse Zustimmung (72 Prozent) stossen bei den befragten Kindern die Arbeitsgemeinschaften, Kurse und Projekte. Die Bewertung des pädagogischen Personals (60 Prozent) und der Mittagspause (58 Prozent) entspricht demgegenüber eher dem allgemeinen Zufriedenheitsniveau. Dies gilt allerdings nicht für das Mittagessen im engeren Sinne, das von Kindern ein wesentlich schlechteres Votum erhält. Hiermit sind nur noch 39 Prozent der Kinder zufrieden. Beeinträchtigungen des subjektiven Wohlbefindens der Kinder werden darüber hinaus beim Umfang der freien Zeit sowie bei den Hausaufgaben ersichtlich, da weniger als die Hälfte (47 Prozent) der Kinder hier ein positives Votum abgegeben hat. Bei insgesamt überwiegend positiven Bewertungen konnte im Spiegel der Befragungen zwar schon ein relativ hoher Zufriedenheitsgrad bei den Schülerinnen und Schüler erreicht werden. Dieser geht allerdings mit deutlichem Verbesserungsbedarf in einzelnen Segmenten einher (Beher et al. 2007, p. 193f.).

2.2.2 Handlungsfeld Hausaufgaben

Die Hausaufgaben sind fester, wenn auch nicht unumstrittener Bestandteil von Schule. Analog zum hohen Stellenwert dieses Angebots wird die Hausaufgabenbetreuung an allen befragten Ganztagsschulen flächendeckend und nahezu täglich in Hausaufgabengruppen unterschiedlicher Grösse angeboten. Es wird sowohl jahrgangsübergreifend als auch jahrgangshomogen gearbeitet. Hausaufgaben werden als zusätzliche Lernmöglichkeit eingeplant und sollen darüber hinaus zu einer positiven Arbeitshaltung beitragen.

Die Ganztagsschüler(innen) wurden auch speziell zur Hausaufgabenbetreuung um ihre Meinung gebeten. In der standardisierten Befragung bejaht fast die Hälfte der Kinder (47 Prozent) die Frage, ob sie gern in die Hausaufgabenbetreuung gehen. Nur knapp ein Fünftel der Schülerinnen und Schüler äussert sich hierzu explizit negativ (19 Prozent). Wird dieses Ergebnis noch weiter ausdifferenziert, dann fällt das Votum bezogen auf die Hausaufgabenbetreuung bei drei Kindergruppen besser aus: Hierzu zählen Mädchen, Schülerinnen und Schüler aus Familien der niedrigsten Sozialschicht sowie Kinder mit Migrationshintergrund.

Betrachtet man die Äusserungen der Kinder in den Interviews im Hinblick auf die Alltags- und Lernerfahrungen in der Hausaufgabensituation, dann zeigt sich ein vielschichtiges Bild. So stehen die Kinder der Hausaufgabenbetreuung nicht grundsätzlich ablehnend gegenüber. Insbesondere die jüngeren Kinder zeigen im Hinblick auf die Themen und Inhalte der Hausaufgaben eine grundsätzlich positive Haltung, zumal dies ihre neue Rolle als Schulkind unterstreicht. Bezogen auf das zur Verfügung stehende Zeitkontingent wird von den jüngeren Kindern berichtet, dass sie häufig ihre Hausaufgaben nicht in der vorgesehenen Zeit schaffen. Ein vergleichbares Bild zur Relation zwischen Zeitrahmen und Umfang der Hausaufgaben vermittelt auch die standardisierte Befragung für die Gruppe der älteren Kinder.

Wird in den Interviews nach der Lernmotivation gefragt, dann besteht die zentrale Zielsetzung der Kinder darin, die Hausaufgaben im vorgegebenen Zeitrahmen zu erledigen:

«Und ich fand auch die Hausaufgaben diesmal gut, weil ich bin auch einmal von meiner Seltenheit [für mich selten] fertig geworden.» *(Mädchen, erstes Schuljahr)*

Die Fertigstellung der Aufgaben im vorgegebenen Zeitfenster verbuchen sie als positives Tageserlebnis und zufriedenstellende Leistung. Andere eher inhaltlich geprägte Ziele, wie etwas besser zu können oder Neues zu erfahren, spielen in ihren Äusserungen eine sehr untergeordnete Rolle.

Mit Blick auf die Gruppensituation in der Hausaufgabenbetreuung fühlen sich im Horizont der schriftlichen Befragung deutlich über zwei Drittel der Schülerinnen und Schüler bei der Erledigung ihrer Aufgaben häufig durch andere Kinder gestört (72 Prozent), wozu wohl auch – laut Interviews – die zu hohe Lautstärke im Hausaufgabenraum beiträgt. Weitere Störungserlebnisse bilden aus der Sicht der interviewten älteren Kinder das Warten auf die pädagogische Fachkraft, wenn die Kinder ein Anliegen haben, da die Hilfestellung der Kinder in der Regel nur über die Fachkräfte erfolgt. Diese Wartesituationen führen zu Unruhe und zu Verlust an Motivation. Ebenso beschreiben die Kinder häufig einschränkende Regeln, die sie als Zwänge erleben, zumal sie an der Gestaltung der Regeln meist nicht beteiligt sind:

> «Wenn wir nicht weiterkommen, sollen wir uns -- sollen wir der [Mitarbeiterin] das sagen.» *(Junge, drittes Schuljahr)*

> «… leise sein, … zügig arbeiten, … nicht ablenken lassen, … keine Scherze.» *(Mädchen, drittes Schuljahr)*

Konzepte zu einer bewussten Hinführung zu gegenseitiger Unterstützung scheinen mit wenigen Ausnahmen seitens der Schulen nicht vorzuliegen. Die Hausaufgabenbetreuung beruht vermutlich auf Förderkonzepten, die vorrangig oder ausschliesslich an Einzelarbeit orientiert sind. Ein kooperatives Organisationsmodell ist in diesem Kontext ein Ansatz, der auch bei den Kindern Resonanz finden dürfte. Anhaltspunkte hierfür ergeben sich neben den Hinweisen aus den Interviews auch aus der schriftlichen Befragung: Hier gaben 71 Prozent der Kinder an, ihre Hausaufgaben gerne mit anderen Kindern zusammen machen (Beher et al. 2007, p. 220).

Es scheint während der Hausaufgabenbetreuung verschiedene Faktoren zu geben, die eine konstruktive Lernatmosphäre beeinträchtigen. Die Motivation zur inhaltlichen Weiterarbeit ist eher gering ausgeprägt, das Engagement der Schülerinnen und Schüler liegt zu allererst darin, mit den zeitlichen Vorgaben zu recht zu kommen. Die Bearbeitung der Aufgaben bindet darüber hinaus erhebliche zeitliche Ressourcen. Eine Flexibilisierung der Zeiten für die Erledigung der Hausaufgaben, eine stärkere Berücksichtigung individueller Lernbedürfnisse sowie das Aufgreifen der Kooperationsbemühungen der Kinder wären wichtige Ansatzpunkte für Verbesserung dieses Lernsettings.

2.2.3 Handlungsfeld zusätzliche Lernangebote

Ein weiterer zentraler Baustein des offenen Ganztags sind die Lernangebote in Form von Arbeitsgemeinschaften oder Projekten. Sie bieten den Kindern zusätzliche Bildungschancen und sollen darüber hinaus zu Entwicklung und Entfaltung personaler, fachlicher und sozialer Kompetenzen beitragen. Hierdurch werden non-formale und informelle Prozesse des Lernens unterstützt. Diese Bildungs- und Förderdimension stellen damit besondere Herausforderungen an den offenen Ganztag.

Innerhalb der Angebotspalette der OGS haben nach Auskunft der Schulleitungen «Sport und Bewegung» sowie «kulturelle Bildung» einen hohen Stellenwert. Dies spiegelt sich auch in den Antworten der Kinder zur Teilnahme an den Lernangeboten wider. So besuchen nach Angaben der Schülerinnen und Schüler in der standardisierten Befragung fast alle Kinder Sport- und Bewegungsangebote (92 Prozent). Im Bereich der kulturellen Bildung nimmt knapp die Hälfte der Kinder an künstlerisch-kreativen Angeboten teil. Weitere 44 Prozent besuchen Musik- und Tanzangebote. Alle anderen Angebote (Neue Medien, Natur/Umwelt, etc.) machen demgegenüber maximal ein Fünftel der Fälle aus. Im Unterschied zu den Hausaufgaben werden in den Schilderungen der Kinder zu diesen Lernangeboten fast durchgängig Wohlbefinden und Spass beschrieben. Von Störerlebnissen wird demgegenüber kaum berichtet. Die Angebote scheinen den Interessen und Bedürfnissen der Schülerinnen und Schüler weitgehend entgegen zu kommen.

Werden die entwicklungsbedingten Lernbedürfnisse der älteren und jüngeren Kinder im Spiegel der Interviews in den Vordergrund gestellt, dann suchen die älteren Jungen und Mädchen Gelegenheiten, ihre Selbstständigkeit zu erproben, Neues zu erfahren, Risiken einzugehen und Verantwortung zu übernehmen. Auch die jüngeren Kinder zeigen deutlich ihre Bereitschaft, sich über einen längeren Zeitraum mit einem bestimmten Thema zu beschäftigen. Die Erfahrung, sich zu entwickeln und mehr zu können als zuvor, scheint bei Kindern unterschiedlichen Alters mit positiver Selbstwirksamkeit verbunden zu sein. Darüber hinaus erweitern Dritt- und Viertklässler zunehmend die Fähigkeit, ihre Lernprozesse zu reflektieren und zu kontrollieren. Diese beiden Aspekte der Selbstbeobachtung sowie der Selbstbewertung gelten als wesentliche Voraussetzung für erfolgreiche Lernprozesse. *«Ich möchte da weitermachen, weil ich noch nicht alles über Tiere weiss.» (Mädchen, drittes Schuljahr)* Dies bedeutet zu wissen, «was ich schon weiss», und die Steuerung des Lerngeschehens selbst zu übernehmen. «Letztendlich führt diese Komponente der Metakognitionen zur Initiierung, Kontrolle und Regulation von Lernstrategien» (Konrad & Wagner 1999, p. 15). In den Interviews schildern die älteren Kinder ausführlich ihre gesammelten Erfahrungen in den unterschiedlichen Bildungsangeboten sowie ihre Fortschritte und Lernerlebnisse im Zusammenhang mit diesen Situationen. Aber auch die jüngeren Kinder zeigen eine hohe Bereitschaft, über einen längeren Zeitraum in selbst gewählten Tätigkeiten zu verweilen. Sie äussern entsprechendes Wohlbefinden und hohe Motivation:

> «Dann lernt man immer mehr Neues, und wenn man dann plötzlich wieder was ganz leicht kann, was man vorher ganz schwer fand, dann ist man erstaunt.»
> *(Mädchen, jahrgangsübergreifender Unterricht, Klasse eins und zwei)*

Diese Hinweise zeigen deutlich, dass in den Lernangeboten des offenen Ganztags besondere Chancen des selbstgesteuerten und interessengeleiteten Lernens liegen. Diesem Bereich der Lernangebote im Ganztag sollte zukünftig insbesondere unter dem Aspekt des selbstgesteuerten Lernens mehr Beachtung gewidmet werden. Die positiven Voten der Kinder scheinen auch ein Hinweis dafür zu sein, dass es den Mitarbeitenden gelingt, sich in diesem Handlungsfeld auf die individuellen Bedürfnisse und Wünsche der Kinder einzustellen.

2.2.4 Aspekt Partizipation

Sollen Eigenaktivität und Selbststeuerung im Rahmen der Hausaufgabenbegleitung sowie der ergänzenden Lernangebote gestärkt werden, so ist die Beteiligung von Kindern eine wesentliche Voraussetzung für selbstorganisiertes Lernen. Die Partizipation von Kindern soll primär in Alltagssituationen erfolgen, da nur das, was als Selbstverständlichkeit erlebt wird, auch als Kompetenz erworben und später wieder abgerufen werden kann (vgl. Knauer & Brand 1998). Die OGS bietet hierzu potenziell vielfältige Ansatzpunkte. Um den Stellenwert

der Teilhabemöglichkeiten der Schülerinnen und Schüler im offenen Ganztag
zu untersuchen, wurden den Kindern verschiedene Fragen zur Beteiligung in
den einzelnen Handlungsfeldern gestellt.

Tab. 1: Partizipationsgrad in den Arbeitsgemeinschaften, Kursen und Projekten
(rekodierte Daten)

Cluster	*Beschreibung*	*Anteil der Schülerinnen und Schüler*
(1) Umfassende Partizipation	Programmgestaltung, Wahlfreiheit, inhaltliche Gestaltung, Wechseloption	8,2%
(2) Stärker ausgebaute Partizipation	Programmgestaltung, mittlere Wahlfreiheit, mittlere inhaltliche Gestaltung, keine Wechseloption	20,2%
(3) Schwach ausgebaute Partizipation	Keine Partizipation bei Programmgestaltung, Wahlfreiheit, mittlere inhaltliche Gestaltung, Wechseloption	20,8%
(4) Keine oder geringe Partizipation	Kaum/keine Partizipation bei Programmgestaltung, geringe Wahlfreiheit, geringe inhaltliche Gestaltung, keine Wechseloption	50,8%

Clusteranalyse nach Ward mit vorgeschalteter Hauptkomponentenanalyse; fehlende
Werte oder «weiss nicht» wurden als «nein» umkodiert (Beher et al. 2007, p. 212)

Um den Partizipationsgrad im Angebotsbereich genauer beschreiben zu kön-
nen, wurde eine Clusteranalyse durchgeführt, um die Antworten der Kinder zur
Beteiligung in diesem Handlungsfeld des Ganztags entsprechend differenzie-
ren zu können (vgl. Tab. 1). Es liessen sich vier Gruppen identifizieren, die das
Ausmass der Teilhabemöglichkeiten in den ergänzenden Lernangeboten (wie
Arbeitsgemeinschaften, Kurse, Projekte) beschreiben: Hiernach entfallen allein
rund 51 Prozent der Kinderbewertungen auf das vierte Cluster mit niedrigem
Beteiligungsgrad. Das heisst: Gut die Hälfte der Kinder sieht kaum bzw. keine
Partizipationsmöglichkeiten bei der Programmgestaltung, beschreibt nur geringe Freiheiten bei der Auswahl der Angebote sowie äusserst begrenzte Einflussmöglichkeiten auf die inhaltliche Gestaltung und verneint die Wechselop-
tion zwischen den Angeboten. Demgegenüber liegt der Anteil der Kinder, die
den Partizipationsgrad und die eigenen Gestaltungsspielräume als hoch be-

werteten (vgl. Tab. 1, Cluster 1) lediglich bei acht Prozent. Diese Gruppe kann bei der Programmgestaltung mitwirken, sich die Angebote aussuchen, zwischen ihnen wechseln sowie sich inhaltlich an der Gestaltung der Arbeitsgemeinschaften beteiligen. Dazwischen liegen zwei weitere Cluster, die sich mit Anteilen um die 20 Prozent jeweils dem Mittelfeld zuordnen lassen.

Auch über den Bereich der Arbeitsgemeinschaften hinaus zeigen die Ergebnisse der Befragungen, dass Partizipation bislang kein basales Gestaltungselement des Ganztags darstellt. So wird etwa in der Hausaufgabenbetreuung die Eigeninitiative der Kinder, sich mit anderen auszutauschen und mit ihnen zusammenzuarbeiten, eher als Störfaktor gesehen. Ansätze zur Mitgestaltung und -verantwortung des zeitlichen, räumlichen und sozialen Gefüges des Ganztags sind nur marginal vorhanden. Demgegenüber äussern die Kinder in beiden Befragungen explizit ihre Bedürfnisse nach Mitsprache und aktiver Beteiligung. Wünsche nach mehr Einflussmöglichkeiten werden im Zusammenhang mit den Hausaufgabenbetreuung oder dem Mittagessen formuliert.

Werden die Einschätzungen der Kinder zu den Partizipationsmöglichkeiten in den unterschiedlichen Bereichen des Ganztags insgesamt analysiert, dann besteht zumindest in den kindlichen Wahrnehmungen kein übergreifendes Partizipationsmodell, das die einzelnen Dimensionen miteinander verbindet. Die Beteiligungsmöglichkeiten unterscheiden sich je nach Bereich: Wenn Mitsprachemöglichkeiten bei der Planung der Arbeitsgemeinschaften wahrgenommen werden, bedeutet dies nicht, dass die Kinder auch die Möglichkeit sehen, Räume mit zu gestalten oder Essenswünsche zu äussern. Die Einschätzung der Partizipationsmöglichkeiten differiert allerdings nicht nur zwischen unterschiedlichen Handlungsfeldern, sondern auch erheblich zwischen Kindern, die dieselbe Schule besuchen. Überraschend ist, wie gering bei den einzelnen Items die Übereinstimmung der Kinder einer Schule ist, d. h. Kinder sind sich insbesondere bei grossen Schulen keineswegs einig. Dies ist zum Teil sicherlich auf ein unterschiedliches Verständnis der Fragen zurückzuführen. Zu einem anderen Teil mag dies allerdings auch ein Indikator dafür sein, dass die Beteiligung der Kinder von den Pädagoginnen und Pädagogen unterschiedlich praktiziert wird.

2.2.5 Aspekt soziale Beziehungen

Der offene Ganztag erhebt den Anspruch, auf Bedürfnisse von Kindern in besonderer Weise einzugehen und ein umfassendes soziales Lern- und Erfahrungsfeld anzubieten. Diese erweiterten Lernmöglichkeiten entstehen durch die vielfältigen Beziehungen zu anderen Kindern in den unterschiedlichen Bereichen des offenen Ganztags.

Im Spiegel der Kinderbefragungen sehen die Kinder im Umgang mit Gleichaltrigen viele positive Aspekte. Fast alle haben Freundinnen oder Freunde im Ganztag. Den Erfahrungen mit anderen Kindern bringen die Befragten in den Interviews häufig eine hohe Wertschätzung entgegen. Jüngere Mädchen betonen hier den Wert des gemeinsamen Erlebens in den Angeboten und im freien Spiel häufiger als Jungen gleichen Alters. Die Bedeutung von Freundschaften stellen die Kinder in den Interviews besonders heraus und betonen, dass diese Freundschaften meist auch über die Aktivitäten im offenen Ganztag hinaus gepflegt werden. Neben den Schilderungen von Freundschaftserlebnissen finden sich auch Äusserungen zur Frage, warum Freunde bedeutsam sind. Sie schätzen das gesellige Miteinander im Ganztag, das gemeinsame Spiel und den Austausch mit anderen Kindern. Die Kinder finden im Ganztag nicht nur Freunde, sondern sprechen auch von ‹der besten Freundin› bzw. ‹dem besten Freund›. Wird das Thema Freundschaften unter dem Fokus der Reichweite betrachtet, so scheinen Freunde im Unterricht und bei den ausserunterrichtlichen Aktivitäten teilweise identisch.

Allerdings werden auch Probleme zwischen den Kindern im Ganztag, wie Streit, Handgreiflichkeiten und Ausgrenzung, thematisiert. So stimmen in der schriftlichen Befragung beispielsweise drei Viertel der Kinder der Aussage zu, dass es im Ganztag häufig Streit unter den Kindern gibt. Bei Kindern aus niedrigeren Schichten liegt dieser Anteil sogar noch wesentlich höher. Fast vier Fünftel berichten von Kindern im Ganztag, die andere Kinder häufig schlagen, wobei bei diesem Item jedoch starke Unterschiede zwischen den Schulen bestehen. Zu bemerken ist an dieser Stelle, dass die Kinder als Beobachter/Experte des Ganztags zu diesem Thema befragt wurden (nicht als «Opfer»). In den Interviews mit den älteren Kindern werden Konflikte zwischen verschiedenen Kindergruppen – etwa zwischen Älteren und Jüngeren, Mädchen oder Jungen – beschrieben und es scheint zu bestimmten Tageszeiten (beim Mittagessen und bei den Hausaufgaben) sowie während selbstbestimmter Spielaktivitäten vermehrt zu Auseinandersetzungen und Streitigkeiten zu kommen. Inwieweit der hier berichtete Streit unter Kindern in dieser Altersphase als entwicklungsbedingt angesehen werden muss, kann an dieser Stelle nicht abschliessend geklärt werden. Insgesamt scheint jedoch im Bereich der Peerbeziehungen innerhalb des offenen Ganztags ein breites Entwicklungspotential zu liegen.

2.3 Empfehlungen zur Weiterentwicklung

Auf der Grundlage der standardisierten und qualitativen Kinderbefragungen können folgende Optionen bezogen auf die hier ausgewählten Aspekte zur Weiterentwicklung des Ganztags herausgearbeitet werden.

Die Ergebnisse zur *Hausaufgabensituation* belegen, dass die zeitlichen und inhaltlichen Arrangements dieses Settings verbesserungswürdig sind. Mehr zeitliche Flexibilität sowie individuelle Differenzierung der Hausaufgaben nach Leistungsfähigkeit der Kinder würden das inhaltliche Interesse und die Motivation an den zu bearbeitenden Aufgaben steigern. Ein weiterer Aspekt wäre die Veränderung von Gruppensituationen, indem die Ansätze der Zusammenarbeit der Kinder untereinander aufgegriffen und darüber hinaus die Altersmischung als Bildungspotential genutzt werden (z. B. ältere Kinder als Lernpaten für jüngere). Ebenfalls sollten die speziellen Lerninteressen von Mädchen und Jungen stärker berücksichtigt werden.

Die *Bildungsmöglichkeiten der Lernangebote* des Ganztags sollten vor dem Hintergrund der übrigen Bildungsangebote der Schule reflektiert werden, um die Lern- und Erfahrungsmöglichkeiten für die Kinder zu optimieren. Ebenso wären Formen reflexiver Betrachtung zwischen Kindern und Pädagoginnen und Pädagogen zu entwickeln, um Kinder für ihre Lernprozesse zu sensibilisieren und dadurch ihr Selbstwirksamkeitserleben zu stärken.

Die Ausweitung der *Beteiligungsmöglichkeiten* ist ein wesentlicher Schritt, um Kinder an selbstorganisiertes Lernen heranzuführen. Gemeinsame Absprachen über Regeln und Rituale bilden einerseits eine Orientierung im Ganztag und sind andererseits Lernfelder für eine konstruktive Auseinandersetzung über die Gestaltung des Alltags. Hinsichtlich der inhaltlichen Gestaltung der verschiedenen Lernangebote sind Kinder sowohl in der Lage, ihre Lernbedürfnisse zu äussern als auch an der inhaltlichen Ausgestaltung mitzuwirken. Aspekte wie Selbstorganisation und Verantwortungsübernahme können somit altersentsprechend eingeübt werden.

Der konstruktive Umgang mit Konflikten im Alltag ist ein wichtiges *soziales Lernfeld*. Regelmässige Gesprächsrunden mit den Kindern über den sozialen Umgang miteinander, Angebote zur Streitschlichtung/Mediation sowie eine Sensibilität der Pädagoginnen und Pädagogen für mögliche Ausgrenzung von Kindern sind Möglichkeiten das soziale Klima sowohl im Hinblick auf die Interaktion mit den Pädagoginnen und Pädagogen als auch der Kinder untereinander zu verbessern.

Insgesamt wurde an vielen Stellen der Kinderbefragungen deutlich, dass die Schülerinnen und Schüler dezidierte Einschätzungen und Vorstellungen zum Ganztag haben. Aus dieser Perspektive wird ersichtlich, dass es für die Schulen gewinnbringend sein kann, die Interessen und Wünsche der Kinder zur Gestaltung des offenen Ganztags in systematischer Weise zu erkunden und im Alltag umzusetzen.

Literaturverzeichnis

ALT, C. (ED.) (2005). *Kinderleben – Aufwachsen zwischen Familie, Freunden und Institutionen. Band 2: Aufwachsen zwischen Freunden und Institutionen*. Wiesbaden: vs Verlag für Sozialwissenschaften.

BEHER, K.; HAENISCH, H.; HERMENS, C.; LIEBIG, R.; NORDT, G.; SCHULZ, U. (2005). *Offene Ganztagsschule im Primarbereich. Begleitstudie zu Einführung, Zielsetzungen und Umsetzungsprozessen in Nordrhein-Westfalen*. Weinheim: Juventa.

BEHER, K.; HAENISCH, H.; HERMENS, C.; NORDT, G.; PREIN, G.; SCHULZ, U. (2007). *Die offene Ganztagsschule in Entwicklung. Empirische Befunde zum Primarbereich in Nordrhein-Westfalen*. Weinheim: Juventa.

BEHNKEN, I.; ZINNECKER, J. (EDS.) (2001). *Kinder. Kindheit. Lebensgeschichte: Ein Handbuch*. Bonn: Kallmeyer.

BEISENHERZ, G. (2005). Wie fühlst Du Dich? Kindliche Persönlichkeit und Umwelt als Quelle von Wohlbefinden und Unwohlsein bei Grundschulkindern. In Alt, C. (Ed.), *Kinderleben – Aufwachsen zwischen Familie, Freunden und Institutionen. Band 1: Aufwachsen in Familien* (p. 157–186). Wiesbaden: vs Verlag für Sozialwissenschaften.

FUHS, B. (2000). Qualitative Interviews mit Kindern. In Heinzel, F. (Ed.), *Methoden der Kindheitsforschung. Ein Überblick über*

Forschungszugänge zur kindlichen Perspektive (p. 87–103). Weinheim:
Juventa.

HEINZEL, F. (1997). Qualitative Interviews mit Kindern. In Friebertshäuser,
B.; Prengel, A. (Eds.), *Handbuch Qualitative Forschungsmethoden in der
Erziehungswissenschaft* (p. 397–413). Weinheim: Juventa.

HEINZEL, F. (2002). Kindheit und Grundschule. In Krüger, H.-H.; Grunert, C.
(Eds.), *Handbuch Kindheits- und Jugendforschung* (p. 541–566). Opladen:
Leske+Budrich.

HEINZEL, F. (2005). Kindheit irritiert Schule – über Passungsversuche
in einem Spannungsfeld. In Breidenstein, G.; Prengel, A. (Eds.),
*Schulforschung und Kindheitsforschung – ein Gegensatz? Studien zur
Schul- und Bildungsforschung. Band 20* (p. 37–54). Wiesbaden: VS Verlag
für Sozialwissenschaften.

HONIG, M.; LANGE, A.; LEU, H.-R. (1999). Eigenart und Fremdheit.
Kindheitsforschung und das Problem der Differenz von Kindern und
Erwachsenen. In Honig, M.; Lange, A.; Leu, H.-R. (Eds.), *Aus der
Perspektive von Kindern. Zur Methodologie der Kindheitsforschung*
(p. 9–30). Weinheim: Juventa.

KNAUER, R.; BRANDT, P. (1998). *Kinder können mitentscheiden. Beteiligung
von Kindern und Jugendlichen in Kindergarten, Schule und Jugendarbeit.*
Neuwied: Luchterhand.

KONRAD, K.; WAGNER, A. (1999). *Lernstrategien für Kinder.* Baltmannsweiler:
Schneider-Verlag Hohengehren.

KRÜGER, H.-H.; GRUNERT, C. (2002). Geschichte und Perspektiven der
Kindheits- und Jugendforschung. In Krüger, H.-H.; Grunert, C.
(Eds.), *Handbuch Kindheits- und Jugendforschung* (p. 11–64). Opladen:
Leske+Budrich.

KUCKARTZ, U. (2005). *Einführung in die computergestützte Analyse
qualitativer Daten.* Wiesbaden: VS Verlag für Sozialwissenschaften.

LAEVERS, F. (EDS.) (1997). *Die Leuvener Engagiertheits-Skala für Kinder LES-K.
Deutsche Fassung der Leuven Involvement Scale for Young Children,
übersetzt und überarbeitet von K. Schlömer.* Erkelenz: Eigenverlag.

LEU, H.-R. (2002). Bildungs- und Lerngeschichten. *Diskurs, 12(2),* 19–25.

MAYRING, P. (2003). *Qualitative Inhaltsanalyse. Grundlagen und Techniken.*
Weinheim: Beltz.

MEY, G. (2006). *Zugänge zur kindlichen Perspektive – Methoden der Kindheitsforschung. Online-Familienhandbuch.* Verfügbar unter: http://www.familienhandbuch.de/cmain/f_Fachbeitrag/a_Kindheitsforschung/s_940.html [18.6.2009].

MINISTERIUM FÜR SCHULE UND WEITERBILDUNG (2008A). *Runderlass des Ministeriums für Schule und Weiterbildung vom 26.1.2006, zuletzt geändert durch den Runderlass vom 31.07.2008 (ABl. NRW. 8/08).* Verfügbar unter: http://www.schulministerium.nrw.de/BP/Schulsystem/Ganztagsbetreuung/InfoGTGS/Rechtsgrundlagen/NeuOGS_12-63-4.pdf [18.6.2009].

MINISTERIUM FÜR SCHULE UND WEITERBILDUNG (2008B). *Übersicht über die Anzahl der zum 1.8.2004, 1.8.2005, 1.8.2006, 1.8.2007 und 1.8.2008 teilnehmenden OGS Schulen und Schüler nach Schulträger in NRW.* Verfügbar unter: http://www.schulministerium.nrw.de/BP/Schulsystem/Ganztagsbetreuung/InfoGTGS/beteiligteSchulen/Schuelerzahlen.pdf [1.8.2008].

PROJEKTGRUPPE WANJA (ED.) (2000). *Handbuch zum Wirksamkeitsdialog in der offenen Kinder- und Jugendarbeit: Qualität sichern, entwickeln und verhandeln.* Münster: Votum.

RÖHNER, C. (2006). Offene Ganztagsgrundschule aus der Perspektive von Kindern – Schülerbefragung und Telefoninterviews zur Beurteilung des Ganztagsangebots. In Rahm, S.; Mammes, I.; Schratz, M. (Eds.), *Schulpädagogische Forschung. Organisations- und Bildungsprozessforschung. Perspektiven innovativer Ansätze* (p. 165–178). Innsbruck: Studienverlag.

ROLLET, W. (2007). Schulzufriedenheit und Zufriedenheit mit dem Ganztagsbetrieb und deren Bedingungen. In Holtappels, H.-G.; Klieme, E.; Rauschenbach, T.; Stecher, L. (Eds), *Ganztagsschule in Deutschland. Ergebnisse der Ausgangserhebung der Studie zur Entwicklung von Ganztagsschulen (StEG)* (p. 283–312). Weinheim: Juventa.

SCHNEIDER, S. (2005). Lernfreude und Schulangst. Wie es 8- bis 9-jährigen Kindern in der Grundschule geht. In Alt, C. (Ed.), *Kinderleben – Aufwachsen zwischen Familie, Freunden und Institutionen. Band 2: Aufwachsen zwischen Freunden und Institutionen* (p. 199–230). Wiesbaden: vs Verlag für Sozialwissenschaften.

SPIEGEL, H. V. (1997). *Offene Arbeit mit Kindern – (k)ein Kinderspiel. Erklärungswissen und Hilfen zum methodischen Arbeiten.* Münster: Votum.

Lernen und Leben in der Tagesschule – die Laborschule als Beispiel

Susanne Thurn

1   Eine kurze Einführung

Die Laborschule an der Universität Bielefeld wurde von Hartmut von Hentig gegründet und nach einem längeren Planungsprozess am 9. September 1974 eröffnet. Von Anbeginn als Tagesschule geplant, war die Laborschule damals und ist sie auch heute nicht anders denn als Tagesschule denkbar.

Sie ist Versuchsschule des Landes Nordrhein-Westfalen und zugleich wissenschaftliche Einrichtung der Fakultät für Erziehungswissenschaft der Universität Bielefeld. Sie hat den zeitlich nicht begrenzten Auftrag, neue Wege des Lehrens, Lernens und Lebens in der Schule zu entwickeln, zu erproben, zu überprüfen und so aufzubereiten, dass ihre Erkenntnisse anderen Schulen und der Wissenschaft zugänglich gemacht werden können. Schulentwicklung, interne Evaluation, externe Evaluation sowie ständige Rechtfertigung ihres Tuns der Gesellschaft gegenüber gehörten von Anfang an zu ihren Aufgaben – lange bevor dies für alle Schulen als Auftrag erteilt wurde. Um ihrem umfassenden Entwicklungsauftrag gerecht werden zu können, wurde die Laborschule von vielen staatlichen Vorgaben freigesetzt und mit zusätzlichen personellen Ressourcen ausgestattet. Nach den Vorstellungen von Hartmut von Hentig, dass pädagogische Erkenntnis durch pädagogisches Handeln und geordnete Reflexion entsteht, sollten die Lehrenden der Schule zugleich Forscherinnen und Forscher sein (Hollenbach & Tillmann 2009; Terhart & Tillmann 2007).

Die Laborschule beginnt einen einheitlich gedachten und konzipierten Bildungsgang über elf Jahre hinweg mit einem Vorschuljahr, umfasst die Primarstufe und die Sekundarstufe I (Thurn & Tillmann 2005). In jedem Jahrgang lernen und leben miteinander 60 bis 65 Schülerinnen und Schüler, die aus mehr als dem Dreifachen an Anmeldungen nach einem Aufnahmeschlüssel ausgewählt werden. Dieser soll gewährleisten, dass die soziale und ethnische Herkunft der Schülerinnen und Schüler die Bevölkerung einer Grossstadt repräsentiert. Bei etwa zehn Prozent ihrer Schülerinnen und Schüler stellt sich während ihrer Schulzeit sonderpädagogischer Förderbedarf heraus. Diesen hohen Prozentsatz führt die Schule auf ihren «guten Ruf» bei Kinderärzten, Kinderpsychologen und Kindertagesstätten zurück. Ein eigener Schulversuch innerhalb der Laborschule erlaubt es der Schule, statt sonderpädagogische Gutachten erstellen und Verfahren einleiten zu müssen, anonymisierte Portraits schreiben zu dürfen, die sehr genau sowohl ein Bild des Kindes und seines Umfeldes als auch die Fördermöglichkeiten der Schule aufzeichnen. Auf dieser Basis erhält die Schule Zuweisung von Lehrerstunden im Bereich Sonderpädagogik. Die «besonderen» Schülerinnen und Schüler werden jedoch nicht in ausgewiesene «Integrationsklassen» zusammengefasst, sondern finden sich in allen Gruppen der Schule. Dahinter steht die Überzeugung der Schule, dass die gut gemischte Gruppe besonders wichtig für Lernprozesse ist, gerade Kinder mit sonderpädagogischem Förderbedarf in der Normalität einer Gruppe von dieser und durch das Leben in dieser mindestens so viel für eine geglückte Entwicklung lernen wie durch einige zusätzliche Lehrerstunden, die sich leichter in Integrationsklassen realisieren liessen. Der Laborschule gelingt es, auch ihre besonders leistungsfähigen und leicht lernenden Schülerinnen und Schüler über das vierte Schuljahr hinaus an die Schule zu binden, so dass wirkliche Heterogenität gewährleistet ist.

Am Ende der neunten Jahrgangsstufe erhalten Laborschülerinnen und Laborschüler ein erstes Notenzeugnis, mit dem sie sich an weiterführenden Schulen oder für eine betriebliche Ausbildung bewerben können. Die Laborschule vergibt alle Abschlüsse, die das Regelschulsystem auch vergibt. Da sie zu ihren Abschlüssen auf nicht vergleichbaren Wegen gelangt, muss sie diese legitimieren. Sie tut dies unter anderem durch umfangreiche Abgängerstudien, die in jedem Jahr seit 1985, dem ersten Jahr also, in dem sie Schülerinnen und Schüler nach elf gemeinsamen Jahren entlassen hat, durchgeführt werden, und zwar während der letzten Wochen in der Schule sowie drei Jahre nach Verlassen der Schule. Damit legt die Laborschule die wohl umfangreichste Längsschnittuntersuchung ihrer Arbeit vor, soweit sich diese an den zurückgemeldeten weiterführenden Lernwegen ihrer Schülerinnen und Schüler misst. Es ist uns dabei nicht nur wichtig, herauszufinden, ob sie erfolgreich sind, sondern vor allem, wie sie mit den Werten der Schule umgehen, denn diese will nicht nur «die Sachen klären» – wie wichtig auch immer dies selbstverständlich für die Zukunft ihrer Schülerinnen und Schüler ist –, sondern vor allem «die Menschen stärken» (von Hentig 1985). Wir sind überzeugt davon, dass uns dies nur gelingen kann, wenn wir den ganzen Tag mit unseren Schülerinnen und Schülern verbringen und mehr verantworten als die Vermittlung von fachlichem Wissen und Können. Die Schule muss dafür allerdings ein guter Ort zum Aufwachsen von Kindern werden, ein Ort, an dem jeder Einzelne willkommen ist und vermisst wird, wenn er fehlt.

2 Grundprinzipien und Grundüberzeugungen

Wenige, aber wichtige Grundprinzipien und -überzeugungen repräsentieren seit 1974 den Grundkonsens in der Schule: Die Verschiedenheit der Kinder und Jugendlichen unserer Schule ist gewollt und erwünscht, sie wird als unser Reichtum angesehen. Schülerinnen und Schüler lernen ohne jegliche äussere Leistungsdifferenzierung in Gruppen zusammen. Die notwendige Antwort auf das Ausmass gewollter Verschiedenheit heisst Individualisierung. Die Schule ist eine Gesellschaft im Werden, eine Gemeinschaft, in der sich alle, die zu ihr gehören, die Regeln ihres Zusammenlebens immer wieder selber geben und verantworten, Demokratie im Alltag erfahren und gestalten. Da Lernen und Sichbilden ein höchst subjektiver Aneignungsprozess ist, soll soviel wie möglich an und aus der Erfahrung, so wenig wie möglich über Belehrung gelernt werden, soll Lernen in Sinnzusammenhängen erfolgen, projektförmig und handlungsorientierend sein, weitgehend selbstbestimmt und mitverantwortet, soll Lernen sichtbare Folgen durch Sammlung und Präsentation von Leistung haben. Um ein solches Lernen zu ermöglichen, werden Fächer zu Erfahrungsbereichen zusammengefügt, Lebensräume und Erfahrungsorte in und um die Schule herum gestaltet, wird der ganze Tag in der Schule rhythmisiert, werden Zeit zum Entwickeln und Musse zum Lernen gegeben. Individualisierung des Lernens lässt sich nicht genormt testen und vergleichen, an Durchschnitten gemessen zurückmelden. Darum verzichtet die Laborschule bis zum Ende des neunten Schuljahres auf jegliche Notengebung, ersetzt Ziffernzeugnisse durch individuelle Berichte zum Lernprozess und protokollierte Pflichtberatungsgespräche. Sie misst die Leistungen ihrer Schülerinnen und Schüler an deren individuellen Leistungsvermögen und erwartet von sich selbst, dass sie alle ihre Schülerinnen und Schüler zu ihren je möglichen höchsten Leistungen hin zu fördern und herauszufordern versucht. Sie verfolgt damit den denkbar umfassendsten Leistungsbegriff überhaupt. Dafür brauchen die Lehrerinnen und Lehrer der Schule viel Zeit, einerseits im Umgang mit ihren Schülerinnen und Schülern, anderseits im Austausch mit den anderen Pädagoginnen und Pädagogen der Schule, um die notwendigen diagnostischen Fähigkeiten entwickeln zu können. Diese Grundüberzeugungen und ihre Umsetzung im Alltag sind nicht zu verwirklichen in einer Schule, die zeit- und atemlos im allzu kurzen Vormittag Lehren und Lernen organisieren und das Leben vernachlässigen muss – in einer Schule, in der sich die Erwachsenen mehr ihren Fachinhalten als der Pädagogik verpflichtet fühlen; in einer Schule, die es nicht mit dem ganzen kleinen oder jugendlichen Menschen aufnehmen kann, weil Erwachsene und Kinder einander vor allem im Unterricht und kaum darüber hinaus kennen; in einer Schule, in der Verantwortung für das Ganze nicht gelernt werden kann, weil das Leben aussen vor bleibt. Verantwortung verstehe ich dabei auf die Schule bezogen in einem umfassenden Sinne: Verantwortung für die Dinge des täglichen Lebens und den gemeinsamen Alltag; Verantwortung für mich selbst und für andere; Verantwortung für die Welt um mich herum; Verantwortung für die eigene Geschichte in Vergangenheit, Gegenwart und Zukunft; Verantwortung für das, was mir und uns wichtig ist in Kultur, Religion, Ästhetik; Verantwortung auch für das Gute Leben (Thurn 2008).

3   Leben und Lernen in vier Stufen

Der Weg eines Kindes durch die Schule umfasst vier Stufen, die deutlich voneinander unterschieden sind: mit jeder Stufe beginnt etwas grundsätzlich Neues.

Eingangsstufe   In dieser Stufe lernen die 5-, 6- und 7-Jährigen in jahrgangsübergreifenden Gruppen. Der Schultag ist rhythmisiert, das Lernen noch ungefächert: Arbeit und Musse, Bewegung und Ruhe, Konzentration und Entspannung, Spielen und Forschen gestalten den Tag. Individualisiertes, selbstbestimmtes und selbstverantwortetes Lernen wird vom ersten Schultag an während der täglichen Arbeitszeiten geübt. An diese schliessen sich die erste gemeinsame Mahlzeit und freies Spielen an. Während der folgenden Gruppenzeit arbeitet die jahrgangsgemischte Gruppe zusammen an einem Thema, einem Vorhaben oder Projekt, bisweilen auch mit den beiden anderen Gruppen, die gemeinsam eines der vier Teams der Eingangsstufe bilden. Hier ist Zeit für Sport, Musik, Englischlernen, Lesen in der Bibliothek, Arbeiten in Werkstätten mit vielfältigen Angeboten, Malen, zum Beispiel im Museum selbst, Schwimmen lernen im nahen Schwimmbad. Der Schulvormittag beginnt nach einem gleitenden

Anfang um 8.30 Uhr – ab 7.30 Uhr ist die Schule aber schon mit Betreuungsangeboten für die Kinder geöffnet – und endet um 12.30 oder 13 Uhr. Den Nachmittag gestalten Erzieherinnen und Erzieher, da bisher noch nicht alle Kinder daran teilnehmen. Täglich aber werden es mehr Eltern, die erwarten, dass auch ihre kleinen Kinder den Tag in der Schule verbringen, einen «guten» Tag. Daher überlegen wir, den Tag auch in der Eingangsstufe nicht mehr in einen Vormittag mit Lehrkräften und einen Nachmittag mit Erzieherinnen aufzuteilen, sondern ihn zu rhythmisieren, wie das in den folgenden Stufen der Schule selbstverständlich ist. Der gestaltete Nachmittag für die Kinder der Eingangsstufe endet gegen 15 Uhr, gegen 15.15 Uhr fahren die Schulbusse, ab da können die Eltern ihre Kinder abholen, die nicht mit dem Bus nach Hause fahren – sie können sie aber auch noch länger in der Schule gut aufgehoben und betreut lassen, wenn ihre Arbeitsbedingungen dies erfordern (Althoff, Bosse & Husemann 2005).

Stufe II   Diese Stufe der Laborschule umfasst die Jahrgänge drei, vier und fünf, wobei das fünfte Schuljahr auch in der Stufe III verankert ist. Seit dem Schuljahr 2006/07 ist die Stufe II in allen Lernbereichen jahrgangsübergreifend organisiert. Neu für die Kinder ist zunächst, dass sie aus einer der zwölf Gruppen aus den vier Teams der Eingangsstufe in eine von neun Gruppen aus drei Teams der Stufe II wechseln. Eben noch die «Grossen» in ihrer Gruppe, müssen sie nun als die Jüngsten in der neuen Gruppe ihren Platz finden. Sie lernen eine neue Lehrerin oder einen neuen Lehrer kennen und erstmals zudem verschiedene, wenn auch wenige Fachlehrerinnen oder Fachlehrer. Ganz neu ist der Werkstattunterricht in den beiden grossen Holz- und Metallwerkstätten. In ihrem fünften Schuljahr können sie eine zweite Fremdsprache (Latein oder Französisch) wählen, nachdem sie in die erste Fremdsprache (Englisch) in der Eingangsstufe zunächst spielerisch mit Schwerpunkt auf Hör- und Sinnverstehen, Sprechen und Singen eingeführt wurden. Zugleich wählen sie aus Wahlbändern einen oder – wenn sie keine zweite Fremdsprache lernen möchten – zwei Kurse des praktischen Lernens aus, die jahrgangsübergreifend für die Jahrgänge fünf, sechs und sieben angeboten werden. Mit diesem Anteil ihres Unterrichts sind die Kinder des fünften Schuljahres also bereits in der Stufe III verankert. Der Schultag beginnt auch für sie wie für alle Kinder und Jugendlichen der Laborschule um 8.30 Uhr, die Schule ist aber auch für sie vorher geöffnet. Zwischen 8.30 und 10.30 Uhr werden zunächst zwei Unterrichtseinheiten, von 11 bis 13 Uhr zwei weitere und die letzten beiden von 14 bis 16 Uhr angeboten. Der Tag ist also sehr einfach strukturiert. Das Schulleben in der Schule dauert an jedem Tag ausser dem unterrichtsfreien Konferenzdienstagnachmittag bis 16 Uhr, aber nicht alle Kinder und Jugendlichen haben an jedem Nachmittag so lange Unterricht. Für die Kinder der Stufe II sind es in der Regel zwei bis drei Nachmittage bis 15 Uhr. Für die Kinder der fünften Jahrgangsstufe kommt ein eigener Unterrichtsnachmittag nur für sie dazu und eine dritte Sprachstunde, wenn sie Latein oder Französisch als zweite Fremdsprache wählen.

Um die Schule herum und in der Schule selbst sind viele Lern- und Erfahrungsorte gestaltet, an denen sich Kinder und Jugendliche betreut aufhalten können, um sinnvoll mit ihrer freien Zeit und ihren unterschiedlichen Interessen sowohl die bewusst langen Pausen von insgesamt 90 Minuten zu verbringen als auch die Randstunden, wenn ihre Eltern sie gerne verlässlich bis 16 Uhr in der Schule aufgehoben und gut betreut wissen wollen. Lern- und Erfahrungsorte sind natürlich die Holz- und Metallwerkstätten, die naturwissenschaftlichen Labore und die Schulküche, die Sporthallen in der Schule und die Sportplätze draussen, die Kunst- und Musikräume, die Bibliothek, der Schulgarten und der Schulzoo, der Bauspielplatz, die Abenteuerspielplätze um die Schule herum, die von Eltern, Kindern, Jugendlichen, Lehrkräften und Sozialpädagogen gemeinsam an vielen Wochenendeinsätzen gebaut wurden. Die Kinder der Stufe II besuchen in ihren Pausen, an unterrichtsfreien Nachmittagen oder in Randstunden nach 15 Uhr besonders gerne den betreuten Bauspielplatz, auf dem sie mit «richtigen» Werkzeugen ihre Buden und Baumhäuser bauen, Lagerfeuer zündeln, Stockbrot und Kartoffeln braten und phantasievolle Abenteuerspiele erfinden können. Andere gehen in die Kreativwerkstatt, in der sie ganz unterschiedliche Werkstücke herstellen können. Sie suchen den Zoo und den Garten auf, wenn sie Tiere oder Beete versorgen wollen. Die Musikschule bietet Kurse für sie an. Junge Sozialpädagoginnen und -pädagogen, die bei uns ihr Praxisjahr absolvieren, gestalten Kurse, beispielsweise zum Tanzenlernen oder Theaterspielen. Kinder dürfen aber auch in der Bibliothek oder ihren Räumen, in denen sie Unterricht haben, ruhige Spiele spielen, lesen, sich unterhalten, eigene Freizeitwünsche verwirklichen. Bei grösseren Projektvorhaben werden ganze Tage oder wenigstens Nachmittage neu strukturiert, haben Lehrkräfte die Möglichkeit, Zeit zu bündeln: für Proben, Ausflüge, Eltern-Kind-Nachmittage, Erkundungsfahrten aus der Schule heraus. Ein besonderes Vergnügen bereitet Kindern und später auch Jugendlichen eine Übernachtung in der Schule: als Lesenacht, Spuknacht, Tobenacht, Koch- und Speisenacht, Spiel- und Sportnacht in den Sporthallen. Nur Räume, die wohnlich gestaltet sind, laden dazu ein – und nur eine Schule, in der Kinder und Jugendliche mit ihren Erwachsenen eine vertrauensvolle Beziehung über das reine Lehren und Lernen hinaus aufbauen konnten.

Stufe III In dieser Stufe bilden sich aus dem noch weitgehend ungefächerten Unterricht der Primarstufe die Erfahrungsbereiche heraus, von denen es fünf gibt: Umgang von Menschen mit Menschen (Geschichte, Politik, Sozialkunde, Sozialgeographie, Ethik, Religion, Pädagogik, etc.); Umgang von Menschen mit Sachen: beobachtend, messend, experimentierend (alle Naturwissenschaften); Umgang von Menschen mit Sachen: spielend, erfindend, gestaltend (Kunst, Musik, Textildesign, Theater, etc.); Umgang mit dem eigenen Körper (Sport, Spiel, Bewegung, Tanz, Gesundheit, etc.); Umgang mit Geschriebenem und Gedachtem (Sprache und Mathematik). Ab dem sechsten Schuljahr finden sich die Schülerinnen und Schüler aus je einem der drei Teams der Stufe ii zu einer von drei Jahrgangsgruppen zusammen, die von da an im Kernunterricht gemeinsam lernen. Der jahrgangsübergreifende Unterricht beschränkt sich in dieser Stufe auf die Wahl(grund)kurse des praktischen Lernens. Langsam baut nun jeder Schüler und jede Schülerin über die Wahl ihrer Kurse ein Profil für sich auf. Die eigenen Interessen können nicht nur im Kernunterricht bei der Mitgestaltung von Inhalten und der Auswahl der eigenen Leistung für Portfolio und Präsentation aufgebaut, sondern in den Wahlkursen auch gezielt gestaltet werden – mathematische Spiele oder Kochen, Musizieren oder Textilgestalten, Schreiben oder Philosophieren über «Gott und die Welt», Stärken von Junge-Sein oder von Mädchen-Sein in homogenen Gruppen, Gestalten mit Computern oder naturwissenschaftliches Experimentieren, Tanz und Bewegung, Technik und Handwerken gehören beispielsweise zu den angebotenen Kursen, an deren Ende eine Aufführung steht oder eine Ausstellung oder es Zertifikate für nachgewiesenes «Können» gibt. Und wieder lernen Jüngere von Älteren, Schnellere von Langsameren, Kleine von Grossen, ganz so, wie in Familien auch – und ganz sicherlich mehr, als messbar und vergleichbar ist. Zusätzlich hat die Jahrgangsmischung natürlich noch einen ganz pragmatischen Vorteil: für drei Jahrgänge kann eine Schule ein weit grösseres Angebot an unterschiedlichen Kursen anbieten, als dies für nur einen Jahrgang möglich wäre. Was immer in diesen Kursen gelernt wird, muss auch geübt und erprobt werden: Dafür sind die Lernorte, wie oben beschrieben, auch in vielen Pausen geöffnet.

In den Pausen und an einem Nachmittag werden Freizeit- und Lernangebote für diese Stufe angeboten, organisiert von den jungen Sozialpädagogen, die bei uns ihr praktisches Anerkennungsjahr ableisten, oder von älteren Schülerinnen und Schülern als Mentoren in den Mittagspausen. Die Schule betreibt zwei eigene Schulfirmen, «Shining Shoes» und den «Schülerladen». Bei allen Festen oder Treffen in der Schule, in der Universität, auf grossen Spielen des städtischen Fussballclubs, freundlicherweise auch eingeladen von einem Museum des Nachbarstädtchens zu allen öffentlichen Veranstaltungen, putzen Schülerinnen und Schüler der Schulfirma Schuhe, geben bereitwillig Auskunft über Arbeitsbedingungen von Kindern in anderen Ländern und über die Hilfsprojekte, die sie mit dem verdienten Geld unterstützen. Für den Schülerladen verkaufen Kinder und Jugendliche in jeder Pause Arbeitsmaterialien, rechnen ab, kaufen neu ein, stellen Quittungen aus, werben. Oft sind jene hier engagiert und aufgehoben, die es mit dem theoretischen Lernen ganz besonders schwer haben. In jeder Frühstückspause öffnet der «breakfastclub» auf der Schulstrasse – wechselnde Gruppen, die sich wochenweise bewerben, bereiten dort gesunde und zugleich wohlschmeckende Frühstücksangebote vor, die für wenig Geld gekauft werden können und dennoch ein wenig Verdienst abwerfen für die jeweiligen Klassenkassen.

Stufe IV In dieser Stufe erweitern sich die Möglichkeiten noch einmal, ein eigenes individuelles Lern- und Leistungsprofil zu entwickeln, so dass am Ende der Schulzeit kein Abschlusszeugnis dem anderen gleicht. Zu den Wahlkursen – ähnlich jenen, die schon in der Stufe III angeboten wurden – kommen Leistungskurse hinzu, in denen ebenfalls jahrgangsübergreifend gearbeitet wird: Englisch, Schreibwerkstatt, Mathematik, Naturwissenschaft, Ökologie, Sport, Kunst, Musik, Theater, Textildesign, Technik, Ethik. Einer dieser Kurse muss in den insgesamt drei Jahren der Stufe über zwei Jahre hinweg belegt werden, wodurch ein so deutliches Profil entsteht, dass die Leistungen für die Bewertung des Schulabschlusses wie ein so genanntes «Hauptfach» zählen. Damit versucht die Laborschule, der verordneten Verarmung von Schule entgegen zu wirken, durch die sie sich zunehmend auf die wenigen Lernbereiche Muttersprache – Fremdsprache – Mathematik – Naturwissenschaft zu konzentrieren gezwungen ist, andere Lernbereiche nicht als gleichwertig achten und entsprechend gewichten kann. Allzu viele zentrale Vergleichsprüfungen in nur jenen angeblich wichtigen Fächern führen genau dahin.

Wirtschaftsstruktur und Arbeitswelt lernen Laborschülerinnen und Laborschüler während umfangreicher Praktika kennen. Diese werden in der Schule sorgfältig vor- und später nachbereitet. Während der Praktikumszeit selbst müssen umfangreiche Erkundungsaufträge ausgeführt werden. Die Ergebnisse und ihre ersten wichtigen Erfahrungen mit der Arbeitswelt stellen sie öffentlich – meist vor einem wohlwollenden Elternpublikum – vor. Im siebten Schuljahr gehen sie eine Woche in eine Kindertagesstätte, im achten Schuljahr zwei Wochen in den Bereich Produktion von Wirtschaft, im neunten Schuljahr drei Wochen in den Bereich Dienstleistung, im zehnten Schuljahr eine Woche in eine weiterführende Schule und zwei Wochen in soziale oder berufsorientierende Unternehmen.

In jedem der letzten drei Schuljahre fertigen Schülerinnen und Schüler eine Jahresarbeit an, für die sie sich sowohl Thema als auch betreuende Erwachsene in der Schule selbst auswählen. Die Arbeiten können theoretisch oder praktisch sein. Sie werden auf dem Abschlusszeugnis aufgeführt, so dass sie zusammen mit den Wahl- und Leistungskursen ein deutliches, individuelles Profil zeigen. Hier können Schülerinnen und Schüler ihre Interessen einbringen, ihr Können zeigen, sich selber profilieren und etwas schaffen, das wert ist, vorgezeigt und aufgehoben zu werden. Einmal im Jahr gestalten die ältesten Schülerinnen und Schüler der Schule an einem Nachmittag und Abend ihren eigenen Tisch, auf dem sie ihre Arbeiten präsentieren: die Praktikumsberichte, das englische «Scrapbook», die Portfolios der verschiedenen Lernbereiche, ihre Jahresarbeiten, aufgezeichnete Theateraufführungen, Filmsequenzen, Power-Point-Präsentationen. Die Schulöffentlichkeit und die Eltern sind eingeladen und verbringen oft viele Stunden damit, sich alles anzusehen und die «Experten» zu befragen. Für schriftliche Rückmeldungen stehen Karten zur Verfügung. Nicht nur derart beeindruckend, sondern auch besonders anregend sind diese Präsentationen für die jüngeren Schülerinnen und Schüler, die am nächsten Vormittag Zeit und Gelegenheit bekommen, die Ausstellung anzusehen, sich selbst Anregungen für eigene Vorhaben zu holen und mit den «Grossen», den «Experten» zu sprechen.

Für die Schülerinnen und Schüler der letzten Stufe werden keine Freizeitangebote mehr geplant – die ausgedehnten Pausenzeiten nutzen einige, um in den Lernorten ihre Jahresarbeiten zu erstellen, in den Computerräumen zu

chatten oder zu surfen, in der Bibliothek zu lesen oder zu lernen, in den Sport-
anlagen Fussball zu spielen oder andere Sportarten zu erproben, in ihren Räumen zu «chillen», Musik zu hören, mit den anderen zu plaudern oder Pläne für
das Wochenende zu schmieden. Sie können das Schulgelände verlassen und
in die benachbarte Universität oder Fachhochschule gehen, beispielsweise um
dort zu essen. Auch wenn die Schule über eine eigene Mensa verfügt, die mit
dem Essen der Universitätsmensa beliefert wird, ist es ab einem bestimmten
Alter oft spannender, aus der Schule herauszukommen und sich in selbst gewählten Gruppen an anderen Orten aufzuhalten. Einige sind in den Pausen
allerdings auch mit verantwortungsvollen Aufgaben betraut: sie arbeiten als
«Mentorinnen» oder «Mentoren» mit jüngeren Kindern, sie zeigen und erklä-
ren Besuchergruppen die Schule, sie organisieren Feste, sie üben in Musikzel-
len mit ihren Instrumenten, sie bereiten sich auf Prüfungen vor (vgl. von der
Groeben et al. 1999).

4   Die Erweiterung der Tagesschule über den Tag hinaus

Eine Tagesschule ist also eine Schule, in die neben Lehren und Lernen auch das
«ganze Leben» Einzug erhält. Und dazu gehört das Leben ausserhalb der Schule,
das nicht nur durch Unterrichtsprojekte, «Aus-der-Schule-raus»-Unternehmun-
gen, Erkundungen und Praktika erforscht wird, sondern auch durch Reisen. In
jedem der elf Schuljahre fahren alle Gruppen auf Gruppenfahrt, einem in seinen Anforderungen gestuften spiralen Reisecurriculum folgend. In der Eingangsstufe ist es schon eine Herausforderung für Kinder, ohne die Eltern in der
Gruppe ein paar Nächte zu verbringen und dadurch das Leben in der Gemeinschaft über den Tag hinaus zu erleben und mit zu gestalten. Die Reise selbst
muss nicht weit sein: eine Wanderung über den Berg, eine Bus- und Strassen-
bahnfahrt, vielleicht eine erste Zugfahrt für einige. In der Stufe II spielt der Ort
bereits eine Rolle, über den in der Schule zuvor viel gelernt wird: ‹man sieht nur,
was man kennt›. Das Leben im Wald oder im Wattenmeer oder auf dem Bau-
ernhof wird erarbeitet, Briefe an das Verkehrsamt, den Förster oder den Bür-
germeister werden geschrieben, Erkundungen über mögliche Tagesgestaltun-
gen eingeholt und dann gemeinsam geplant. Ab dem sechsten Schuljahr geht
die Reise ausschliesslich an Orte, die die eigene Haushaltsführung ermöglichen.
Gesunde Ernährung, kostenbewusstes Haushalten, Hygiene vor Ort kommen
als Lernbereiche über die Erkundung des Reiseziels hinaus dazu. Was im Un-

terricht an Kochen gelernt wurde, wird nun im Ernstfall erprobt. Im siebten Schuljahr brechen alle auf zu einer zweiwöchigen Fahrt in die Berge zum Skifahren, was für Kinder aus dem schneearmen Flachland etwas sehr Besonderes ist. Über das Leben in den Alpen, über Umweltschäden durch Tourismus, über Klimaveränderungen und ihre Folgen wurde zuvor in der Schule viel geforscht, Skigymnastik betrieben, die Ausrüstung aus den Schulbeständen zusammengesucht und natürlich ein gesunder, auf die sportlichen Anstrengungen ausgerichteter Speiseplan zusammengestellt, Preise kalkuliert und Geld durch kleine Arbeiten gesammelt. Zweimal ist jedes Kind vor Ort dann mit Kochen, Haushalten und Putzen in der kleinen und eher spartanischen Hütte zuständig. Auch die Gestaltung der Abende und skifreien Tage muss zuvor zumindest so weit in der Gruppe geplant werden, dass Notwendiges auch mitgenommen werden kann. Im achten Schuljahr fahren die Gruppen für zwei bis drei Wochen ins Ausland, um die Verständigung in der fremden Sprache und das Leben in einem fremden Land zu erproben. Meist fahren wir nach Schweden, nehmen zuvor Kontakt mit den Gruppen auf, tauschen Briefe aus, planen gemeinsame Unternehmungen, brechen dann schliesslich auf – für 14-Jährige eine grosse Herausforderung. Sie leben in Familien und gehen zur Schule, nehmen dort an dem Unterricht teil, der für sie Sinn macht: Sport, Künste, Fremdsprachen etc. In den anderen Unterrichtszeiten schreiben sie in ihrem englischen «Scrapbook» ihre Erlebnisse und Erfahrungen auf. Die Abschlussfahrt in Jahrgang zehn ist eine zuvor sorgfältig geplante Kulturreise in ein Land, dessen Sprache nicht gekonnt ist, meist war dies in den letzten Jahren Italien. Gelebt wird auf Campingplätzen, wo selbstverständlich wieder selbst gekocht und gemeinsam gehaushaltet wird. Von dort geht es zu den kulturellen Höhepunkten, über die sie sich vorher so viel selbst erarbeitet haben, dass sie vor Ort Bedeutsames erkennen, deuten und einordnen können.

5   Warum Tagesschulen?

Die gesellschaftliche Entwicklung erwartet zunehmend die Berufstätigkeit beider Elternteile, weil *ein* Einkommen in der Regel kaum noch für ein gesichertes Leben der Familie ausreicht. Immer mehr Frauen sehen für sich jenseits dieser Notwendigkeit ein gelingendes Leben in der Verbindung von Erwerbsarbeit und Familienarbeit. Etwa 40 Prozent der Familien leben inzwischen in Grossstädten getrennt, bei ihnen wird das Familieneinkommen oft besonders

belastet und das Familienleben erschwert, wenn nur ein Partner für Kinder auf-
kommen und sorgen muss. Etwa 20 Prozent unserer Kinder in der Laborschule
leben bereits in Armut, wenn Armut definiert wird über Fürsorgeleistungen
des Staates (Hartz IV). Etwa 30 Prozent unserer Kinder sprechen zu Hause entweder kein Deutsch oder nur sehr unvollkommenes, können sprachliche Defizite kaum allein durch Vormittagsschule und sprachlichen Förderunterricht
abbauen, wenn ihnen Sprachvorbilder und Sprechübungszeit fehlen. Kinder
möchten den Tag mit anderen Kindern verbringen, weil sie in Kleinfamilien
und wenig einladenden Aussenräumen ein wirkliches Kinderleben an Nachmittagen kaum noch leben können. Sie brauchen jedoch die herausfordernde
Gemeinschaft mit anderen Kindern verschiedener Altersstufen. Gestaltet die
Schule mit ihnen in einem gut rhythmisierten ganzen Tag auch ihre Freizeit
mit Spielen, Toben, Ruhen, mit Ausflügen, Picknicken, Sportspielen, mit Erkundungen der direkten Umgebung, Fahrten mit Strassenbahnen und Zügen
in die weitere Umgebung, mit Kochen und Backen, Tiere versorgen, ein Instrument erlernen, Abenteuer wagen, dann wollen gerade die Kinder nicht darauf verzichten und bestehen selbst dann noch darauf, wenn ihre Eltern sie lie-
ber nachmittags bei sich zu Hause hätten.

Wann immer Gegnerinnen und Gegner den ganzen Schultag angreifen,
sehen sie vor sich eine Verlängerung des Lernens in kargen Räumen und anre-
gungsarmer Umgebung, nicht jedoch das ganze prall-bunte Kinderleben, wie
es allenfalls noch in kinderreichen ländlichen Regionen gelebt werden kann.
Sie sehen auf der anderen Seite ein Ideal von Familie, das so nicht mehr existiert, in dem freundlich-zugewandte und gebildete Eltern mit ihren Kindern
vorlesen, musizieren, handwerken, kochen, backen, wandern, Theater und
Museen besuchen, Ausflüge organisieren … und sie darüber hinaus nachmittags zu jenen zusätzlichen Bildungsangeboten kutschieren, die anderen Kindern vorenthalten bleiben, wenn sie nicht in die Schule kommen: Sportver-
eine, Instrumentalunterricht, Tanzstunden, Drama- und Debattierkurse und
dergleichen mehr. Was Gegnerinnen und Gegner ausblenden ist die Realität
von notwendiger Erwerbsarbeit, von Kinderzeiten vor Fernsehern und Computern, von fehlenden Sprachvorbildern, die nicht nur die Kinder aus Migra-
tionsfamilien, sondern auch jene aus bildungsfernen Familien dringend brauchen. Ein Familienleben, das gegen 16 Uhr beginnt, ein langes Wochenende
zur Verfügung hat und reichliche Ferien, ist immer noch ausreichend gut zu
gestalten und zu erleben, zumal Hausaufgaben und der oft mit ihnen verbun-

dene Familienstress entfallen, die Kinder ein warmes Mittagessen bereits hatten, alle sich also ganz aufeinander konzentrieren und besinnen können, wenn sie dies wollen. Und in jenen Familien, in denen das gemeinsame Leben eher rudimentär zu finden ist, sind Kinder dann wenigstens deutlich weniger Zeit auf sich alleine zurückgewiesen. Nicht einlassen dürfen wir uns langfristig jedoch auf falsche Kompromisse, die wieder jene Kinder unter sich sein lassen, denen es zu Hause an jeder Bildungsanregung fehlt: vormittags den schlechten, da nicht rhythmisierten, atemlos machenden Fachunterricht im Stakkato eines voll gepackten Stundenplans und nachmittags die Betreuung jener, die nicht nach Hause gehen können oder wollen. Anders beschrieben: vormittags Lehrerinnen und Lehrer, die ihr Fach verantworten und zu mehr weder Zeit noch Gelegenheit haben, nachmittags Betreuungspersonen, bestenfalls ausgebildete Erzieherinnen oder Sozialpädagogen, Musiker, Künstler, Sportler, schlechtestenfalls billig alimentierte Personen, die Kinder beaufsichtigen, etwa bei ihren Hausaufgaben. Dieser getrennte Tag macht kaum ein gemeinsames pädagogisches Konzept möglich, verfestigt die Trennung in «Sache» und «Mensch», verhindert die gemeinsame Verantwortung aller Erwachsenen für die ihnen anvertrauten Kinder und Jugendlichen.

Wenn wir wollen, dass Schule mehr ist als fachliches Lernen – wenn wir wollen, dass in ihr Verantwortung gelernt und gelebt wird – wenn wir sie so gestalten wollen, dass Kinder und Jugendliche in ihr den «Zipfel der besseren Welt» (von der Groeben 1991) ergreifen und wenigstens eine Weile erleben, dann müssen wir sie zu einer Tagesschule umgestalten, in der alle Erwachsenen Pädagoginnen und Pädagogen sind, die das Ganze der Pädagogik verantworten und sich nicht nur ihrem Fach verantwortlich fühlen (Thurn 2008).

6   Ausblick

In der Laborschule sind wir beständig auf unserem Weg zu unseren Grundüberzeugungen. Angekommen aber sind wir noch lange nicht und längst haben wir unsere eigenen Ziele nicht annähernd erreicht (Thurn 2009, im Druck). Aber wir haben durch den ganzen Tag, den es zu gestalten und zu leben gilt, mehr Möglichkeiten als Schulen, die in einem gedrängt-kurzen Vormittag vorrangig für das fachliche Lernen ihrer Kinder und Jugendlichen die Verantwortung übernehmen können. Auch die Pädagoginnen und Pädagogen verbringen noch nicht ihre gesamte Arbeitszeit in der Schule, wie das in vielen Ländern längst

Standard ist, aber sie sind doch bedeutend mehr auch ausserhalb ihres Unterrichts mit ihren Schülerinnen und Schülern zusammen, nehmen sie als ganze Persönlichkeiten wahr, kümmern sich um ihre Lebens- und ihre Lernprobleme. Dem entsprechend gestalten sie ihren Unterricht neu und anders, werden Lern- und Lebensbegleiter der ihnen anvertrauten Kinder und Jugendlichen. Vor allem anderen aber sind sie immer in der Mitverantwortung für den ganzen jungen Menschen, für seine Lernentwicklung wie auch für seine Lebensprobleme. Machen wir also alle Schulen zu guten Orten zum Aufwachsen von Kindern und Jugendlichen: wir sind es ihnen schuldig!

Literaturverzeichnis

ALTHOFF, P. G.; BOSSE, U.; HUSEMANN, G. (EDS.) (2005). *So funktioniert die Offene Schuleingangsstufe. Das Beispiel der Laborschule Bielefeld.* Mühlheim: Verlag an der Ruhr.

GROEBEN, A. VON DER (1991). *Ein Zipfel der besseren Welt? Leben und Lernen an der Bielefelder Laborschule.* Essen: Neue Deutsche Schule.

GROEBEN, A. VON DER; KOPP, J.; KÄTSCH, S.; THURN, S. (1999). *Einblicke in eine Reformwerkstatt.* (Film, 85 Min.). Bielefeld: Audiovisuelles Zentrum der Universität Bielefeld.

HENTIG, H. VON (1985). *Die Menschen stärken, die Sachen klären.* Stuttgart: Reclam.

HOLLENBACH, N.; TILLMANN, K.-J. (EDS.) (2009). *Schulpraxis erforschen: Praxisforschung aus nationaler und internationaler Perspektive.* Bad Heilbrunn: Klinkhardt.

TERHART, E.; TILLMANN, K.-J. (2007). *Schulentwicklung und Lehrerforschung. Das Lehrer-Forscher-Modell der Laborschule auf dem Prüfstand.* Bad Heilbrunn: Klinkhardt.

THURN, S.; TILLMANN, K.-J. (EDS.) (2005). *Laborschule – Modell für die Schule der Zukunft.* Bad Heilbrunn: Klinkhardt.

THURN, S. (2008). Emotionale, soziale und kommunikative Bildung durch Teilhabe an Verantwortung. In Rohlfs, C.; Harring, M.; Palentien, C. (Eds.), *Kompetenz-Bildung. Soziale, emotionale und kommunikative Kompetenzen von Kindern und Jugendlichen* (p. 191–207). Wiesbaden: vs Verlag für Sozialwissenschaften.

THURN, S. (2009, IM DRUCK). Entwicklungsprozesse an der Laborschule. In Bohl, T.; Holtappels, H.-G.; Helsper, W.; Schelle, C. (Eds.), *Handbuch Schulentwicklung*. Bad Heilbrunn: Klinkhardt.

Lernkulturen an Ganztagsschulen – Reproduktion oder Transformation schulischen Lernens?

Fritz-Ulrich Kolbe und Sabine Reh

Im Folgenden soll gezeigt werden, wie erste Ergebnisse aus dem Forschungs-projekt «Lernkultur- und Unterrichtsentwicklung in Ganztagsschulen» (LUGS)[1] zur Angebotsentwicklung und zur Rekonstruktion der Praxis verschiedener Angebote von Förderung im Kontext der bildungspolitischen und der päda-gogischen Diskurse zur Ganztagsschulentwicklung zu deuten sind. Wir gehen dazu in drei Schritten vor: Wir skizzieren kurz den bildungspolitischen Diskurs (1), erinnern an die Entwicklungsbedingungen ganztägiger Angebote, die die von uns rekonstruierten symbolischen Konstruktionen der Lehrerinnen und Lehrer, d. h. ihre Vorstellungen vom Ganztag (vgl. Kolbe et al. 2009), schaffen, deuten skizzenhaft die Entwicklung in den Grundschulen bzw. die Bedeutung von Förderangeboten in Schulen dieser Schulform an (2), um dann an Analy-sebeispielen vorzuführen, wie Angebote aus der Sekundarstufe I als Zusam-menspiel von Möglichkeiten und beschränkter Realisierung im Rahmen der spannungsreichen symbolischen Konstrukte der Pädagoginnen und Pädago-gen verstanden werden können (3).

1 Ganztagsschule als Reformschule im deutschen bildungspolitischen Diskurs

Auch wenn inzwischen der grossen Euphorie über die Möglichkeiten von Ganz-tagsschulen Skepsis gewichen ist, bleibt eine Beobachtung: Im letzten Jahrzehnt wurde der deutsche «Sonderweg», die traditionelle Halbtagsschule (vgl. Hage-mann & Gottschall 2002; Hagemann 2006), langsam verlassen und die tägli-

---

1 Das an zwölf Schulen unterschiedlicher Schulform in Berlin, Brandenburg und Rheinland-Pfalz über vier Jahre durchgeführte Forschungsprojekt wird vom Bundesministerium für Bildung und Forschung Berlin im Rahmen des Investitionsprogramms «Zukunft Bildung und Betreuung» (IZBB) gefördert. Zur theoretischen und methodologischen Konzeptionie-rung dieser praxistheoretisch (vgl. Schatzki 1996, Reckwitz 2003) orientierten Studie vgl. Kolbe et al. (2008).

che Schulzeit ausgeweitet. Von der «Verlässlichen Halbtagsgrundschule» war
es nach Veröffentlichung der im deutschen bildungspolitischen und pädagogischen Diskurs als Katastrophe bewerteten PISA-Ergebnisse nur ein Schritt
zur politischen Ganztags-Offensive der rot-grünen Regierung (vgl. Klieme et
al. 2007).

Im bildungspolitischen Diskurs finden wir vor allem zwei Begründungen
für die Einrichtung von Ganztagsschulen: Erstens sei ein Angebot an längeren Betreuungszeiten notwendig, um die Vereinbarkeit von Familie und Beruf
zu erhöhen, um Frauen Berufstätigkeit zu ermöglichen und damit – so neuerdings die bevölkerungspolitische Argumentation – die Geburtenrate nicht zuletzt bei Akademikerinnen zu erhöhen. Zweitens sei es notwendig Ganztagsschulen einzurichten, um Bildungsbenachteiligungen auszugleichen, die als
Effekt spezieller familiärer Milieus entstehen und angesichts «postmoderner»
Anforderungen an eine hochqualifizierte und flexible lebenslang lernende Bevölkerung mehr und mehr bedrohlich erscheinen, mit dem Ziel, insgesamt bei
allen Schülern und Schülerinnen durchschnittlich bessere Schulleistungen zu
erzielen (vgl. Kolbe & Reh 2008b).

Gleichzeitig wird – auf schulpädagogische Diskurse zurück greifend – pro-
grammatisch mit der Einführung von Ganztagsschulen die Idee einer veränderten und verbesserten Schule verknüpft, in der weniger «verschult», weniger
«entfremdet» gelernt wird, in der Schule sich dem Leben oder dem informellen Lernen öffnet und in der individualisiert gelernt und individuell gefördert
wird (vgl. Kolbe & Reh 2008a). Exemplarisch dafür steht das Programm des
Bundeslandes Rheinland-Pfalz: Der pädagogische Kern neuer Lernmöglichkeiten in der Ganztagsschule bestehe in ‹anderen› Unterrichtsmethoden, welche einen ganzheitlichen Aneignungsprozess ‹mit allen Sinnen› ermöglichen
würden. Entscheidend dafür seien Verfahren, die stark auf die Eigenaktivität
Lernender setzen, oft auch so genannte «schüleraktivierende Methoden» (vgl.
MBFJ 2001, Anlage 2). Mit «anderem» Lernen sind hier also Vorstellungen einer
«Öffnung» schulischen Lernens und eine den Bedürfnissen der Lernenden gerecht werdende Nachmittagsgestaltung gemeint – «schülerorientiert» und an
der Lebenswelt ausgerichtet.

Solche Vorstellungen schliessen z. T. direkt an reformpädagogische Ideen
und Gestaltungsprinzipien an, die aus der Zeit um 1900 stammen (vgl. Ludwig 1993; Ipfling 1988; Sandfuchs 1988; dazu kritisch Kolbe & Reh 2008a). Hier
waren kultur- und zivilisationskritisch konstatierte, krisenhaft erscheinende

Veränderungen der Bedingungen kindlichen Aufwachsens, Veränderungen der familialen Lebenssituation und eine damit einhergehende Verringerung natürlicher, ‹unmittelbarer Erfahrungs- und Betätigungsmöglichkeiten› der Kinder Grund eines Bedürfnisses nach neuen Schulen und seitdem immer wieder auch Grund des Bedürfnisses nach einer ganztägigen Ausweitung schulischer Angebote.

Aber nicht nur die heute wiederholte Dramatisierung schlechter werdender Aufwachsensbedingungen liest sich gegenwärtig wie eine Fortschreibung früher Schulkritik, auch bei den pädagogischen Vorstellungen stossen wir auf reformpädagogischen Prinzipien, solche einer «Pädagogik vom Kinde aus».

Es werden drei reformpädagogische Prinzipien in den aktuellen bildungspolitischen und pädagogisch-programmatischen Äusserungen zur Ganztagsschule entfaltet: Das Prinzip handlungsorientierten Lernens als ‹praktische Eigentätigkeit›, um ‹authentische Erfahrungen› zu sammeln, schliesst an das Prinzip der Selbsttätigkeit an. Das Prinzip projektorientierten Lernens als eines Lernens in Zusammenhängen – gegen einen zergliedernden Fachunterricht gewendet – wird übernommen. Das Prinzip des sozialen Lernens greift das Prinzip der Erziehung in und zur Gemeinschaft auf.

Daher verbindet die Geschichte der Idee einer Ausweitung der täglichen Schulzeit die gegenwärtige bildungspolitische Konzeption von Ganztagsschulen mit der reformpädagogischen einer Überwindung der ‹Lernschule›, der Trennung von Schule und Leben und mit der Idee einer ‹ganzheitlichen Menschenbildung›.

Die Ganztagsschul-Offensive verdankt ihren Erfolg zum gegenwärtigen Zeitpunkt – und unter historischen Aspekten betrachtet handelt es sich angesichts des hohen Beharrungsvermögens einmal eingeschlagener Entwicklungspfade sehr wohl um einen Erfolg – einem Zusammenfallen verschiedener Diskurse, Motive und Massnahmen in einer durchaus spezifischen, als biopolitisch zu bezeichnenden Konstellation: Sozial- bzw. bevölkerungspolitische Massnahmen und bildungspolitische Initiativen zur Verbesserung der Reproduktionsbedingungen des Humankapitals im Sinne der Produktion von Dispositionen des «lebenslangen Lerners» können auf alte schulkritisch-reformpädagogische Versprechungen zurückgreifen (vgl. Bellmann & Waldow 2007), die in der Ganztagsschulidee verkörpert erscheinen.

2   Schulische Diskurse und pädagogische Angebote

Was geschieht in denjenigen Schulen, die sich entschlossen haben, ganztags-
schulische Angebote bereit zu stellen? Welche Konsequenzen hat dieses Ge-
misch aus emphatisch-reformpädagogischen und durchaus ökonomisch moti-
vierten Bedürfnissen an veränderte Betreuungszeiten und an einer verbesserten
Nutzung des Bildungspotentials einer Bevölkerung für die schulischen Angebote und deren Nutzerinnen?

2.1   Die symbolischen Konstruktionen

Zunächst einmal bemerkenswert erscheint uns der Legitimationsdiskurs schulischer Akteure (vgl. Kolbe et al. 2009). Wir haben in den Schulen im Wesentlichen zwei unterschiedliche Figuren in verschiedenen Ausprägungen und Mi-
schungen rekonstruieren können.

In den Grundschulen und den Förderschulen, teilweise aber auch noch
in den weiterführenden Schulen fanden wir die Vorstellung, Ganztagsschulen könnten die Familie ersetzen oder zumindest in umfassender Weise Erzie-
hungsdefizite von Familien kompensieren. Einher damit gehen weitgehende
Abwertungen der Familien. Von emotionaler Vernachlässigung und mangeln-
der Erziehung ist die Rede, es herrschen Vorstellungen über eine anregungs-
arme und leer bleibende Freizeitgestaltung. Zur Kompensation dieser Defizite
in den Familien und damit in gewisser Weise auch auf Seiten der Schüler und
Schülerinnen soll die Ganztagsschule in dieser Konstruktion in zweierlei Hinsicht dienen: Sie wird entweder als eine sorgende und Halt gebende ‹Gegenwelt›
entworfen, in der die Kinder sich wohl fühlen und emotionale Zuwendung erhalten können. Oder aber man konstruiert Ganztagsschule als ein pädagogisch
gestaltetes und sinnvolles Freizeitangebot, das den Kindern ermöglicht, auch
nachmittags etwas zu lernen und Defizite eines anregungsarmen familiären
Bildungsmilieus auszugleichen.

Eine anders gelagerte Konstruktion entdeckten wir sowohl an Grundschulen als auch an weiterführenden Schulen. Hier dient die Vorstellung von Ganztagsschule als diejenige einer Überwindung der Trennung von Schule und Leben
und als Verbindung von informellen und formellen Lernangeboten. Gleichzeitig werden in dieser Figur Schüler und Schülerinnen zumeist als leistungs- und
bildungsdefizitär wahrgenommen, und Schule wird als Ort einer neuen Lern-

kultur verstanden, in der gleichzeitig noch die für schulisches Lernen notwendigen Arbeitshaltungen zu vermitteln sind. Ein Mangel der bestehenden Halbtagsschulen, der hier vorausgesetzt wird, besteht darin, eben nur ‹künstliche› Schule und nicht ein ‹wirkliches›, ein erfahrungsunmittelbares Leben zu sein und damit nicht hinreichend «Kompetenzen» als Einheit verschiedener Handlungsdispositionen – sozialer, emotionaler, volitionaler und kognitiver – auszubilden. Es wird hier eine Vorstellung von Unterricht entwickelt, die dessen Ansprüche bzw. überhaupt schulische Ansprüche bis in die Freizeitangebote hineinwirken lässt. Nachmittägliche Angebote und Projekte, die gleichzeitig als Freizeitgestaltung deklariert und an Unterrichtsthemen orientiert werden sollen, überlagern so das, was mit einer der abstrakten Arbeit entgegengesetzten Idee von Freizeit gemeint wird, durch den Anspruch, dass nun auch hier etwas ‹Nützliches› gelernt werden solle.

Schultheoretisch – vor dem Hintergrund einer Theorie gesellschaftlicher Entwicklung als funktionaler Differenzierung (vgl. Luhmann 2002) – betrachtet, werden in den beiden unterschiedlichen Legitimationsfiguren einer ganztägigen Beschulung die Aufgaben der Schule gegenüber einem bestehenden Verständnis der Aufgaben der Halbtagsschule ausgeweitet; es finden in diesen Vorstellungen also Grenzverschiebungen des Schulischen statt (vgl. Kolbe & Reh 2009). So werden Vorstellungen über Wirkungsfelder von Familie und Schule im Sozialisationsprozess verschoben, Logiken von Unterricht und Freizeit werden in der Vorstellung nicht deutlich gegeneinander abgegrenzt, und in der Schule werden Kinder und Jugendliche mehr und mehr – vor einem bestimmten Theoriehintergrund könnte man sagen – als «ganze Personen» adressiert, z. B. als Spielende, sich Entspannende, als solche, die wissen, wann sie für sich etwas Gutes tun müssen.

Diese symbolischen Konstruktionen, die virulent werden in den Planungen und in den Reflexionen der Praktiker, produzieren spezifische Schwierigkeiten und Widersprüche für die Entwicklung der Ganztagsschule, die eng verknüpft sind mit der dargestellten reformpädagogischen Geschichte der Ganztagsschulidee. So wird die Ganztagsschulentwicklung oft nicht von der Spezifik des zentralen Bestimmungsstückes der Schule – also vom systematisierten bzw. organisierten Lernen, vom Unterricht – aus gedacht, sie soll schliesslich anderes, mehr sein, z. B. familienähnlich, womöglich familiäre Aufgaben ersetzen, das «ganze unmittelbare Leben» werden und die «ganze Person» ansprechen. Gleichzeitig

bleibt sie Schule, behält sie – gerade vor dem Hintergrund ihrer kompensatorischen Bemühungen – einen selektiven und selektierenden Charakter.

2.2 Pädagogische Ganztagsangebote: «Öffnung» und «individuelle Förderung»

Wenn nun also Schule an denjenigen Einrichtungen, die sich entschlossen haben, Ganztagsschule zu werden, von 8.00 bis durchschnittlich 16.00 Uhr stattfindet, geschieht dies zumeist unter dem ausdrücklichem Anspruch, nicht ausschliesslich Unterricht anzubieten, sondern auch spezielle Förderangebote zu
machen und Schule abwechslungsreich zu gestalten. Das haben wir im Diskurs
der Praktiker an den Schulen erhoben. Und tatsächlich haben in unserem Forschungsprojekt die zwölf Schulen alle ihr pädagogisches Angebot erweitert bzw.
verändert, teilweise, wenn auch seltener, hatte das Rückwirkungen auf Organisationsformen ihres bisherigen Unterrichts.

Dabei ist an den Grundschulen in unserem Projekt auffällig, dass die hier
in vielen Schulen schon vorhandene Tendenz zur «Öffnung» im Sinne eines
Versuchs der Individualisierung des Unterrichts durch die Einführung eines
gebundenen verlängerten Tagesbetriebes verstärkt wird. Das heisst zunächst,
dass die Schulen Settings einführen oder erweitern, in denen Schüler und Schülerinnen unterschiedliche Möglichkeiten erhalten, über Arbeitsaufgaben mitentscheiden oder auch selbst entscheiden zu können.[2] Dies können Entscheidungen über deren Anzahl, Zeitpunkte, zu denen sie erledigt werden oder auch
solche – je nach eigenem Vermögen und Interesse – über die Dauer der Arbeit
an einer Aufgabe oder einer Sache sein. Und es heisst, dass Schüler und Schülerinnen oft ohne unmittelbare und direkte Instruktion der Pädagoginnen daran arbeiten – sei es in Extra-Angeboten am Nachmittag, sei es in einem so
genannten rhythmisierten Vormittagsunterricht. Fast alle Grundschulen unseres Projektes haben begonnen, Schritte in diese Richtung zu gehen oder haben
weitere unternommen und viele Praktiker, sowohl Schulleiter wie Promotoren
von Entwicklungsprozessen, formulieren dieses auch als Zielvorstellung bzw.
Aufgabe im Entwicklungsprozess ihrer Schule – entsprechend den Wertungen
des bildungspolitischen und schulpädagogischen Diskurses. In der Strukturie-

---

2   Etwa und besonders durch Einführung von Wochenplanarbeit; vgl. dazu und zu weiterer
     Literatur Reh & Labede (2009).

rung solcher «Öffnungssettings» und der hier aufgeführten, von uns rekonstruierten pädagogischen Praktiken zeigen sich nun spezifische Schwierigkeiten entsprechend der jeweiligen symbolischen Konstruktionen von Ganztag an einer einzelnen Schule – etwa in der widersprüchlichen Überlagerung familialer und schulischer Logiken, von Prinzipien der Systematisierung eines Stoffes, des Lehrgangs und solchen der Informalisierung von Vermittlungs- und Aneignungsprozessen.

Im Rahmen einer tendenziellen «Öffnung» nimmt an den Grundschulen – und auch an einer der Förderschulen – dann «Förderung» oft

- die Form einer individuellen Zuwendung des pädagogischen Personals zu einzelnen Schülern während des laufenden «Betriebs» an, etwa im Rahmen eines zusätzlichen Nachmittagsangebotes, im Setting der «Wochenplanarbeit», der «Lernzeit» oder der «Arbeitszeit», wie es die Grundschulen teilweise nennen.

- Zusätzlich dazu beobachten wir an einigen Schulen Formen wie die «akute» und oft zeitlich befristet gezielte Zusammenstellung von Gruppen, für die z. B. eine Erklärung wiederholt wird oder besonderes Üben angeboten wird.

- Zudem finden längerfristige, institutionalisierte Angebote für einzelne oder mehrere Schüler und Schülerinnen statt, die dafür den üblichen Unterricht verlassen.

Alle diese Möglichkeiten werden mit einem – für die Schulen nicht befriedigenden, aber dennoch vorhandenen – grösseren Pool von pädagogischen Kräften realisiert, die teilweise gleichzeitig im Unterricht eingesetzt werden. Damit entstehen im Übrigen neue Notwendigkeiten der Kooperation und der Differenzierung des pädagogischen Personals. Wir fragen, welche Möglichkeiten diese Angebote jeweils auffächern und in den konkreten pädagogischen Praktiken des Förderns realisieren bzw. verschliessen oder nicht wahrnehmen. Erst die Rekonstruktionen einzelner Szenen kann zeigen, ob und in welcher Weise hier individuelles Lernen und individualisiertes bzw. individualisierendes Zeigen, also Vermitteln, so aufeinander bezogen sind, dass man sinnvoll von einer individuellen Förderung sprechen kann.

Als Szenen kommen dabei nicht nur im engeren Sinne so genannte «Förderdyaden», eine Arbeits- bzw. Gesprächssituation zwischen einer Lehrperson und einem Schüler, in Frage, sondern auch Szenen aus anders «geöffneten» Settings, in denen Schülerinnen und Schüler einen individuellen Zugang und Umgang mit der Sache praktizieren können. Gerade auch solche Settings scheinen die besondere Zuwendung eines Pädagogen oder einer Pädagogin zu einem oder mehreren Schülerinnen und Schülern in spezifischer Form zu ermöglichen und tatsächlich auch auszuprägen. Jeweils scheint die Abweichung von einer Norm angezeigt und vorausgesetzt: etwas nicht, noch nicht, langsamer, schneller, schlechter, besser, besonders im Verhältnis und im Vergleich zu den Anderen zu können, zu wissen oder zu wollen. Förderung unterstellt und schafft, so betrachtet, individuelle Differenzen und verfestigt gleichzeitig damit die Gültigkeit der zugrunde liegenden Normalitätsvorstellungen.

In Schulen der Sekundarstufe I zeigen sich in den zusätzlichen Angeboten – unterrichtsergänzende, freie AGs, aber auch im Wandel befindliche Formen von Hausaufgabenbetreuung, Silentien, oder besondere «Arbeits-» und «Übungsstunden» – ebenfalls Tendenzen einer «Öffnung», die sich allerdings anders gestalteten und zumeist den Vormittagsunterricht zunächst weniger zu berühren scheinen. Aber auch an den Schulen dieser Stufe finden wir in begrenztem Umfang gesonderte, aus dem Unterricht ausgelagerte Förderung für spezielle Schwierigkeiten.

Ganztagsschule stellt insgesamt also solche Formen der Organisation pädagogischer Angebote bereit oder erzwingt teilweise gar deren Einführung, die – zumindest in der Grundschule – allgemeine Entwicklungstrends verstärken. Mit welchen pädagogischen Praktiken in den neuen Ganztagsschulen gearbeitet wird, muss aber untersucht werden.

3   Zwischenergebnisse der Angebotsanalysen am Beispiel «geöffneter» Lernformen und individueller Förderung

3.1   Erste Bemerkungen zur «Individuellen Förderung» an Grundschulen

Während sich in den Ganztagsgrundschulen der Form nach die Tendenz einer «individualisierten» Förderung durchsetzt, entstehen gleichzeitig in der konkreten, interaktiven Gestaltung und in Praktiken individueller Zuwendung unterschiedliche Intentionen dieser Formen, die als Ausdruck einer Lernkultur verstanden werden können. In diesen Praktiken spielen die schultypischen symbolischen Konstruktionen von Ganztag eine zentrale Rolle, weil sie im Kontext der Entwicklung des Ganztagsangebotes als Anspruch und Deutungsmuster die schulischen Akteure immer wieder eine bestimmte Logik in Frage stellen oder überschreiten lassen. So kann etwa die individuelle Zuwendung zu einem Schüler durch die Pädagogin mit ihrem Anspruch kollidieren, einen gleichberechtigenden und harmonisch-anerkennenden Umgang mit allen Schülern und Schülerinnen zu pflegen. Wenn in dieser Form nicht nur einer Handlungslogik gefolgt wird und die individuelle Zuwendung schliesslich durch Aufmerksamkeit für die anderen ständig unterbrochen wird, kann dieses einer Abwertung oder Missachtung desjenigen Schülers gleichkommen, dem die besondere Zuwendung in der Situation gilt. So kann die Hochschätzung der Individualisierung und eine entsprechende Förderung mit der am Ursprung des Ganztagsschulverständnisses formulierten Idee der Stärkung der Erziehungs- und Kompensationsmöglichkeiten der Schule durch die Bildung und Praktizierung von Gemeinschaft kollidieren. Dies kann durch den Einsatz einer individualisierenden «Sonderung» geschehen, die sich mit Formen von gemeinschaftskonstituierenden Praktiken und individueller Zuwendung ebenfalls in ihren Logiken überlagert und eine bestimmte Art von Diffusität erzeugen kann. So kann der Anspruch, Familialität und emotionale Nähe zu erzeugen, die Interpretation der dyadischen Fördersituation durch die Lehrerin bzw. deren Aufführung durch zu grosse Nähe oder umgekehrt durch die Abwehr von Nähe erschweren. In allen Fällen können die Fördersituationen sowohl sachlich, d. h. in der Konstituierung eines gemeinsamen Bezuges auf die Sache des Unterrichts, scheitern als auch für einen Schüler zu problematischen Adressierungen und Anerkennungsverhältnissen führen, z. B. den Ausschluss aus einer Situation zur Folge haben, ein neues «Defizit» produzieren oder Versagen zur Aufführung bringen. Das Förderangebot erzeugt hier auf Grund des Widerspruchs zwischen Anspruch und Möglichkeiten der gewählten Form und der Art der Adressierung bzw. der Gestaltung einer Beziehung problematische Bedeutungen.

3.2 Zwischenergebnisse der Angebotsanalysen am Beispiel offener Lernformen und individueller Förderung in unterrichtsergänzenden Angeboten in der Sekundarstufe I

3.2.1 «Offene» Lernformen in der Sekundarstufe I

Die schon weiter ausgearbeiteten Ergebnisse zu Angeboten der Sekundarstufe I zeigen, dass die symbolischen Konstrukte der Lehrpersonen zu neuen offenen Lernformen in der Entwicklungsarbeit nicht unproblematisch sind. Die oben dargestellten Konstrukte haben gemeinsam, nicht vorrangig leistungsbezogene, kognitive Schwächen der Schüler zu benennen, sondern falsche oder fehlende Haltungen und Einstellungen von Schülern in den Mittelpunkt zu stellen. Ganztagsangebote werden gegenüber der Halbtagsschule mit erweiterten Möglichkeiten legitimiert, die Schüler zu erziehen und «Schul- bzw. Arbeitsfähigkeit» mit erzieherischen Mitteln herzustellen. Als Voraussetzung erfolgreichen schulischen Lernens werden Haltungen und Tugenden angesehen, die es erst hervorzubringen gilt, sodass die Lernenden stärker als ganze Personen und in weitreichender Weise adressiert werden. Diese Konstrukte sind bei ihrer Verwendung für Konzepte offenen Lernens nicht unproblematisch, weil sie nicht zureichend zwischen «Kind-Sein» bzw. «Jugendlich-Sein» und Schülertätigkeit trennen. Das Schüler-Sein wird projektiert als umfassende Lebensform, nicht als rollengestützter Einbezug der Person in eine Institution. Ohne Zweifel würde dieses ein Moment, das ein professionelles Arbeitsbündnis mit Schülerinnen und Schülern erst voraussetzen, denkt man an die für ein Vertrauen zwischen Lehrperson und Schüler notwendige grössere Nähe. Zugleich kann man aber erkennen, dass die zu leistende Erziehungsarbeit der Lehrerinnen und Lehrer dadurch spannungsreicher wird, nämlich in der Orientierung an der Lehrerrolle, an Gleichbehandlung und Leistung einerseits und andererseits am Streben, mittels grösserer Nähe entwicklungsförderliche Beziehungen zu den Lernenden herzustellen.

Das Spektrum der entstandenen Strukturen offener Lernformen lässt sich an zwei Eckfällen verdeutlichen. Erstes Beispiel ist eine Arbeitsgemeinschaft (AG) «Pausenradio». Hier geht es um eine Verbindung von Musiktiteln zu einer kurzen «Sendung» über die Lautsprecheranlage der Schule in den Pausenzeiten. Dabei wird nur in einfacher Weise dieses Produkt der Sendung hergestellt, von den Schülern mitgebrachte Kopien werden miteinander verbunden und durch eine minimale Anmoderation, die ein Schüler bzw. eine Schülerin auf Band spricht, ergänzt. Neben diesen beiden Elementen besteht die Arbeit noch aus einer mit einem Flyer durchgeführten Befragung der Mitschüler, welche Titel sie bevorzugen. Für diese drei Arbeitselemente finden sich drei Teilgruppen in der AG, deren Tätigkeit durch die verantwortliche Lehrperson «angetrieben» wird. In der AG-Arbeit dominiert eine leiterzentrierte Strukturierung der Interaktion, die durch Öffnungstendenzen auch aufgebrochen wird. Die Lehrperson versucht die Lernenden in den Fortgang der kollektiven und von ihm stark beeinflussten Vorstrukturierung der Arbeit einzubeziehen. Sie verbinden ausserdem Öffnungen zu eigenständigem Handeln damit, zur Eigenaktivität aufzufordern – ein widersprüchliches Moment, das auch paradox wirken kann. Hinsichtlich des Themas, für die Schülerinnen und Schüler nach ihren Bedürfnissen ausgewählte Musik anzubieten, liegen der AG-Arbeit Idee und Form einer bedürfnisgerechten Mitgestaltung der Pausen zu Grunde. Musik der Jugendkultur als Ausdruck gemeinsamer Erfahrung kann so in die Gestaltung des Schullebens einbezogen werden. Allerdings setzt die Arbeit nicht an der gemeinsamen Interpretation der jugendkulturellen und auf Musik bezogenen Bedürfnisse der Schüler an, auch nicht bei einer schlichten Aushandlung auszuwählender «cooler Titel», geschweige denn dass selbst Musik hergestellt werden würde. Thematisiert wird vielmehr lediglich das «Wie» der Reproduktion von andernorts aufgezeichneten Titeln in eigener Zusammenstellung, ohne diese zum Gegenstand eigener Erwägungen zu machen.

Insgesamt entspricht der nur teilweise geöffneten Interaktionsgestaltung deshalb eine «halbierte» Möglichkeit für die Schüler und Schülerinnen, die eigene Jugendkultur zu pflegen. Sie schwanken zwischen einem vorgegebenen, routinisierten Handeln und der ihnen zugewiesenen Eigenverantwortlichkeit, die sie aber nicht verwirklichen können, da die inhaltliche Arbeit nicht näher sinnhaft gerahmt wird und das Arbeitsarrangement keine Räume stärkerer inhaltlicher Auseinandersetzung der Schüler mit dem Thema vorsieht. Zudem schafft es die Lehrperson nicht, die Motivation der Schüler im Hinblick auf einen Gegenstand zu wecken, der ausserhalb der Schule einen beträchtlichen Teil ihrer Lebenswelt einnimmt. Die von der Lehrperson herbeigeführte, das Handeln stark eingrenzende und pragmatisch anspruchslose Vorgehensweise lähmt eher das Handeln der Jugendlichen. Nicht die Erfahrung eigener Selbstwirksamkeit und die Möglichkeit zur Selbstinszenierung dominieren, sondern entstandene Hilflosigkeit und Unterordnung unter einen technisch regulierten Handlungsprozess, in dem ohne nähere Beschäftigung mit der in-

haltlichen Seite etwas reproduziert wird. Die Praxis einer «AG» verlängert hier
– entgegen der strukturellen Chance zur Öffnung des Geschehens durch eine
eigene Strukturierung der Interaktion der Jugendlichen – Praktiken, die in-
dividuelleres Lernhandeln verschliessen und Konformität und Unterordnung
unter ein Selektionsgeschehen einschliessen. Für die Lehrerseite werden solche AGs als Orte deutlich, an denen spezifische Spannungen zwischen einem
individualisierten, diffusen Lernangebot und distanziert-rollenförmigem Unterricht besonders auffällig werden. Die widersprüchlichen Anforderungen
an eine AG in der Sicht der Akteure, die eine Abschwächung rollenförmigen
Handelns impliziert, zugleich aber einen Bildungsanspruch einschliesst, wirken spannungsreich.

Der zweite Fall wird «projektartiger» Unterricht genannt. Dabei handelt es
sich um eine Tandem-Arbeit an Labortischen des Biologiesaales, welche die
Lehrperson mit dem Fachunterricht verknüpft. Nach einem diesbezüglichen
Vorspann im Klassenverband, der dazu dient, einen Auftrag zu vermitteln, gehört zur Partnerarbeit nach dem Aufbau der Gerätschaft, diese selbstständig
und regelgerecht zu benutzen. Die Schülerinnen und Schüler können den Gebrauch aber nicht als Experiment mit zu erkundenden Gegenständen ausfüh-
ren, sondern sie dürfen nur mit Wasser hantieren. Sachgegenstand wird das
Können, die Gegenstände zu benutzen. Sie haben nur die Möglichkeit, die Be-
nutzung mehrfach zu wiederholen – und so entsteht Langeweile und ein von
den Regeln abweichendes Verhalten. Deshalb beschränkt sich das Agieren im
Tandem auch auf instrumentelle Vollzüge, ohne eine darüber hinausgehende
Erfahrung und Inszenierung der Auseinandersetzung mit Neuem. Gegenüber
einem kollektiven, homogenisierenden Interaktionsmuster eines Klassen-Un-
terrichtsgespräches stellt die Laborarbeit eine Partnerarbeit als selbstregulierte
Kooperation unter den Lernenden dar. Hier stellt sie aber ein instrumentelles
Können, mit Gerätschaften Flüssigkeiten zu erhitzen, in den Mittelpunkt, also
schon Vorgeführtes jetzt selbständig auszuführen. Es «eigenständig richtig zu
machen» stellt als Praktik des Nachahmens ein performatives Erlernen eines
Könnens und impliziten Wissens über den Gebrauch der Gegenstände dar, nicht
weniger, aber auch nicht mehr. Daran lässt sich kritisieren, dass hier die Chance
zur Auseinandersetzung mit der Sache eher verpasst wird, weil sich das Lernen
auf ein Wissen zweiter Ordnung bezieht, also auf ein Lernen von Methoden,
welches aber auf einer instrumentellen Ebene gegenüber der Sache verbleibt –
der sachbezogene Sinn des Experimentierens als Teil naturwissenschaftlicher

Erkenntnis wird nicht thematisch. Ausserdem nehmen die Lernenden ein instrumentelles Verhältnis sich selbst gegenüber ein, selbstdiszipliniert das Verlangte auszuführen, indem das Arrangement inhaltliche Aspekte und deren Motivationskraft ausschliesst und die Schüler und Schülerinnen in ihrem Interesse und ihrer Neugier nicht angesprochen werden. Denkbar wäre für ein nicht auf Können reduziertes Lernen, dass die Lernenden in der Partnerarbeit das Gespräch – durch einen als gemeinsam geteilt geltenden Bedeutungszusammenhang – so führen und andere in deren Sicht so beobachten, dass sie ihr Sachverständnis weiter entwickeln, indem sie Sichtweisen anderer integrieren und mögliche Bedeutungen der Sache zwischen ihnen verhandelt werden.

Insgesamt lässt sich festhalten: In der offenen Lernform der «AG» bewegen sich die Möglichkeiten individueller kooperativer Handlungsregulierung zwischen vorgegebenen Kleingruppenroutinen und eigenständigem Handeln mit noch geringer Sachorientierung – auch wenn sich Optionen motivierter individualisierter Kleingruppenarbeit abzeichnen. Hinsichtlich der Möglichkeit sachbezogener Aneignung sieht das Setting keinen breiten Raum für mehr Auseinandersetzung mit der Sache vor. Nicht ausgeschöpft wird hier der Möglichkeitsspielraum, dass Jugendliche auf der Basis einer gemeinsamen Interpretation ihrer Musikbedürfnisse arbeiten und ihren Beitrag zum Schulalltag gestalten. In der offenen Lernform des «projektartigen Unterrichts» besteht die Möglichkeit kooperativer Selbstregulierung in der Partnerarbeit als selbst regulierter Kooperation. Hinsichtlich der sachbezogenen Aneignung stehen instrumentelles Können im Mittelpunkt und eine Praktik des Nachahmens, die performativ Können und implizites Wissen erlernen lässt. Nicht ausgeschöpfte Möglichkeitsspielräume liegen hier darin, Lernende stärker in ihrem Interesse an der Sache und in ihrer Neugier anzusprechen. Insgesamt wird deutlich, dass offene Lernformen nicht schon eine neue Lernkultur bedeuten. Vielmehr ist es dafür erforderlich, geeignete Lernformen erst als Handlungsstruktur lokal und passend zum eigenen pädagogischen Konzept zu wählen und nicht durch Übernahme vorgegebener Reformmuster Möglichkeiten erneut zu verstellen.

3.2.2 Individuelle Förderung in der Sekundarstufe I

Die in Abschnitt 2 beschriebenen symbolischen Konstrukte entwerfen bezüglich individueller Förderung eine Bearbeitung dieser Defizite entlang der Bilder unterschiedlich defizitärer Schülerinnen und Schüler. Entweder soll das schu-

lische Angebot in familialer Struktur für sorgendes Betreuen und disziplinie-
rendes Erziehen sorgen. Oder das Angebot wird angesichts von Leistungsdefi-
ziten als Förderung entworfen, die individuell eine Haltung der Selbstdisziplin
vermitteln soll, welche eigenständige Lernbemühungen trägt. Beide Formen
der Defizitkompensation verschieben Zuständigkeiten der Schule. Darin sind
auch hier die Konstrukte problematisch. Bei den Vorstellungen, die den Förderangeboten zugrunde liegen, kommt die familialisierende Tendenz zum Tragen, die Beziehungen mit mehr emotionaler Nähe zwischen Lehrerinnen und
Lehrern sowie Schülerinnen und Schülern zu gestalten und damit die Schülerinnen und Schüler auch als ganze Person und nicht nur in ihrer Rolle anzusprechen. Auch wenn darin Möglichkeiten intensiverer Arbeitsbündnisse mit
Schülerinnen und Schülern liegen, ist zugleich mit diesem Konstrukt auch ein
erhöhter Erziehungsanspruch seitens der Lehrperson verknüpft. Damit erhöht
sich für die Lehrpersonen die Spannung, sich zugleich mit dem individuell-
situationsspezifischen personalen Bezug auf Einzelne generalisierend auf die
Gleichbehandlung aller Schülerinnen und Schüler in der Interaktion zu beziehen, wie das für die rollenspezifische Orientierung an Selektion nach Leistung
erforderlich sein kann. Ausserdem ist für die Konstrukte von Förderung die
stärkere Akzentuierung des Erziehungsauftrages auf die ganze Person bedeutsam. Die Art und Weise der Erziehung richtet sich nun stärker auf eine Ge-
samtformung der Persönlichkeit der Schülerinnen und Schüler. Die in Förderangeboten herzustellenden Praktiken werden deshalb so entworfen, dass nicht
nur die Voraussetzungen zur Bearbeitung von Lernaufgaben hergestellt werden, sondern darüber hinaus reichende Wirkungen auf die ganze Person einbezogen werden. Problematisch daran scheint, dass schulische Praxis so mit
möglicherweise allzu komplexen Anforderungen vorgestellt wird. Es besteht
die Gefahr, dass darüber notwendige Begrenzungen des Schulischen, auch die
Eingeschränktheit schulischer Erziehungsmöglichkeiten, überschritten werden.
Stattdessen wäre zu fragen, ob schulische individuelle Förderung nicht sinnvoller als Angebot zu verstehen ist, sachbezogene Lernprozesse zu ermöglichen
und Settings für das sachbezogene Lernen zu profilieren.

Die Eigenschaften der gegenwärtig praktizierten Formen der Förderung lassen sich an zwei Eckfällen skizzieren: Ein erstes Beispiel ist eine so genannte
«Lernstunde», die schulfachspezifisch vertiefende, den Unterricht ergänzende
Lern- und Übungsmöglichkeiten bieten soll. Die Schülerinnen und Schüler
sind dabei aufgefordert, standardisiertes Material an Aufgaben zu bearbei-

ten. Die Bearbeitung soll dabei selbst gewählt entweder alleine, zu zweit mit
einer anderen Schülerin oder aber durch individuelle Unterstützung der Lehrerin in einer dialogischen Sequenz unterschiedlicher Länge ausgeführt werden. Das Thema der Lektion ist eine Gedichtinterpretation. Auf die Bitte um
Unterstützung hin setzt sich die Lehrerin zu einem Schüler. Dabei wählt sie
gleich zu Beginn eine dialogische Kommunikationsstruktur, die nach aussen
für Abgrenzung sorgt. Sie setzt sich direkt neben den Schüler und beide sitzen
mit grösserem Abstand zu anderen. Die Lehrerin geht auf die geäusserte Bitte
ein, noch einmal von vorne anzufangen, allerdings ohne sich mit dem Schüler
darüber auszutauschen, was bislang für ihn das Problem war und was er zur
Aufgabe bis jetzt sagen kann. Stattdessen fordert sie sofort, nur vorläufige No-
tizen anzufertigen, und gibt umgehend direkte Handlungsanweisungen. Zunächst diktiert sie, was der Schüler schreiben soll, und fordert ihn immer spezifischer auf, bestimmte Aussagen zu formulieren. Das geht soweit, dass sie den
Schüler nach der Bedeutung von Gedichtzeilen und schliesslich nach der Bedeutung einzelner Worte fragt. Sie verfolgt eine Strategie maximaler Limitie-
rung der Kommunikationsmöglichkeiten. Dabei reagiert sie auf seine Formu-
lierungsversuche beurteilend. Diese Struktur des Fragens hat einerseits etwas
Instruktives für den Schüler, weil der einzelne Arbeitsschritt eindeutig definiert wird. Andererseits kommt es nicht zu einer gemeinsamen Verhandlung
der möglichen Bedeutung und die Sinnhaftigkeit des Vorgehens bleibt unzu-
gänglich. Der Schüler wird in der Arbeit an der Sache gegängelt. Dies schmä-
lert die Qualität seiner Auseinandersetzung mit der Sache. Gleichzeitig stellt
die gewählte enge Kooperation dieser Praktik eine Art «Förderdyade» und eine
Beziehung dar, deren Nähe auch übergriffig wirkt. Die Lehrerin bringt, indem
sie die zutreffenden Sachaussagen und die gültige Weise der Wissensrepräsentation als bekannt voraussetzt, die Schülerinnen und Schüler in die Situation,
diese Wissensrepräsentation nachzuvollziehen und vorführen zu müssen. Erst
wenn die vorgedachte Lösungsformulierung fällt, ratifiziert sie den Interpre-
tationsschritt und es kann weiter gehen. So wird betreuend der Nachvollzug
weitgehend kontrolliert. Ausserdem tendiert die herbeigeführte Zerteilung des
Sachgegenstandes tendenziell dazu, individuelle Aneignungsmöglichkeiten –
vermittelt über grössere Sinneinheiten der Sache – eher zu verschliessen. Ihre
Festlegung gültigen Wissens und die gewählte Kommunikationsstruktur samt
Material sorgen dafür, dass die Lehrerin die gesamte Interaktion engführend
bestimmt – obwohl eine dialogische Kommunikation auch eine Rahmung für

eine kommunikative Behandlung differenter Sichtweisen und Sinnzuschreibungen sein könnte. Hier entsteht eher ein Meister-Lehrling-Verhältnis, in dem statt eigener Erkenntnisprozesse standardisiertes, abfragbares Wissen als Gegenstand im Vordergrund steht, das dem poetischen Sachthema nicht gerecht wird. Mit Blick auf die soziale Ordnung und die Art der Beziehungsgestaltung wird ausserdem deutlich, dass die sachbezogene Interaktionsstruktur ein Gegengewicht zur personalen Adressierung bildet. So arrangierte individuelle Förderung erzeugt eine starke Nähe zwischen der Lehrperson und Schülerinnen und Schülern, die die Rolle der Lehrperson zu sprengen droht. Demgegenüber bietet die streng fremdgeleitete, standardisierte Wissensvermittlung durch die Betonung des Handlungsanteils der Lehrperson ein Gegengewicht zur Beziehungsgestaltung einer familial sorgenden Schülerbetreuung.

Das zweite Beispiel ist eine so genannte «Hausaufgabenbetreuung» im Nachmittagsteil eines Sekundarstufe-1-Angebotes, in welchem die Strukturen des traditionellen Unterrichts nur geringfügig verändert wurden und deshalb auch Hausaufgaben weiter vorkommen. Betreuende Person ist nur eine einzige auch am Nachmittag engagierte Lehrperson. Grundlegend ist die als «silentium» bezeichnete Arbeitsweise, stille Eigenarbeit, in der höchstens Fragen an die betreuende Lehrperson gerichtet werden dürfen – auch wenn leise Kooperation unter den Schülerinnen und Schülern nicht ausdrücklich ausgeschlossen wird. Diese Fragemöglichkeit ist aber beschränkt. Nach den Vorgaben soll es sich nur um «Betreuung» handeln, da die Lehrpersonen meistens fachfremd agieren. Sie sollen danach unterstützend, aber nicht mit Fachexpertise erklärend den Schülerinnen und Schülern helfen. An der Tafel werden dafür der Pflichtenkatalog aller jetzt zu erledigenden Hausaufgaben notiert und in einzelnen Fällen ausserdem Vorschriften für den Bearbeitungsprozess wie beispielsweise Lösungsschemata. Grundsätzlich bringt das Setting aber die Schülerinnen und Schüler in die Position von Personen, denen eine allein ausgeführte Einzelleistung angesonnen wird. Das wird durch Praktiken der Selbstbeobachtung unterstützt («Habe ich schon alles? Habe ich den Lösungsweg befolgt?»). Kein anderer ausser der Lehrperson als zweite Autorität neben der Tafel darf helfen. Die Schülerinnen und Schüler werden als selbständig Arbeitende entworfen. Sie eignen sich dieses Setting unterschiedlich an: Einmal durch unauffällige gegenseitige Kooperation, in nicht offensichtlichem Helfen. Dabei lassen sie sich aber nur durch hörbares Kommentieren des eigenen Arbeitens gegenseitig an der Aufgabenbearbeitung teilhaben. Teilschritte und Ergebnisse werden nur halblaut ausgesprochen, aber nicht gemeinsam erörtert oder das Vorgehen näher begründet. Ein kommunikativ gemeinsam hervorgebrachter Sinn und unterschiedliche, zu verhandelnde Sachdeutungen kommen so nicht zustande, aber immerhin ein gegenseitiges Helfen unter denen, die sich zuschreiben, eigentlich einzeln arbeiten zu müssen. Eine andere Aneignungsform zeigen Schülerinnen und Schüler, die Gebrauch machen davon, die Lehrperson etwas zu fragen beziehungsweise um Hilfe zu bitten. Sie warten demütig teilweise sogar länger, bis diese zu ihrem Platz kommt. Abhängiges Warten, Aussensteuerung und Zeitverlust greifen Platz. Auch dabei, sich helfen zu lassen, vollziehen die Schülerinnen und Schüler ein Sich-selbst-dazu-Anhalten, ein Sich-selbst-Disziplinieren. Wendet die Lehrperson sich dann diesen Schülerinnen und Schülern zu, wird in der Regel stark distanziert agiert, die Lehrperson hält körperlich wie kommunikativ Distanz. Sie kommentiert lediglich die Vorgaben von der Tafel oder aus dem Lernmaterial etwas näher, ihr eigenes Vorgehen ordnet sich diesen unter. Dadurch schreibt ihre Hilfepraktik den Schülerinnen und Schülern eine untergeordnete Position zu: Sie führen zwar allein etwas dann aus, ordnen sich darin aber unter. Häufig führt diese knappe Interaktion aber dazu, dass die Schülerinnen und Schüler dann doch weiterarbeiten, nachdem von der Lehrperson eine zustimmend-anerkennende Äusserung kam. Die Schülerinnen und Schüler beziehen sich vorbei an Sachfragen auf die Anerkennung durch die Autorität, reagieren erleichtert, wenn sie sich im Spiegel der Lehrerreaktion bestätigt sehen. Auch in diesem Beispiel kommt es mit Blick auf Aneignungsprozesse also nur zu einer ganz begrenzten Bearbeitung von differenten Bedeutungszuschreibungen, weil die Lehrperson sehr begrenzt agiert. Sie hilft dabei, das richtige Ergebnis ins Heft zu bekommen. Die Hilfepraktik legt gleichzeitig ein sich unterordnendes Schülerhandeln nahe, in dem die Unterordnung selbst vollzogen wird. Es gibt keinen Zwang, sondern indirekte Impulse einer ständigen Selbstüberprüfung vor den an der Tafel dargestellten Verpflichtungen – und damit eine Praktik eigenständiger Subjektivierung. Schüler und Schülerinnen, die dagegen selbstständig mit allen Anforderungen klar kommen und als «Einzelleister» erfolgreich agieren, können sich aber das Setting auch so aneignen, dass Momente der *peer culture* eingebracht werden. Diese Schülerinnen und Schüler agieren auch spielerisch mit dem Material und eine expressive körperlich akzentuierte Praktik entsteht. Die Agierenden nehmen sich in solchen Situationen selbst positiv wahr.

Insgesamt lässt sich hier Folgendes festhalten: In den Angeboten der individuellen Förderung bewegen sich die Möglichkeiten für eine die Person stützende und motivierende Kommunikation mit Lehrerinnen und Lehrern typisierend dargestellt zwischen zwei Polen: dem Pol von Betreuungssituationen mit verstärkter situativer Nähe der Personen einerseits und andererseits einem kommunikativen Bezug auf die Schülerinnen und Schüler, der gegenüber dem Unterricht individuell ausfällt, aber dennoch eine Distanzierung aufrechterhält, die mit einer Zuschreibung von zu überwindender Unselbständigkeit an die Schüler verbunden ist. Es handelt sich um eine pädagogische Distanzierung, die auf Asymmetrie besteht, weil Lehrpersonen den Schülerinnen und Schülern Entwicklungsbedarf unterstellen. Beide vereinseitigen die mit den neuen Angebotsformen verbundenen Momente individuell zugeschnittener Interaktionsgestaltung auf den analytisch zu trennenden Ebenen der Beziehungsgestaltung und der Vermittlung. Damit bleibt eine produktive Spannung von einerseits Anerkennung des Andersseins von Schülern, dem Verzicht auf Defizite unterstellendes, forderndes Ansprechen und Adressieren der Schüler sowie andererseits der fordernden und den Schülern auch Entwicklungsräume eröffnenden Zuschreibung von Eigenverantwortung und Entwicklungsbedürftigkeit bisher wenig erkennbar. Hinsichtlich der Möglichkeiten sachbezogener Aneignung schwanken die rekonstruierten Angebote zwischen dem Pol eines lehrer-kontrollierten schlichten Nachvollziehens von Vorgegebenem einerseits und andererseits dem Pol einer von individuellen Voraussetzungen abhängigen Aneignungsaktivität, in der eigenständig vorgegebene Aufgaben ohne Normierung der Ergebnisse bearbeitet werden, sodass auch individuelle Sinnzusammenhänge entstehen könnten. Auch diese beiden Formen wählen aus den mit den Angebotsrahmen verbundenen, möglichen Strukturierungen bislang nur spezifische Ausformungen. Beispielsweise sind komplexere Formen der Instruktion möglich und schon dokumentiert oder aber Konzepte so genannten «selbstständigen Arbeitens», bei denen gleichzeitig mehr Orientierung für die Schülerinnen und Schüler vermittelt wird und bei Problemen eine geringere Vereinzelung und spezifischere Hilfestellungen denkbar sind.

4   Fazit

Die hier betrachteten Angebotselemente fördern in unterschiedlicher Form und individualisieren pädagogische Angebote im doppelten Sinne von stärker individuell zugeschnittenen Angeboten und Individuen stärker fördernden Angeboten. Gegenläufig dazu zeichnet sich gleichzeitig teilweise eine Abschwächung der pädagogischen Interaktionslogik ab, weil in bestimmten Angeboten die Kommunikationsstrukturen weniger eng auf Vermittlung und Aneignung bezogen sind.

Die Entwicklungsverläufe an den untersuchten Schulen zeigen, dass die Rezeption des Ganztagsgedankens von der schulspezifischen Situation und Lernkultur bestimmt wird und die schon vorfindliche Lernkultur Neues prägt. Alle Schulen haben ihr Angebot erweitert bzw. verändert, im Besonderen entstanden mit «Förderung» und mit «offenen Lernangeboten» bezeichnete Elemente. An den Grundschulen wurden zumeist vorhandene Tendenzen zur «Öffnung» im Sinne eines Versuchs der Individualisierung des Unterrichts durch die Einführung eines gebundenen, verlängerten Tagesbetriebes verstärkt, es fand gewissermassen eine Verallgemeinerung des Prinzips der «Individualisierung» mit der Einführung des gebundenen Ganztagsbetriebs und der hier entstehenden personellen und zeitlichen Möglichkeiten statt. Vor allem der Anspruch, adaptivere und kognitiv anregende Angebote bereit zu stellen, geht damit einher. In den Schulen der Sekundarstufe I beobachten wir einerseits die Einführung speziell «fördernder» Angebote und vor allem solcher, die stärker besondere Interessen der Schüler und Schülerinnen berücksichtigen. Hier findet sich im Gegensatz zu einem stärker pädagogischen Zugriff und gleichzeitig mit ihm eine Öffnung der Interaktionslogik hin zu einer nicht spezifisch pädagogischen. Ein Teil der «offenen» Angebote lässt die Praktiken weniger spezifisch pädagogisch ausfallen, weniger eng auf die Bearbeitung der Differenz von Vermittlung und Aneignung, von Zeigen und Lernen bezogen. Ein näherer Blick auf die skizzierte Spannbreite der Gestaltungsweisen lässt gleichzeitig auch die damit potentiell verbundenen Problemlagen deutlich werden. Zwischen Nicht-Adressierung der Lernenden und identifizierender Zuschreibung sind Formen flexibel-revidierbarer Zuschreibungen möglich. Und zwischen situationsspezifischer Kommunikation von schwachem Sachbezug und formalisierter Kommunikation einer unspezifisch-allgemeinen Behandlung der Sache sind auch Sachdarstellungen in der Kommunikation situativer Bedeutungsaushandlung erkennbar.

Literaturverzeichnis

BELLMANN, J.; WALDOW, F. (2007). Die merkwürdige Ehe zwischen technokratischer Bildungsreform und emphatischer Reformpädagogik. *Bildung und Erziehung, 60(4),* 481–503.

HAGEMANN, K. (2006). Between Ideology and Economy: The Time Politics of Child Care and Public Education in the Two Germanys. *Social Politics 13(1),* 217–260.

HAGEMANN, K.; GOTTSCHALL, K. (2002). Die Halbtagsschule in Deutschland – ein Sonderfall in Europa? *Aus Politik und Zeitgeschichte, 41,* 11–22.

IPFLING, H.-J. (1988). Zur Entwicklung der Ganztagsschule in der Bundesrepublik Deutschland – Konzepte und Erfahrungen. *Forum E, 41(9),* 8-13.

KLIEME, E.; HOLTAPPELS, H. G.; RAUSCHENBACH, T.; STECHER, L. (2007). Ganztagsschule in Deutschland. Bilanz und Perspektiven. In Holtappels, H. G; Klieme, E.; Rauschenbach, T.; Stecher, L. (Eds.), *Ganztagsschule in Deutschland. Ergebnisse der Ausgangserhebung der «Studie zur Entwicklung von Ganztagsschulen» (StEG)* (p. 354–381). Weinheim: Juventa.

KOLBE, F.-U.; REH, S. (2008A). Reformpädagogische Diskurse über die Ganztagsschule. In Coelen, T.; Otto, H.-U. (Eds.), *Grundbegriffe Ganztagsbildung. Das Handbuch* (p. 665–673). Wiesbaden: vs Verlag für Sozialwissenschaften.

KOLBE, F.-U.; REH, S. (2008B). Der Erfolg der Ganztagsschule – reformpädagogische Ideen, pädagogische Praktiken der Individualisierung und politische Konstellationen. *Widersprüche, 28,* 39–54.

KOLBE, F.-U.; REH, S. (2009). Grenzverschiebungen. Schule und ihre Umwelt – Systembildung und Autonomisierung im Modernisierungsprozess. In Kolbe, F.-U.; Reh, S.; Fritzsche, B.; Idel, T.-S.; Rabenstein, K. (Eds.), *Ganztagsschule als symbolische Konstruktion. Fallanalysen zu Legitimationsdiskursen in schultheoretischer Perspektive* (p. 223–243). Wiesbaden: vs Verlag für Sozialwissenschaften.

KOLBE, F.-U.; REH, S.; FRITZSCHE, B.; IDEL, T.-S.; RABENSTEIN, K. (2008). Lernkultur: Überlegungen zu einer kulturwissenschaftlichen

Grundlegung qualitativer Unterrichtsforschung. *Zeitschrift für Erziehungswissenschaft, 11(1),* 125–143.

KOLBE, F.-U.; REH, S.; FRITZSCHE, B.; IDEL, T.-S.; RABENSTEIN, K. (EDS.) (2009). *Ganztagsschule als symbolische Konstruktion. Fallanalysen zu Legitimationsdiskursen in schultheoretischer Perspektive.* Wiesbaden: VS Verlag für Sozialwissenschaften.

LUHMANN, N. (2002). *Das Erziehungssystem der Gesellschaft.* Frankfurt a. M.: Suhrkamp.

LUDWIG, H. (1993). *Entstehung und Entwicklung der modernen Ganztagsschule in Deutschland.* Köln: Böhlau.

MBFJ [MINISTERIUM FÜR BILDUNG, FRAUEN UND JUGEND RHEINLAND-PFALZ] (2001). *Einführung der Ganztagsschule in neuer Form.* Mainz.

RECKWITZ, A. (2003). Grundelemente einer Theorie sozialer Praktiken. Eine sozialtheoretische Perspektive. *Zeitschrift für Soziologie, 32(4),* 282–301.

REH, S.; LABEDE, J. (2009). Soziale Ordnung im Wochenplanunterricht. In Boer, H. de; Deckert-Peaceman, H. (Eds.), *Kinder in der Schule. Zwischen Gleichaltrigenkultur und schulischer Ordnung* (p. 159–176). Wiesbaden: VS Verlag für Sozialwissenschaften.

SANDFUCHS, U (1988). Schulreformerische Ideen der zwanziger Jahre in der modernen Ganztagsschule. *Die Ganztagsschule, 28(2),* 51–74.

SCHATZKI, T. R. (1996). *Social Practices. A Wittengenstein Approach to Human Activity and the Social.* Cambridge: Cambridge University Press.

Die Ganztagsschule in Rheinland-Pfalz

Johannes Jung

Im Jahre 2001 hatte sich die Landesregierung zu einem Ausbauprogramm für Ganztagsschulen entschieden. In der Koalitionsvereinbarung wurde für die Legislaturperiode 2001 bis 2006 als bildungs-, familien-, frauen-, sozial- und arbeitsmarktpolitischer Schwerpunkt die Einrichtung von ca. 300 Ganztagsschulen in einer neuen Form festgelegt, die als Ganztagsschule in Angebotsform seit dem 1.8.2004 im Schulgesetz verankert ist (Ministerium für Bildung, Wissenschaft, Jugend und Kultur 2004). Dort wurden in § 14 die grundlegenden Vorgaben für diese Ganztagsschulform neu aufgenommen. Diese sind die Zeitstruktur, die Teilnahmeverpflichtung nach Anmeldung, die Organisationsformen, die Vernetzung von Unterricht und weiterer schulischen Angeboten sowie die Zuständigkeit für die Errichtung.

1   Bisheriger Ausbau

Entstanden sind im Rahmen dieses Programms bis zum Schuljahr 2006/07 insgesamt 360 neue Ganztagsschulen in der Angebotsform[1] und damit 60 mehr als ursprünglich vorgesehen. Aufgrund der weiterhin bestehenden grossen Nachfrage hat die Landesregierung das Ausbauprogramm in der laufenden Legislaturperiode fortgesetzt und wird zusätzliche Ganztagsschulen bis zum Jahre 2011 einrichten. Zum Schuljahresbeginn 2007/08 wurden 43 Standorte und zum Schuljahresbeginn 2008/09 55 genehmigt. Im laufenden Schuljahr gibt es dementsprechend 458 Ganztagsschulen in der Angebotsform.

Wie die Bewerbungsrunde zum Schuljahresbeginn 2009/10 gezeigt hat, stösst das Ausbauprogramm für das Ganztagsschulangebot auf ein ungebrochen hohes Interesse. Zu diesem Termin gingen 103 Bewerbungen ein. Aus diesen Bewerbungen wurden 55 Standorte für Errichtungsoptionen ausgewählt. Die 55

---

1   Ganztagsschulen in Angebotsform werden seit dem 1. August 2002 im Rahmen eines Ausbauprogramms eingerichtet. Diese sehen an vier Tagen in der Woche ein Angebot von 8 bis 16 Uhr vor. Örtliche Abweichungen sind z. B. wegen der Schülerbeförderung möglich. Dies ändert aber nichts an der Gesamtzeit. Die Teilnahme am Ganztagsangebot ist freiwillig.

Schulen haben bereits eine Errichtungsgenehmigung zum Schuljahresbeginn 2009/10 erhalten.

Zusätzlich zu den Ganztagsschulen in der Angebotsform gibt es Ganztagsschulen in offener und verpflichtender Form, die ebenfalls in § 14 des Schulgesetzes geregelt sind. Die Ganztagsschule in offener Form legt einzelne Unterrichtsveranstaltungen auf den Nachmittag und bietet darüber hinaus eine ausserunterrichtliche Betreuung an. Die Betreuungskräfte werden vom Schulträger bereitgestellt. Schülerinnen und Schüler können konkrete Angebote auswählen, unter Umständen täglich wechseln und an fakultativen Lern- und Übungszeiten teilnehmen. Bei der verpflichtenden Form hingegen ist die Teilnahme am Unterricht sowie den ergänzenden pädagogischen Angeboten für alle Schülerinnen und Schüler obligatorisch. Im Schuljahr 2008/09 bestanden 33 offene und 78 verpflichtende Ganztagsschulen, davon 66 Förderschulen[2].

Die Ganztagsschule in Angebotsform stellt ein freiwilliges Angebot für diejenigen Eltern dar, die dies für ihre Kinder wünschen. Mit der Anmeldung ist die Teilnahme allerdings für mindestens ein Schuljahr verpflichtend. Ganztagsschülerinnen und -schüler haben dann an vier Tagen der fünftägigen Schulwoche nicht nur Unterricht, sondern nehmen zusätzlich pädagogische Angebote bis 16 Uhr wahr. Die Schulen bieten ein Mittagessen an und dafür wird in der Regel ein Kostenbeitrag von den Eltern erhoben. Bei sozialer Bedürftigkeit wird der Preis für ein Mittagessen aus einem Sozialfonds des Landes subventioniert und beträgt dann nur ein Euro.

2   Vorzüge der Ganztagsschule

Die Ganztagsschule ist deshalb so erfolgreich, weil sie auf die grundlegend veränderten Lebensbedingungen von Kindern und Jugendlichen reagiert, den Bildungs- und Erziehungsauftrag der Schule an diesen veränderten Bedingungen orientiert und attraktive Ressourcen zur Verfügung stellt, die den Schulen die Gestaltung hochwertiger Bildungsangebote ermöglicht. Die Angebote zeichnen sich dadurch aus, dass ihre inhaltliche und organisatorische Konzeption den vielfältigen Interessen und Bedürfnissen der an der Schule Beteiligten entspricht.

---

2   In der Schweiz: Sonderschulen.

2.1 Intensive schulische Förderung

Ganztagsschulen bieten individuelle Förderung und differenzierte Angebote, die verschiedene Begabungen und die Lernsituation von Kindern berücksichtigen. So erfahren schwächere Schülerinnen und Schüler eine gezielte Kompensation von kognitiven, emotionalen und sozialen Defiziten. Kulturell-Kreative und (Sport-)Talente können ihr Leistungsvermögen in Neigungsgruppen entdecken und ausschöpfen. Kinder nicht deutscher Muttersprache können durch ergänzende Kurse ihre Kenntnisse in der deutschen Sprache und somit ihre späteren beruflichen Chancen verbessern. Der bis 16 Uhr verlängerte Schultag führt zu intensiveren Kontakten zwischen deutschen und nicht deutschen Kindern und damit zu mehr Verständnis für andere Kulturen.

2.2 Berücksichtigung von Bedürfnissen der Schülerinnen und Schüler sowie der Lehrkräfte

Der Verzicht der Ganztagsschule auf das zeitlich eingeschränkte Raster des Vormittags ermöglicht den verstärkten Einsatz neuer Lern- und Arbeitsmethoden, die speziell auf die Bedürfnisse von Schülerinnen und Schülern eingehen. Die Lehrkräfte haben mehr Zeit zur Verfügung und somit die Chance, einerseits die Effizienz des Unterrichts zu steigern und andererseits eine intensivere Beziehung zu Schülerinnen und Schülern zu entwickeln. Der an der Ganztagsschule häufiger mögliche Wechsel von Anspannungs- und Entspannungsphasen reduziert Belastungsspitzen und kann somit zu einer physischen und psychischen Entlastung der Lehrkräfte beitragen. Wesentlicher Bestandteil der Ganztagsschulangebote sind entsprechend der in der Start- und Aufbauphase gesammelten Erkenntnisse Sprachförderung im Grundschulbereich sowie Berufsvorbereitung um Bereich der Sekundarstufe I.

2.3 Öffnung der Schule gegenüber gesellschaftlichen Gruppen und Vereinen

Ein wichtiges Element der Ganztagsschule ist das Einbinden von ausserschulischen Kooperationspartnern aus dem regionalen Umfeld der Ganztagsschule: Vereine, Jugendgruppen, Musikschulen, Umweltverbände, Kirchen, Wohlfahrtsverbände oder kommunale und staatliche Einrichtungen können pädagogische Angebote durch den Einsatz ihrer Mitarbeiterinnen und Mitarbeiter bereichern. Dies ist auch an ausserschulischen Lernorten möglich. Eine intensive Kooperation mit ausserschulischen Partnern zeigt, dass man bereit ist, sich den Anforderungen an eine moderne Schule zu stellen.

2.4 Vereinbarkeit von Berufs- und Erziehungsarbeit

Viele Eltern, insbesondere Berufstätige und Alleinerziehende, suchen für ihre schulpflichtigen Kinder eine ganztägige Betreuung. Die Ganztagsschule leistet einen besonderen Beitrag, um Kindererziehung und Berufstätigkeit besser miteinander vereinbaren zu können. Dabei soll sie keineswegs Erziehungs- und Entscheidungsrechte der Eltern einschränken. Diese bleiben nach wie vor die Hauptverantwortlichen für die Erziehung ihrer Kinder. Die Ganztagsschule ermöglicht ihnen allerdings, trotz Berufstätigkeit mehr Zeit für die emotionale Unterstützung ihrer Kinder zu haben, weil sie u. a. die Mittagsverpflegung, die Hausaufgabenbetreuung und zumindest teilweise die Freizeitgestaltung übernimmt.

2.5 Förderung der Frauenerwerbstätigkeit

Immer mehr Frauen sehen im Beruf einen festen Bestandteil ihrer Lebensplanung. Am höchsten ist die Erwerbsneigung von Frauen vor allem in der Altersgruppe von 25 bis 45 Jahren, in der für viele die Vereinbarkeit von Beruf und Familie bewerkstelligt werden muss. Darüber hinaus wird – insbesondere vor dem Hintergrund des sich abzeichnenden Fachkräftemangels – verstärkt von Arbeitgeberverbänden und Gewerkschaften die Bedeutung der Erwerbstätigkeit von Frauen hervorgehoben. Ausserdem werden durch den Ausbau der Ganztagsschulangebote geeignete Möglichkeiten gesehen, Qualifikationspotentiale von Frauen auf dem Arbeitsmarkt und im Beschäftigungssystem besser zu nutzen.

3 Der Ausbau von Ganztagsschulen

Jede Ganztagsschule entwickelt ein standortspezifisches pädagogisches Konzept. Dieses beinhaltet ein vielfältiges Wahlangebot, das sich an den Bedürfnissen, Interessen, Neigungen und Wünschen der Schülerinnen und Schüler orientiert und mit dem Unterricht nach der Stundentafel zu verbinden ist. Vier verbindliche Gestaltungselemente sind zu berücksichtigen und in einem ausgewogenen Verhältnis zueinander zu verwirklichen:

- Unterrichtsbezogene Ergänzungen
- Themenbezogene Vorhaben und Projekte
- Förderung
- Freizeitgestaltung

Tab. 1: Neue Ganztagsschulen/Ganztagsschülerinnen und Schüler nach Schularten (Schuljahr 2008/09)

Schulart	Anzahl Schulen gesamt	Anzahl GTS	Anteil GTS	Anzahl Schüler gesamt	Anzahl GTS-Schüler	Anteil GTS-Schüler
Grundschulen (GS)	912	201	22%	50 289	17 440	35%
Hauptschulen (HS)	114	83	72%	19 827	9 415	48%
Regionale Schulen (RS)	65	48	74%	21 077	7 875	37%
Duale Oberschulen (DOS)	14	8	57%	3 040	946	31%
Realschulen	117	29	25%	17 273	3 433	20%
Gymnasium (GY)	143	26	18%	16 581	2 554	15%
Integrierte Gesamtschulen (IGS)	35	13	25%	6 530	1 577	24%
Sekundarstufe I (Sek I)	1 400	408	29%	134 617	24 506	18%
Schulen mit dem Förderschwerpunkt Lernen (SFL)	141	50	36%	6 204	3 950	64%
Summe	1 541	458	30%	140 821	44 892	32%

GTS: Ganztagsschulen; RS: Schulart mit zwei Bildungsgängen in integrierter Form; DOS: Schulart mit zwei Bildungsgängen in kooperativer Form; SFL: Schulart für Schülerinnen und Schüler mit sonderpädagogischem Förderbedarf

Der Tabelle 1 kann der Entwicklungsstand Stand Schuljahr 2008/09 in Rheinland-Pfalz entnommen werden.[3] Es fällt auf, dass der grösste Anteil an Ganztagsschulen bereits auf der Hauptschule, in regionalen Schulen gefolgt von dualen Oberschulen besteht. Schaut man sich im Detail den Anteil der Schülerinnen und Schüler an, die eine solche Schule besuchen und gleichzeitig auch das Angebot der Ganztagsschule nutzen, so stellt man fest, dass dieser wiederum in denselben Schularten sowie zusätzlich in Schulen mit dem Förderschwerpunkt Lernen am höchsten liegt. Insgesamt kann festgehalten werden, dass in Rheinland-Pfalz der Ausbau an Ganztagsschulen im Schuljahr 2008/09 bei einem knappen Drittel liegt und in diesen Schulen wiederum rund ein Drittel der Schülerinnen und Schüler effektiv auch ein ganztägiges Angebot nutzt.

Literaturverzeichnis

MINISTERIUM FÜR BILDUNG, WISSENSCHAFT, JUGEND UND KULTUR (ED.)
(2004). *Schulgesetz Rheinland-Pfalz*. Verfügbar unter: http://rlp.juris.de/
rlp/gesamt/SchulG_RP_2004.htm [16.6.2009].

---

3   Seit Februar 2003 ist die Entwicklung dieses grossen bildungspolitischen Reformvorhabens auf *www.ganztagsschule.rlp.de* stets aktualisiert im Internet zu verfolgen. Über *Links* lässt sich unmittelbar Kontakt mit vielen Ganztagsschulen im Land aufnehmen. Dort können auch aktuelle statistische Daten zum Stand des Ausbauprogramms für die Ganztagsschule abgerufen werden.

Berlin macht ganztags Schule

Dagmar Wilde

In Berlin hat sich die Erkenntnis durchgesetzt, dass die Trennung von Schule am Vormittag und Betreuung am Nachmittag heutigen Bildungsansprüchen und -zielen nicht mehr hinlänglich gerecht wird. Eingeleitet durch das Grundschulreformprogramm 2000 und den Schulversuch «Verlässliche Halbtagsgrundschule»[1], sind seit dem Schuljahr 2005/06 alle Grundschulen[2], die nicht zu den 64 gebundenen Ganztagsgrundschulen gehören, verlässliche Halbtagsgrundschulen und offene Ganztagsgrundschulen.

Bei der Ausgestaltung aller Berliner Grundschulen zu ganztägigen Lernorten geht es um ein Mehr an individueller Förderung und eine Weiterentwicklung der Lehr-Lern-Kultur und um Schulentwicklung als Organisations-, Personal- und Unterrichtsentwicklungsprozess im 21. Jahrhundert. Es geht darum, Kinder mit Lernschwierigkeiten ebenso wie Kinder mit besonderen Begabungen vielseitig zu fördern und zu fordern, um sie für ein Leben und Lernen in der Wissensgesellschaft optimal vorzubereiten.

1 Weiterentwicklung der Berliner Grundschule seit 2004

Die Erkenntnis, dass Lernen ein individueller und aktiver Prozess ist und Wissen daher nicht übertragen werden kann, sondern von jedem Lernenden neu konstruiert wird, hat in den letzten Jahren zu einem tiefgreifenden Wandel im Verständnis schulischer Lehr- und Lernkultur geführt. In der Folge stehen auch in Berlin die Organisationsstrukturen des Lehrens und Lernens und die Qualität der Lernergebnisse der Grundschule auf dem Prüfstand.

Erfahrungen anderer Länder zeigen, dass Kinder, die ganztägig die Schule besuchen, offenbar nachhaltiger ihre Fähigkeiten und Fertigkeiten entfalten können. Ein Mehr an Zeit und ein Zusammenwirken des pädagogischen Personals eröffnen mehr und bessere Möglichkeiten einer Integration von Unterricht sowie begleiteter und unbegleiteter Freizeit mit dem Ziel der Förderung individueller Begabungen aller Kinder.

---

1 Zum Begriff «verlässliche Halbtagsgrundschule» vgl. Abschnitt 2.1.
2 Die sechsjährige Berliner Grundschule umfasst die erste bis sechste Jahrgangsstufe.

Die Umwandlung aller Berliner Grundschulen in Ganztagsschulen steht im Zusammenhang mit grundlegenden Reformen der Grundschule, die das Parlament mit dem Schulgesetz vom 26. Januar 2004 beschlossen hat. Zum Schuljahr 2005/06 traten die neuen gesetzlichen Regelungen in Kraft (Schulgesetz: Senatverwaltung für Bildung, Wissenschaft und Forschung 2008a; Grundschulverordnung: Senatverwaltung für Bildung, Wissenschaft und Forschung 2007; Rahmenlehrpläne für die Grundschule: Senatverwaltung für Bildung, Wissenschaft und Forschung 2008b). Gleichfalls wurden mit dem «Leitbild für die offene Ganztagsgrundschule» (Senatverwaltung für Bildung, Wissenschaft und Forschung 2008c) konzeptionelle Eckpunkte der Weiterentwicklung der bisherigen Halbtagsgrundschulen zu Ganztagsschulen veröffentlicht und leitende Orientierungen für die Entwicklung der Einzelschule gegeben.

1.1   Leitziel: Individuelle Förderung im gemeinsamen Unterricht

Mit dem Ziel einer verbesserten individuellen Förderung traten zeitgleich mit der Umwandlung aller Grundschulen in verlässliche Halbtagsgrundschulen (VHG) und Ganztagsschulen im Schuljahr 2005/06 folgende Reformen in Kraft:

- Stärkung der Kindertagesstätten als Bildungsinstitutionen (Berliner Bildungsprogramm für die Kita, Abschaffung der Vorklassen an Grundschulen, Verlagerung der vorschulischen Erziehung in die Kitas).
- Einschulung aller Kinder im Jahr der Vollendung des sechsten Lebensjahres (schulpflichtig werden alle Kinder, die zwischen dem 1. Januar und 31. Dezember das sechste Lebensjahr vollenden. Auf Antrag der Eltern können auch Kinder in die Schule aufgenommen werden, die bis zum 31. März des Folgejahres sechs Jahre alt werden).
- Verzicht auf Zurückstellen von der Schulpflicht, Abschulen und Überweisen an Förderzentren mit dem Förderschwerpunkt Lernen und emotionale-soziale Entwicklung. Statt dessen Individualisierung der Lernzeit und sonderpädagogische Förderung in der flexiblen Schulanfangsphase.
- Flexible Schulanfangsphase mit den Jahrgangsstufen eins und zwei als pädagogisch-curriculare Einheit (in der Kinder ein, zwei oder auch drei Jahre lernen, bevor sie in die Jahrgangsstufe drei aufrücken) bei jahrgangsübergreifender Organisation der Klassen.

- Mehr Eigenverantwortung für die Einzelschule, begleitet durch externe und interne Evaluation (Vergleichsarbeiten, Schulinspektion, Schulprogramm und interne Evaluation)

Die strukturellen Veränderungen haben einerseits ein Mehr an Verlässlichkeit für Schülerinnen und Schüler sowie deren Eltern, andererseits für die Einzelschule eine Herausforderung zur Weiterentwicklung der Qualität ihrer Bildungs- und Betreuungsangebote und die Verpflichtung zur Rechenschaftslegung über die schulischen Ergebnisse zur Folge. Im Schulgesetz vom Januar 2004 ist die Verpflichtung zu kontinuierlicher Qualitätssicherung festgelegt. Jede Schule hatte bis Sommer 2006 ein Schulprogramm vorzulegen, das regelmässig intern zu evaluieren ist; hierfür entwickelt sie selbstständig Evaluationskriterien und Qualitätsmerkmale und wendet diese an. Ihren ersten Bericht zur internen Evaluation müssen die Schulen spätestens bis März 2009 vorlegen. Zur Qualitätssicherung gehört seit dem Schuljahr 2005/06 gleichfalls die externe Evaluation durch die Schulinspektion, deren Ergebnisse der Schule in Form eines Inspektionsberichtes zur Verfügung gestellt wird.[3]

1.2 Leitziel: Veränderte Zeitstrukturen und Kooperation der Professionen

Der Ausbau aller Grundschulen zu Ganztagsschulen durch Verlagerung der bis dahin ausserschulisch angesiedelten Horte erfolgte für das Land kostenneutral, indem das notwendige Erzieherpersonal für die verlässliche Halbtagsgrundschule und die offene bzw. gebundene Ganztagsgrundschule aus den Horten der städtischen Kindertagesstätten und ein Teil der Hortplätze bei freien Trägern an die Schulen verlagert wurden. Der Personalschlüssel des ehemaligen Hortes von 1:22 blieb erhalten; auch Personalzuschlagsregelungen (z. B. für Kinder nichtdeutscher Herkunftssprache und für so genannte sozial benachteiligte Kinder) sind übernommen worden. Zum Schuljahr 2008/09 erfolgte eine Ausweitung der Kooperationen mit freien Trägern der Jugendhilfe, sodass nunmehr 110 Grundschulen die unterrichtsergänzende Förderung und Betreuung in Kooperation mit freien Trägern der Jugendhilfe durchführen, die das Erzieherpersonal stellen.

---

3 Ausführliche Informationen über Konzepte und Ergebnisse der Berliner Schulinspektion finden sich unter *http://www.berlin.de/sen/bildung/schulqualitaet/schulinspektion*.

Das Berliner Ganztagskonzept sieht eine enge Kooperation zwischen Erzieherinnen und Lehrkräften bei der gemeinsam verantworteten pädagogischen Gestaltung der Schule zu einem Lern- und Lebensort für Kinder mit unterschiedlichen Lernvoraussetzungen, Lebenserfahrungen und Kompetenzen vor. Offene ebenso wie gebundene Ganztagsgrundschulen sind daher nicht als additive Modelle konzipiert (im Sinne von Unterricht im 45-Minuten-Takt über den halben Tag, unterbrochen durch herkömmliche Kurz- und Hofpausen, gefolgt von optionaler Freizeit- und Hausaufgabenbetreuungsangeboten durch Erzieherinnen und Erzieher oder ausserschulische Partner nach Unterrichtsschluss). Vor dem Hintergrund der Erkenntnis, dass die Trennung von Schule am Vormittag und Betreuung am Nachmittag den heutigen Bildungsansprüchen nicht mehr hinlänglich gerecht wird, ist das pädagogische Leitziel vielmehr ein integratives Konzept von Bildung, Erziehung und Betreuung in jeder Ganztagsgrundschule. Zum pädagogischen Konzept jeder Schule gehört daher in erster Linie eine Rhythmisierung des Schultags, die auf die spezifischen Voraussetzungen der Kinder und das Profil der Schule abgestimmt ist sowie Teamarbeit des Kollegiums und Kooperation mit ausserschulischen Partnern. In gebundenen ebenso wie in offenen Ganztagsgrundschulen geht es darum, anders zu lehren und zu lernen – und anderes zu lernen.

2   Drei schulische Angebote – zwei Modelle des Ganztags in Grundschulen

2.1   Verlässliche Halbtagsgrundschule (VHG)

Das tägliche Förderangebot (Unterricht und unterrichtsergänzende Angebote) der VHG umfasst die Zeit zwischen 7.30 und 13.30 Uhr. Damit steht allen Kindern an allen Grundschulen entgeltfrei eine Bildungs- und Betreuungszeit im Umfang von sechs Zeitstunden zur Verfügung.

Jede Grundschule ist gehalten, die Stundentafel so zu rhythmisieren, dass allen Jahrgangsstufen in der Regel zwischen 7.30 und 13.30 Uhr ein schulisches Bildungsangebot zur Verfügung steht, das Unterricht und ausserunterrichtliche Aktivitäten (Arbeitsgemeinschaften, Bewegungsangebote, begleitete und unbegleitete Freizeit, Förderangebote) umfasst. Die Teilnahme an der VHG ist – mit Ausnahme der Verpflichtung zur Teilnahme am Unterricht – freiwillig und für alle Kinder entgeltfrei.

2.2 Offene Ganztagsgrundschule

In der offenen Ganztagsgrundschule wird die VHG durch eine Früh-, Nachmittags-, Spät- und/oder Ferienbetreuung erweitert. Die Teilnahme am Angebot der offenen Ganztagsgrundschule ist freiwillig, jedoch nach den für die Betreuung von schulpflichtigen Kindern geltenden gesetzlichen Regelungen an den Nachweis eines Bedarfs gebunden sowie einkommensabhängig kostenpflichtig.

Jedes Kind erhält bis einschliesslich Jahrgangsstufe vier[4] einen Platz in der offenen Ganztagsgrundsschule, wenn seine Eltern in einem Arbeits- oder Ausbildungsverhältnis stehen, ein solches nachweisbar aufnehmen wollen oder wenn besondere pädagogische, soziale oder familiäre Gründe eine ergänzende Betreuung des Kindes erfordern.

Die ergänzende Förderung und Betreuung umfasst in der offenen Ganztagsgrundschule die Zeit von 6.00 bis 7.30 Uhr, 13.30 bis 16.00 Uhr, 16.00 bis 18.00 Uhr sowie in den Ferien zusätzlich die Zeit von 7.30 bis 13.30 Uhr. Die ausserunterrichtlichen Angebote in der VHG (hier insbesondere in der Schulanfangsphase) und in der offenen Ganztagsgrundschule werden durch Erzieherpersonal der Schule oder eines Trägers der freien Jugendhilfe, der mit der Schule kooperiert, verantwortet. Eine zeitliche, organisatorische, inhaltliche und professionsbezogene Verknüpfung des Unterrichts und der ausserunterrichtlichen Angebote in der offenen Ganztagsgrundschule ist ein erklärtes Ziel. Massgeblich zur Veränderung der schulischen Lehr- und Lernkultur trägt bei, dass Unterrichts- und Betreuungsangebote in der VHG rhythmisiert und die ausserunterrichtlichen Nachmittagsangebote (13.30 bis 16.00 Uhr) der offenen Ganztagsgrundschule inhaltlich mit den unterrichtlichen Angeboten der VHG verbunden werden sollen (vgl. Grundschulverordnung 2007).

Im Schuljahr 2007/08 besuchten 131 209 Schülerinnen und Schüler (87 Prozent) offene Ganztagsgrundschulen, davon nahmen 55 681 Schülerinnen und Schüler (42 Prozent) am die VHG ergänzenden Angebot der offenen Ganztagsgrundschule teil.

---

4   Die Teilnahme am Angebot der offenen Ganztagsgrundschule ist auch für Kinder der Jahrgangsstufen fünf und sechs möglich, sofern ein Betreuungsbedarf aus pädagogischen, sozialen oder familiären Gründen nachgewiesen wird.

2.3   Gebundene Ganztagsgrundschule

Gebundene Ganztagsgrundschulen haben ein pädagogisches Gesamtkonzept von Unterricht, Erziehung, ergänzender Förderung und Betreuung, an dem alle Schülerinnen und Schüler an vier Tagen in der Woche von 8 bis 16 Uhr, an einem Tag von 8 bis 13.30 Uhr verpflichtend teilnehmen. Der Besuch der gebundenen Ganztagsgrundschule steht allen Kindern offen, deren Eltern dies wünschen und ist entgeltfrei (mit Ausnahme einer Kostenbeteiligung am Mittagessen). Zusätzlich besteht das – einkommensabhängig kostenpflichtige und an den Nachweis eines Betreuungsbedarfs gebundene – Angebot einer ergänzenden Früh-, Spät- und Ferienbetreuung.

Der Anteil der Schülerinnen und Schüler, die eine gebundene Ganztagsgrundschule besuchen, liegt zurzeit bei 13 Prozent. Er hat sich von 12 040 Kindern im Schuljahr 2000/2001 auf 19 025 Kinder im Schuljahr 2006/07 erhöht.

3   Erfahrungen und Perspektiven

3.1   Schulen brauchen Zeit für Entwicklung

Die meisten Berliner Grundschulen betraten im Schuljahr 2005/06 Neuland. In ihrer Entwicklung zu verlässlichen Halbtagsgrundschulen und Ganztagsgrundschulen standen sie veränderten Aufgaben, Anforderungen und Erwartungen gegenüber. Mit der Verlagerung der ausserschulischen Hortbetreuung an die Grundschulen war keineswegs nur ein Etikettenwechsel verbunden. Vielmehr handelte es sich um einen Systemwandel, der das Ziel hatte, additive Modelle abzulösen, in denen Bildung am Vormittag und Betreuung am Nachmittag unverbunden standen und von verschiedenen Professionen verantwortet und durchgeführt wurden. Dieser Systemwandel, der aus Synergien guter Schul- und Hortpädagogik eine grundlegende Veränderung von Schule und Lernkultur erzielen will, ist nach wie vor im Gange. Jede Schule geht dabei im Rahmen der gesetzlichen Vorgaben ihren eigenen Weg und benötigt dafür spezifische Unterstützung und vor allem ihre individuelle Zeit. Denn: Nicht nur Kinder, auch Schulen sind verschieden.

Die Schulentwicklungsforschung macht darauf aufmerksam, dass Schulen lernende Organisationen sind (vgl. Buchen 2009). Ihre Entwicklung lässt sich anregen, aber sie lässt sich nicht bis ins Detail steuern. Die Qualität von Bildung, Erziehung und Betreuung in der verlässlichen Halbtagsgrundschule und in der Ganztagsgrundschule wird erzeugt durch ein Zusammenwirken der Beteiligten vor Ort, das von pädagogischem Sachverstand und einem am Kind orientierten Förderkonzept geleitet ist.

Ergebnisse empirischer Studien weisen darauf hin, dass die Frage nach der Qualität von Ganztagsschulen in grösseren Teilen identisch ist mit der Frage nach der Qualität von Schule generell – unabhängig von ihrer ganz- oder halbtägigen Organisationsform (vgl. Holtappels 2007). Die Umwandlung der Grundschulen in Lernorte für den ganzen Tag muss daher einem veränderten Verständnis von Lernen folgen.

Für die Qualität von Ganztagsschulen sind Indikatoren zu nennen, die zugleich für das Gros der Berliner Grundschulen nach wie vor zentrale Entwicklungsaufgaben im Bereich der Organisations-, Personal- und Unterrichtsentwicklung darstellen:

- Nutzen des Mehr an Zeit für ein Mehr an Förderung
- Sach- und kindgerechte Rhythmisierung des Schultages
- Inhaltliche Verzahnung von Unterricht und ergänzenden Angeboten
- Kooperation der Lehrkräfte
- Kooperation der Lehrkräfte und Erzieherinnen
- Sozialräumliche Öffnung und Kooperation mit ausserschulischen Partnern

Grundschulen mit ganztägiger Organisationsform übernehmen ganztägig Verantwortung – offene Ganztagsgrundschulen zwar nicht durchweg für alle Schülerinnen und Schüler, aber zumindest doch für einen grossen Teil von ihnen. Eine veränderte Rhythmisierung des Schultages und eine Verzahnung von Unterricht und Nachmittagsaktivitäten bedeuten weit mehr als eine Anreicherung des Unterrichtsvormittags durch Aufenthaltsmöglichkeiten im Freizeitbereich, mehr als eine Ausweitung des Unterrichts auf den Nachmittag, mehr als eine Ergänzung der Stundentafel durch nachmittägliche Betreuung und ausserschulische Projekte.

Die bisherigen Ergebnisse der Berliner Schulinspektion decken sich mit den Ergebnissen der wissenschaftlichen Begleitstudien (vgl. Holtappels et al. 2007; Kolbe 2008. Stärken werden zahlreichen Ganztagsgrundschulen (gebundenen wie offenen) bescheinigt in Bezug auf ihre aktive Kooperation mit gesellschaftlichen Partnern, ihre Unterrichtsorganisation, die Schülerunterstützung und -förderung im Unterricht und die entwickelten Schulprogramme. Als Entwicklungsaufgaben werden identifiziert: Umgang mit Heterogenität, pädagogische und leistungsfördernde Ausgestaltung des Vor- und Nachmittags, Partizipation der Schüler und Schülerinnen sowie deren Eltern, Teamentwicklung und Kooperation der Professionen sowie schulinterne Evaluation.

3.2   Gelingensbedingungen

Die Umwandlung einer Grundschule in eine Ganztagsschule fordert die Pädagoginnen und Pädagogen heraus, ebenso grundlegend über die Tagesstruktur wie über die Angebotsstruktur nachzudenken. Denn Tages- und Angebotsstruktur prägen die Lehr-Lern-Kultur und umgekehrt. Wo dies bedacht wird, müssen ein Mehr an Zeit und ein Zusammenwirken des Personals für mehr und bessere Möglichkeiten einer Integration von Unterricht und Freizeit, einer Rhythmisierung von Anspannung und Entspannung, einem Wechsel von gemeinsamer Zeit und Eigenzeit mit dem Ziel der individuellen Förderung und ganzheitlichen Bildung jedes Kindes genutzt werden.

In Berlin hat sich gezeigt, dass folgende Faktoren das Gelingen schulischer Entwicklungsprozesse unterstützen können:
- Vorbereitungs- und Entwicklungszeit mit flankierender Unterstützung (Coaching, kollegiale Hospitationen, regionale Vernetzung)
- Schulleitung (*leadership*)
- Eltern- und Schüler-Partizipation
- Mut zur Veränderung (in kleinen Schritten)
- Vertrauenskultur im Kollegium
- Beratung und teilnehmende Prozessbegleitung durch die Schulaufsicht
- Verlässliche Rahmenbedingungen (strukturell, personell und materiell)

Es liegt auf der Hand, dass die Umwandlung einer Halbtagsgrundschule in eine Ganztagsgrundschule nicht von heute auf morgen und vor allem nicht ohne anfängliche – auch selbst erzeugte – Schwierigkeiten verläuft. Auf dem Weg zu einer lebendigen Schulkultur und mehr Schulqualität in der Ganztagsschule sind – mit einem klaren Ziel vor Augen – viele kleine Schritte gefragt. Es gilt mit ambivalenten Erwartungen zielklar umzugehen, das Machbare pragmatisch anzugehen, das (vorerst) noch nicht Leistbare zu akzeptieren – aber offen für Optimierung und Veränderung zu sein. Es sind die kleinen Schritte, die schliesslich zu langfristigen Veränderungen beitragen. Denn sie bringen Erfolge mit sich, die motivieren, den begonnenen Weg fortzusetzen.

Die Ergebnisse der Schulinspektion im Schuljahr 2007/08 zeigen positive Entwicklungen im Bereich der Rhythmisierung des Schultages, der zielorientierten Zusammenarbeit vom Lehrkräften und Erzieherinnen im Unterricht und der Teamstrukturen im Kollegium. Deutlich ausgeprägt ist dies bei den visitierten gebundenen Ganztagsgrundschulen, weniger deutlich – im Vergleich zum Vorjahr aber mit positiver Tendenz – ist dies bei den offenen Ganztagsgrundschulen feststellbar. Die Entwicklung der Berliner Ganztagsgrundschulen seit 2005/06 bestätigt einmal mehr: Es braucht Zeit, bis sich Denkweisen und Einstellungen verändern. Veränderungen in der Praxis brauchen noch viel mehr Zeit.

Literaturverzeichnis

BUCHEN, HERBERT; ROLFF, HANS-GÜNTHER (EDS.) (2009). *Professionswissen Schulleitung.* Weinheim: Beltz.

GRUNDSCHULVERORDNUNG (2007). *Verordnung über den Bildungsgang der Grundschule (Grundschulverordnung – GsVO).* Verfügbar unter: http://www.berlin.de/imperia/md/content/sen-bildung/ rechtsvorschriften/grundschulverordnung.pdf [24.11.2008].

HOLTAPPELS, H. G.; KLIEME, E.; RAUSCHENBACH, T.; STECHER, L. (EDS.) (2007). *Ganztagsschule in Deutschland. Ergebnisse der Ausgangserhebung der «Studie zur Entwicklung von Ganztagsschulen» (StEG).* Weinheim: Juventa.

KOLBE, F.-U. (2008). *Unterrichtsentwicklung und Lernkultur in Rheinland-Pfalz. Neue Forschungsergebnisse der Studie zur Entwicklung der Lern- und Unterrichtskultur in Ganztagsschulen (LUGS), Teil 1.* Verfügbar unter: http://www.ganztagsschule.rlp.de/lehrende/ unterrichtsentwicklung-und-lernkultur-in-rheinland-pfalz/view [5.3.2009].

SENATSVERWALTUNG FÜR BILDUNG, WISSENSCHAFT UND FORSCHUNG BERLIN (2007). *Verordnung über den Bildungsgang der Grundschule (Grundschulverordnung – GsVO) vom 19. Januar 2005 (GVBl. S. 16) in der Fassung vom 23. Juni 2009 (GVBl. S. 309).*

SENATSVERWALTUNG FÜR BILDUNG, WISSENSCHAFT UND FORSCHUNG BERLIN (2008A). *Schulgesetz für das Land Berlin v. 26. Januar 2004 (GVBl. S. 26), geändert durch 2. Gesetz zur Änderung des Schulgesetzes vom 17. April*

2008 (GVBl. S. 95). Verfügbar unter: http://www.berlin.de/imperia/md/
content/sen-bildung/rechtsvorschriften/schulgesetz.pdf [24.11.2008].

SENATSVERWALTUNG FÜR BILDUNG, WISSENSCHAFT UND FORSCHUNG
BERLIN (2008B). *Rahmenlehrpläne für die Grundschule. Klassen 1 bis 6.*
Verfügbar unter: http://www.berlin.de/sen/bildung/schulorganisation/
lehrplaene/ [24.11.2008].

SENATSVERWALTUNG FÜR BILDUNG, WISSENSCHAFT UND FORSCHUNG BERLIN
(2008C). *Leitbild für die offene Ganztagsgrundschule.* Verfügbar unter:
http://www.berlin.de/imperia/md/content/sen-bildung/berlin_macht_
ganztags_schule/leitbild_offene_ganztagsgrundschule.pdf [24.11.2008].

Tagesschulen in der Schweiz: Konzepte, pädagogischer Anspruch und Qualitätssicherung am Beispiel des Kantons Bern

Simone Grossenbacher-Wymann

1 Einleitung

Ab August 2008 betrachtet der Kanton Bern Tagesschulangebote als Bildungs-auftrag. Im Volksschulgesetz (1992) wurde deshalb die Pflicht der Gemeinden, bei einer verbindlichen Nachfrage von zehn Kindern die entsprechenden Tagesschulmodule zu führen, festgelegt (Tagesschulverordnung des Kantons Bern 2008). Ab Schuljahr 2010/11 sollen im Kanton Bern damit möglichst flächen-deckend Tagesschulangebote bereit stehen, die den Kindern und Jugendlichen Stabilität und Sicherheit bieten und ihre Bildungschancen erhöhen. Im Weite-ren besteht die Zielsetzung, den Eltern die Verbindung von Familie und Beruf zu ermöglichen und damit indirekt die wirtschafts- und wachstumspolitische Strategie des Kantons Bern zu stützen.

Tagesschulangebote sollen modular organisiert werden können, damit sie dem kommunalen Bedarf entsprechen. Sie werden gemeinsam durch die El-tern, die Standortgemeinde, die Gesamtheit der Gemeinden und durch den Kanton finanziert. Der Kostenteiler entspricht – mit Ausnahme der Elternbei-träge – der Finanzierung des Volksschulwesens.

Bisherige Tagesschulen, Tageshorte und Mittagstische unterstehen künftig nicht mehr der Gesundheits- und Fürsorgedirektion, sondern der Erziehungs-direktion. Sie ist verantwortlich, die bestehenden und die neuen Tagesschulan-gebote in Zusammenarbeit mit den Gemeinden nicht mehr primär als soziale, sondern als «die Schule ergänzende» Institutionen der Betreuung, Bildung und Erziehung zu entwickeln. Dieser Schritt wurde nach einer intensiv geführten gesellschaftspolitischen Diskussion möglich. Mit einem modularen, bedarfsori-entierten Konzept, welches den Gemeinden Gestaltungsfreiraum lässt, konnte ein breiter Konsens für den Aufbau der Tagesschulangebote erreicht werden, so wurde die Gesetzesänderung durch den Grossen Rat des Kantons Bern ohne Gegenstimmen (vgl. Tagblatt vom 29.1.2008) angenommen.

2   Definition «Tagesschulangebot»

Unter einem Tagesschulangebot versteht man im Kanton Bern eine freiwillige, pädagogisch geleitete Betreuung für Kindergarten- und Schulkinder, welche meist vor oder nach dem obligatorischen Unterricht stattfindet, aber auch in Form eines geschlossenen, rhythmisierten *Ganztagesschulmodells* möglich ist, sofern die Eltern diesem zustimmen. Die Betreuung wird im Auftrag der Gemeinde während einem bis fünf Tagen pro Woche angeboten. Dieses Angebot gilt jedoch nicht während den Schulferien.

Tagesschulangebote können aus vier Modulen mit verschiedenen Inhalten bestehen:
1. Frühbetreuung vor Unterrichtsbeginn
2. Mittagsbetreuung mit Verpflegung
3. Aufgabenbetreuung
4. Nachmittagsbetreuung nach Unterrichtsschluss oder an schulfreien Nachmittagen

Oftmals, jedoch nicht zwingend, befindet sich das Tagesschulangebot räumlich unter dem gleichen Dach wie die Schule. Zwischen der Tagesschule und der obligatorischen Schule muss eine enge Zusammenarbeit bestehen. Die Betreuung der Kinder in der Tagesschule besorgt ein Team aus pädagogisch und nicht pädagogisch ausgebildetem Personal.

Tagesschulangebote bieten den Kindern die Möglichkeit,
• gemeinsam ein abwechslungsreiches und gesundes Essen einzunehmen (auf kulturelle oder religiöse Bedürfnisse wird geachtet),
• bei täglichen Routinearbeiten (z. B. Tisch decken) mitzuhelfen,
• die Hausaufgaben unter Anleitung selbstständig zu erledigen,
• frei oder angeleitet zu spielen, zu basteln oder auch sich auszuruhen sowie
• sich drinnen und draussen zu bewegen.

Gesundheitsförderung und Prävention (vor allem Ernährung, Bewegung, Umgang mit den Medien) haben im Alltag der Tagesschulangebote einen hohen Stellenwert.

Die Eltern können die Angebote freiwillig wählen. Sie bestellen verbindlich für jeweils ein Schuljahr die gewünschten Betreuungsmodule für ihre Kinder. Sie bezahlen einkommens- und vermögensabhängige Beiträge nach kantonaler Gebühr (vgl. Erziehungsdirektion des Kantons Bern 2008b). Die Kosten für die Betreuung pro Stunde und Kind liegen zwischen CHF 0.65 und 10.85. Das Essen ist von den Eltern zusätzlich zu bezahlen, unabhängig ihres Einkommens. Diesen Betrag legen die Gemeinden fest. Meist kostet das Mittagessen zwischen CHF 7 und 9, ein Betrag, welcher Eltern mit unteren Einkommen übermässig belasten kann. Ergänzend ist deshalb im Rahmen der Regelungen des Sozialhilfegesetzes eine Unterstützung durch Sozialhilfeleistungen möglich.

3 Strategie der schrittweisen Entwicklung

Der Kanton Bern ist zweisprachig und umfasst städtische und ländliche Regionen mit unterschiedlichen gesellschaftlichen Kulturen. Für eine flächendeckende Umsetzung der Tagesschulangebote mussten deshalb pragmatische Formen gefunden werden, die auch Kompromisse beinhalten. Es stellt sich die Frage, wie weit mit der geplanten Modularität der Anspruch der pädagogischen Qualität erfüllt wird und wie in grossen und oft auch sehr kleinen Schulgemeinden des Kantons Bern der allgemein steinige Weg zur professionellen Kinderbetreuung gemeistert werden kann.

Der etwas sperrige Begriff «Tagesschulangebot» wurde bewusst gewählt, obwohl die Begriffe rund um die Ganztagesbildung bereits sehr unübersichtlich sind. Er enthält das gewählte Programm: einerseits die längerfristige Vision der «Tagesschule» und andererseits den Weg der kurzfristig «machbaren Schritte».

Tagesschulangebote des Kantons Bern sind Teil der Volksschule und heben sich in ihrer pädagogischen Qualität ab von beliebigen «Betreuungsstrukturen». Sie unterstützen die in der Bildungsstrategie 2005 und 2009 umschriebenen Ziele der Erziehungsdirektion (Erziehungsdirektion des Kantons Bern 2005). Ob dieser Anspruch erreicht werden kann, obwohl nicht alle Gemeinden gewillt oder in der Lage sind, «klassische», vollzeitliche Tagesschulen bereit zu stellen, wird sich mittels Evaluation erweisen. Im Kanton Bern ist man jedoch überzeugt, mit dem gewählten pragmatischen Vorgehen grössere Wirkung erzielen zu können als mit zu stark einschränkenden Forderungen.

3.1 Beschränkte Nachfrage nach Vollzeitbetreuung

Der Bedarf an schulergänzender Betreuung ist von gesellschaftlichen und schulischen Gegebenheiten abhängig. Die Eltern wünschen oft nur eine Teilzeitbetreuung. Vor allem in den ländlichen Gebieten besteht erfahrungsgemäss bis anhin wenig Nachfrage für eine Ganztagesschule. In der Schweiz ist die Quote der Vollzeit arbeitenden Mütter traditionell tief. Dies hängt zum einen mit mangelnden Betreuungsstrukturen zusammen, zum anderen bildet es den bewusst getroffenen elterlichen Entscheid ab, wie Familie und Beruf kombiniert werden sollen. Selbst in städtischen Verhältnissen beanspruchen die Eltern im Durchschnitt nur etwa acht bis zehn Betreuungsstunden pro Woche.

3.2 Blockzeiten

Ab Sommer 2009 wird der Unterricht im Kanton Bern in Blockzeiten abgehalten., Das heisst alle Kindergarten- und Schulkinder sind von Montag bis Freitag jeden Morgen während mindestens vier Lektionen in der Obhut der Schule. Da die bernischen Lektionentafeln (Erziehungsdirektion des Kantons Bern 2000, p. 67) bereits für Kindergartenkinder 23 bis 26 Lektionen vorsehen und eine Mittagspause von 90 bis 120 Minuten üblich ist, findet für die grosse Mehrheit der Schülerinnen und Schüler am Nachmittag während zwei (für Kindergarten bis zur zweiten Klasse) bis vier (ca. ab der siebten Klasse) Nachmittagen Unterricht statt. Ältere Schüler und Schülerinnen, welche zudem die fakultativen Angebote der Schule belegen, erreichen ein Pensum bis zu 35 Wochenlektionen (Erziehungsdirektion des Kantons Bern 1995). Es versteht sich von selbst, dass damit für sie nur noch ein geringer Betreuungsbedarf besteht: Mit einer Mittagsverpflegung und einer allfälligen Hausaufgabenbetreuung ist der Ganztag abgedeckt.

Aus oben genannten Gründen sind im Kanton Bern gebundene Ganztagesschulen bisher kaum entstanden. Die lose und mitunter zufällige Aneinanderreihung von obligatorischem und freiwilligem Unterricht, Tagesschulangebot und Freizeitgestaltung durch Vereine (z. B. Musikschulen) durch eine schulseitig organisierte Ganztagsbildung zu ersetzen, wäre aus pädagogischer, organisatorischer und wahrscheinlich auch ökonomischer Sicht prüfenswert. Dies würde jedoch tiefgreifende Veränderungen der bereits durch viele Reformprojekte herausgeforderten Volksschule nach sich ziehen, wofür kurzfristig die notwendige Akzeptanz fehlt. Sind die Tagesschulangebote einmal etabliert, werden findige, motivierte Schulleitungen mit Vorzeigeprojekten den Weg bahnen, erste Beispiele sind bereits vorhanden. Erfolgreich umgesetzt werden Tagesschulen vor allem dort, wo das organisatorische und pädagogische Konzept – mit finanziellem und beratendem Beistand des Kantons – vor Ort entwickelt wird. Dieses Vorgehen erleichtert es den Schulbehörden und Mitgliedern von Tagesschulprojektgruppen, die lokalpolitischen Hürden zu überwinden und zu erreichen, dass das Tagesschulangebot Teil der örtlichen Schule wird. Selbst mit dem im Kanton Bern gewählten pragmatischen Vorgehen erwarten die an der Planung Beteiligten einige Widerstände.

4   Unterschiedliche Traditionen

Im Kanton Bern besteht eine vergleichsweise breite Palette an Betreuungseinrichtungen mit unterschiedlichen pädagogischen Ausprägungen und unterschiedlichen Qualitätsansprüchen. So gibt es Mittagstische, die von Frauenvereinen autonom geführt werden, aber auch Angebote der Kirchen, Winterschulen, Aufgabenhilfen mit und ohne Unterstützung der Gemeinden etc. Eine der Herausforderungen an den Transfer von der Sozialdirektion zur Bildungsdirektion mit neuer Zielpriorität besteht darin, neue, schulnahe Angebote zu schaffen, ohne Bestehendes zu gefährden.

4.1   Tagesschulen in Städten und Agglomeration

Die meisten Tagesschulen finden sich in städtischen Gebieten, ein flächendeckendes Angebot besteht nur in der Stadt Bern. Dieses wird überwiegend schulnah, additiv zum Unterricht und mit offenem Betreuungsangebot (Kinder aus verschiedenen Klassen) organisiert.

4.2   Verschiedene Betreuungsstrukturen in den Regionen

In den ländlich geprägten Teilen des Kantons gibt es wenige, kleine Tagesschulen, teilweise in gebundener Form, einzelne mit stark pädagogisch ausgerichteten Konzepten.

4.2.1 Tagesschulen zum Strukturerhalt

In letzter Zeit wollten einige Gemeinden ihre Dorfschule in eine Tagesschule umwandeln, um mit diesem Standortvorteil Schulkinder aus anderen Gemeinden anzuwerben und so die eigene Schule vor der drohenden Schliessung zu bewahren. Bereits zeigt sich, dass diese Art der Strukturerhaltung nicht zielgerichtet ist. Erstens gilt im Kanton Bern keine freie Schulwahl, d. h. die Wohngemeinde des Kindes kann ihr Einverständnis für den Besuch der Tagesschule in der Nachbargemeinde verweigern. Zweitens wird mit dem flächendeckenden Angebot der Standortvorteil entfallen. Und schliesslich besteht die Gefahr, dass nur Kinder mit erhöhtem Betreuungsbedarf in die Tagesschulangebote der Nachbargemeinde abgegeben werden, was ohne entsprechende sonderpädagogische Unterstützung zu erheblichen Überforderungssituationen in der Betreuung und im Unterricht führen kann. Gemeinsam mit dem kantonalen Schulinspektorat begleitet der Fachbereich «Schulergänzende Massnahmen», der Erziehungsdirektion diejenigen Tagesschulangebote, welche mit solchen Herausforderungen kämpfen. Um die Integrationsziele der Volksschule zu unterstützen, wurde mit der Tagesschulverordnung konsequenterweise die Möglichkeit geschaffen, für Kinder mit besonderen Betreuungsanforderungen die geleisteten Betreuungsstunden mit einem erhöhten Faktor zu verrechnen. Dadurch können die Gruppengrössen verkleinert oder zusätzlich qualifizierte Betreuungspersonen eingesetzt werden. In Zukunft braucht es zur Gewährleistung der pädagogischen Qualität fachliche Diskussionen darüber, inwiefern es offen geführten Tagesschulangeboten mit heterogenen Kindergruppen überhaupt gelingen kann, besonders anspruchsvolle Integrationsleistungen zu erbringen. Bietet sich eine Gemeinde an, in ihrer Schule auswärtige Schülerinnen und Schüler mit ausgeprägten sozialen, persönlichen und/oder schulischen Problemen aufzunehmen, muss sie bereit sein, besonders qualifizierte Mitarbeitende einzustellen und ein entsprechendes Tagesschulmodell zu bieten.

4.2.2 Wahl des pädagogischen Anspruchs

In den Bergregionen des Kantons Bern sind traditionell die so genannten «Winterschulen» verbreitet. Da die Kinder lange Schulwege haben, essen alle gemeinsam mit ihren Lehrpersonen ihren mitgebrachten Lunch, manchmal wird eine Suppe oder ein warmes Getränk ausgeschenkt. Im Gegensatz zur Anstellung in

Tagesschulen, erhalten die Lehrerinnen und Lehrer bei dieser Mittagsbetreuung meist keine oder nur eine pauschale zusätzliche Abgeltung. Das gemeinsame Essen wird als Teil des beruflichen Auftrags betrachtet. Winterschulen sind unentgeltlich für die Gemeinde und die Eltern. Allerdings besteht kein pädagogischer Betreuungs-, Bildungs- oder Erziehungsauftrag wie beispielsweise in den Tagesschulen der Stadt Bern. Mit der geplanten Einführung der kostenpflichtigen Tagesschulangebote muss darauf geachtet werden, dass die Berggemeinden bzw. die Eltern schulpflichtiger Kinder dieser Regionen diese Neuerung tatsächlich als Mehrwert betrachten. Die Tagesschulverordnung sieht aus diesem Grund in begründbaren Situationen, z. B. für Verpflegungsmodule bei Oberstufenschülerinnen und -schülern, Angebote mit so genannt «tieferer pädagogischer Ausprägung» vor, die auch mit weniger als 50 Prozent pädagogisch ausgebildetem Personal geführt werden können. In jedem Fall müssen diese aber einer pädagogisch oder sozialpädagogisch ausgebildeten Leitung unterstehen. Für solche Angebote bezahlt der Kanton weniger und diese unterliegen einem günstigeren Elterntarif.

4.2.3 Möglichkeit ausserschulischer Träger

Traditionell gewichtet man im französischsprachigen Teil des Kantons Bern den Vorteil von ausserschulisch organisierter Betreuung und Freizeitgestaltung höher als die Möglichkeit der Verbindung von Unterricht und Betreuung. Deshalb findet man hier praktisch keine Tagesschulen, sondern Tageshorte, welche offenen, additiven Tagesschulen ähnlich sind. Allerdings sind sie räumlich und organisatorisch unabhängig von der Schule und werden oft durch Vereine geführt. Die Vernehmlassung zur Revision des Volksschulgesetzes offenbarte zusätzlich eine kritische bis ablehnende Haltung der Lehrergewerkschaft und der Schulleitungen im frankofonen Kantonsteil: Während in Tagesschulen in der Stadt Bern die Mitarbeit im Tagesschulbetrieb bei Lehrpersonen grosse Akzeptanz geniesst, befürchten ihre Kolleginnen und Kollegen aus dem französischsprachigen Kantonsteil, der Lehrerberuf werde damit nicht bereichert, sondern abgewertet. Im Kanton Bern können Lehrpersonen mit bestehender Anstellung nicht zur Mitarbeit in Tagesschulangeboten verpflichtet werden. Die Gemeinde muss somit die Möglichkeit haben, die Trägerschaft ganz oder teilweise an Private zu übertragen. Sie bleibt jedoch verantwortlich, dass Tagesschulangebote im Sinne der Gesetzgebung geführt werden. Dazu gehört zwingend die enge Zusammenarbeit mit der Schule.

Folgende Strukturen sind aus Sicht der Erziehungsdirektion unerlässlich, damit ausserschulisch geführte Tagesschulangebote die Volksschule in ihren pädagogischen und sozialen Zielen ergänzen (Erziehungsdirektion des Kantons Bern 2008a, p. 30):

- Es besteht eine schriftliche Vereinbarung über die gemeinsamen Ziele, die Organisation, die Abläufe, die Zusammenarbeit mit den Eltern, die gegenseitige Unterstützung und Information;
- es findet ein regelmässiger Austausch zwischen der Schul- und der externen Tagesschulleitung statt;
- die Zusammenarbeit ist Teil des Leistungsvertrages und untersteht dem Controlling.

5   Geleitete (Tages-)Schulen

Die zuvor genannten Grundsätze der institutionalisierten Zusammenarbeit zwischen (Tages-)Schulleitung, Unterrichtenden und Betreuenden gelten analog für alle Tagesschulangebote. Besonders wichtig sind sie für additive Modelle. Für Tagesschulangebote unter dem Dach der Schule empfiehlt die Erziehungsdirektion deshalb (Erziehungsdirektion des Kantons Bern 2008a, p. 30f.), dass die Schulleitung die Verantwortung der Tagesschule übernimmt. Wird sie an eine eigene Tagesschulleitung delegiert, soll diese der Schulleitung, welche die operative Führungsverantwortung wahrnimmt, unterstellt sein. Möglich ist auch eine gemeinsame Schulleitung. Im Alltag können Tagesschulangebote nur mit Unterstützung der Schulleitung mit dem unterrichtsbezogenen Teil der Volksschule fusionieren, sie sind deshalb aus Sicht der Erziehungsdirektion von entscheidender Bedeutung. Ihre Führungskompetenzen bilden den Schlüssel, um den Mitarbeitenden der Betreuung einen gleichberechtigten Platz in der Schule zu verschaffen und somit das Ziel der Bildung, Betreuung und Erziehung aus einer Hand, unter einem gemeinsam entwickelten Leitbild, zu verfolgen.

Die Aufgaben der Tagesschulleitung entsprechen denjenigen der Schulleitung, welche in der Lehreranstellungsverordnung beschrieben sind (Verordnung über die Anstellung der Lehrkräfte 1993). Sie umfassen insbesondere die Personalführung, die pädagogische Leitung, die Qualitätsentwicklung und

Evaluation, die Organisation und Administration sowie die Informations- und Öffentlichkeitsarbeit.

Im Kanton Bern muss die Leitung des Tagesschulangebots pädagogisch oder sozialpädagogisch ausgebildet sein. Diese Vorgabe bildet die zentrale Voraussetzung zur pädagogischen Qualität in Tagesschulangeboten. Die Tagesschulleitung trägt die operative Verantwortung, sie motiviert und führt das Team und sorgt dafür, dass Betreuungs- und Unterrichtspersonen nicht nebeneinander, sondern miteinander wirken. Die Gemeinde ist verantwortlich für die Auswahl der Tagesschulleitung und dafür, dass die Leitungsperson in der Lage ist, die genannten Aufgaben zu erfüllen. Den (Tages-)Schulleitenden wird diese Aufgabe nicht unentgeltlich «aufgepfropft». In den Normlohnkosten ist ein Leitungsanteil enthalten. Da es sich oft um die Schulleitenden handeln wird, welche auch den Tagesschulteil führen werden, sind personalpolitische Anstrengungen, gerade im Weiterbildungsbereich, unerlässlich. In der Umsetzung der Tagesschulangebote wird sich weisen, ob die Schulleitungen bereit sind, diese zusätzliche Verantwortung zu übernehmen, wenn dieser Teil ihrer Anstellung nicht der kantonalen Lehreranstellungsgesetzgebung untersteht, sondern durch die Gemeinden gestaltet wird. Es besteht die Chance und gleichzeitig die Gefahr, dass sich einige Gemeinden attraktivere Anstellungsbedingungen leisten werden und folglich die Tagesschulangebote zu grösserem Wettbewerb in der Volksschule führen werden.

6   Subsidiarität

Im bernischen Volksschulwesen haben die Gemeinden eine hohe strategische Entscheidungsmacht. So bestimmen sie beispielsweise, ob sie das gesamte Schulangebot bereitstellen oder nur Teile davon (z. B. nur Unterstufe) oder mit welchen Gemeinden sie im Schulwesen zusammenarbeiten. Sie wählen ein- bis dreigliedrige Oberstufenmodelle oder bestimmen, in welcher Intensität die Integrationsbemühungen umgesetzt werden. Damit Tagesschulangebote tatsächlich Teil des bernischen Schulsystems werden, kann für sie von diesem grundsätzlichen, liberalen Prinzip nicht systemwidrig abgewichen werden – selbst wenn pädagogische Ansprüche mehr Lenkung wünschenswert erscheinen lassen.

Der Kanton Bern respektiert das Prinzip der Subsidiarität, die Gemeinden können das für sie passende Tagesschulangebot führen. Vorgegeben ist nur der Rahmen, indem bei genügendem Bedarf ein Recht der Eltern auf einen Tagesschulplatz postuliert wird. Der Kanton finanziert mit und verlangt die Einhaltung minimaler Qualitätseckwerte. Mit Ausnahme der Elternbeiträge gilt derselbe Finanzierungsmodus wie im Volksschulwesen, d. h. die Schulgemeinde kommt für die Infrastrukturkosten auf, die Lohnkosten werden über den Lastenausgleich vom Kanton und der Gesamtheit der Gemeinden finanziert. Im Unterschied zu den Lehrergehältern, welche gesetzlich vereinbart sind, können die Gemeinden die Anstellungsbedingungen des gesamten Tagesschulpersonals sowie der Lehrpersonen, welche in der Betreuung mitwirken (i. S. einer zusätzlichen Anstellung), bestimmen. Um Auswüchse zu verhindern, vergütet der Kanton einen Anteil an normierte Lohnkosten, die er an die Qualifikation der Betreuungspersonen koppelt. Wählen die Gemeinden Tagesschulangebote mit tieferen pädagogischen Ansprüchen, werden sie entsprechend tiefer entschädigt. Es wird sich weisen, wie weit die Empfehlungen des Kantons zu den Anstellungsbedingungen genügen, um die gewünschte pädagogische Qualität zu erreichen. Zu prüfen ist mittelfristig eine Revision der Lehreranstellungsverordnung, die um die Kategorien Leitung von Tagesschulangeboten, Betreuende mit pädagogischer oder sozialpädagogischer Qualifikation sowie Betreuende ohne pädagogische oder sozialpädagogische Qualifikation ergänzt wird.

7   Verpflichtung zu Qualitätsmanagement

Die üblichen Qualitätsstandards der Kinderbetreuung wurden in die Tagesschulverordnung aufgenommen. Es sind dies: Ausbildung des Personals, Betreuungsschlüssel, Standort und Räumlichkeiten sowie Ernährungsgrundsätze.

Erfreulicherweise ist es zudem gelungen, mit der Tagesschulverordnung neben Indikatoren der Strukturqualität eine Verpflichtung zum Qualitätsmanagement zu verlangen. Für die einwandfreie Dienstleistung in Tagesschulangeboten sind messbare strukturelle Indikatoren und fachliche Standards unerlässlich. Noch entscheidender ist der kaum messbare, aber beeinflussbare Prozess des Zusammenspiels aller Beteiligten inklusive der Eltern und Behörden. Während die Gemeindebehörde (in der Regel die Schulkommission) die Aufsicht und die strategisch-politische Führung wahrnimmt, kommt der Leitung des Tagesschulbetriebs auch für das Qualitätsmanagement eine entscheidende Bedeutung zu. Diese übernimmt die operative Führung, d. h. sie ist verantwortlich für die Qualitätssicherung inklusive interner Evaluation und Qualitätsentwicklung.

Bei einfacheren Tagesschulangeboten, für die ein umfassendes Qualitäts-management eine Überforderung darstellen kann, verlangt der Kanton Bern im Minimum ein pädagogisches und organisatorisches Konzept. Anhand dieses Konzepts können Gesuche beurteilt, später Fragen nach den Stärken und Schwächen gestellt und die daraus abzuleitenden Massnahmen diskutiert werden. Das Tagesschulteam muss zu Papier bringen, welche Ziele es verfolgt und mit welcher Organisationsform es gedenkt, diese zu erreichen. Mit die-sem Konzept sind eine regelmässige Überprüfung des Erreichten und eine Be-richterstattung zuhanden der zuständigen Gemeindebehörde verbunden. Diese beschliesst als strategisch-politisch verantwortliche Behörde über die vorge-schlagenen Massnahmen.

Da die Tagesschulangebote dem Volksschulgesetz unterstehen, gelten die gesetzlichen Vorgaben der Schulevaluation und des kantonalen Controllings analog. Dies ermöglicht dem Kanton Bern nicht nur Vorgaben zu deren qua-litativen Eckwerten. Er kann den Schulen umfassende Instrumente zur inter-nen Evaluation der Bildungs-, Betreuungs- und Erziehungsqualität zur Verfü-gung stellen, die der Absicht der pädagogischen Qualität Folge leisten.

Literaturverzeichnis

ERZIEHUNGSDIREKTION DES KANTONS BERN (1995). *Lehrplan Volksschule.* Bern: Schulverlag Bern.

ERZIEHUNGSDIREKTION DES KANTONS BERN (2000). *Lehrplan Kindergarten für den deutschsprachigen Teil des Kantons Bern.* Bern: Schulverlag Bern.

ERZIEHUNGSDIREKTION DES KANTONS BERN (2005). *Bildungsstrategie. Projekte, Massnahmen, Bereichsziele, strategische Ziele und Vision.* Bern: Erziehungsdirektion.

ERZIEHUNGSDIREKTION DES KANTONS BERN (2008A). *Tagesschulangebote. Leitfaden zur Einführung und Umsetzung.* Bern: Stämpfli.

ERZIEHUNGSDIREKTION DES KANTONS BERN (2008B). *Elterngebühren.* Verfügbar unter: http://www.erz.be.ch/site/index/fachportal-bildung/ fb-kindergartenvolksschule-index/fb-volksschule-projekte-betreuung/ fb-volksschule-schulergaenzendemassnahmen-tagesschulen/ fb-volksschule-tagesschulen-berechnung-gebuehr.htm [5.12.2008].

VERORDNUNG ÜBER DIE ANSTELLUNG DER LEHRKRÄFTE (1993). Verfügbar
    unter: http://www.sta.be.ch/belex/d/, Nr. 430.251.0 [8.12.2008].
TAGESSCHULVERORDNUNG DES KANTONS BERN (2008). Verfügbar unter:
    http://www.sta.be.ch/belex/d/, Nr. 432.210 [8.12.2008].
VOLKSSCHULGESETZ DES KANTONS BERN (1992). Verfügbar unter:
    http://www.sta.be.ch/belex/d/, Nr. 432.210 [8.12.2008].

Der Kanton Basel-Stadt auf dem Weg zu Tagesstrukturen für alle Schülerinnen und Schüler

Claudia Magos

1 Die Ausgangslage

Tagesbetreuung hat im Kanton Basel-Stadt eine jahrzehntelange Tradition. Allerdings wurden die Tagesbetreuungsangebote in der Vergangenheit vornehmlich auf zwei Zielgruppen ausgerichtet. Auf der einen Seite sollten Schülerinnen und Schüler mit persönlichen und/oder schulischen Schwierigkeiten mittels eines Tagesbetreuungsangebots zusätzlich zum Schulunterricht Unterstützung bei ihrer Entwicklung erhalten, auf der anderen Seite boten die bestehenden Tagesbetreuungsangebote bildungsnahen, finanziell gut gestellten Eltern die Möglichkeit, ihre Kinder in einem geschützten, wohl behüteten Umfeld bilden, betreuen und erziehen zu lassen. Unter diesem Aspekt entstanden vor 20 bis 30 Jahren Tagesschulen in gebundener Form einerseits für Kinder mit einer sozialen Indikation und andererseits für Kinder von bildungsnahen Eltern. Viele Eltern, vor allem jene aus dem Mittelstand, respektive deren Kinder, blieben von den Tagesbetreuungsangeboten ausgeschlossen. Dies aus mehreren Gründen: Sie konnten es sich finanziell nicht leisten, die Kinder verhielten sich unauffällig oder die Mütter wollten aus Mangel an attraktiver Erwerbsarbeit zu einem guten Lohn mit dem Einstieg in die Berufswelt noch einige Jahre warten.

Seit einigen Jahren verfolgt der Kanton Basel-Stadt eine neue Strategie. Er will weg von den Angeboten für eine eng begrenzte Kinderzahl und Elterngruppe hin zu Tagesstrukturen für alle Schülerinnen und Schüler. Folgende Schritte sind dabei schon getan (vgl. Keller 2006):

- Seit 2002 findet der Unterricht an den Volksschulen am Vormittag in Blockzeiten statt.
- Ebenfalls im Jahr 2002 startete der erste schulnah geführte Mittagstisch seinen Betrieb. Der Ausbau über das ganze Stadtgebiet findet schrittweise statt.
- Im Jahr 2003 erhielt der Kanton Basel-Stadt ein Tagesbetreuungsgesetz.

- 2007 startete das Pilotprojekt Tagesschulen für alle Schülerinnen und Schüler auf der Kindergarten- und Primarstufe.

Was bedeutet dies nun zahlenmässig? Heute nehmen 15 Prozent der Schülerinnen und Schüler im Kanton Basel-Stadt ein Betreuungsangebot in Anspruch. Sie nutzen einen der 23 Mittagstische mit teilweiser Nachmittagsbetreuung, eine der zehn Tagesschulen oder ein Tagesheim bzw. eine Tagesfamilie. Zusätzlich dazu können Schülerinnen und Schüler während elf Schulferienwochen Tagesferienangebote benützen. Tagesferien sind ein pädagogisches Ferienangebot und beinhalten unterschiedliche Aktivitäten (beispielsweise Abenteuer-, Sport- und Bastelwochen). Sie finden während einer ganzen Schulferienwoche statt. Im Jahr 2008 nahmen 1300 Kinder (dies entspricht etwa zehn Prozent der Fünf- bis Zwölfjährigen) dieses Angebot war. Ebenfalls können sie während den drei Wintermonaten Spiel- und Bastelhorte in der Primarschule resp. den Lukasclub in der Orientierungsschule besuchen. Diese Angebote werden jährlich von ca. 1800 Schülerinnen und Schüler besucht. Bei den weiterführenden Schulen haben die Jugendlichen die Möglichkeit, in der Schule den Aufenthaltsraum zu benützen und sich in der Mensa zu verpflegen.

2 Der Bildungsraum Nordwestschweiz

Der Kanton Basel-Stadt ist Teil des Bildungsraums Nordwestschweiz. Im Jahr 2007 haben die Kantone Basel-Stadt, Basel-Landschaft, Aargau und Solothurn beschlossen, zusammen einen gemeinsamen Bildungsraum Nordwestschweiz zu planen. Ziel des Bildungsraums ist es, einheitliche Strukturen und Inhalte für Schule, Unterricht und Betreuung festzulegen. Bei den Tagesstrukturen sieht der Staatsvertragsentwurf folgende Punkte vor:

- Der Volksschulunterricht erfolgt am Vormittag in Blockzeiten.
- Ausserhalb der Unterrichtszeit wird ein bedarfsgerechtes Betreuungsangebot gewährleistet, das nach pädagogischen Grundsätzen aufgebaut ist.
- Die Vertragskantone legen gemeinsame Qualitätsstandards fest.

Eine vierkantonale Arbeitsgruppe hat den Auftrag, mit Fachsupport von Forschungsinstituten Modelle zu entwickeln, die sich für die Umsetzung von bedarfsgerechten Tagesstrukturen eignen. Zudem soll ein Leitfaden erarbeitet werden, der beim Festlegen der Funktionen und Ausbildungsanforderungen für das Betreuungspersonal als Orientierung dienen kann. Im Interesse der Qualitätssicherung sollen Standards und Instrumente sowohl zur Überprüfung der

Wirkung von Tagesstrukturen auf die Schülerinnen und Schüler, als auch zur Messung der Zufriedenheit der Eltern mit dem Angebot entwickelt werden.

3 Tagesstrukturen sind ein Bildungsangebot

Für den Kanton Basel-Stadt stellen Tagesstrukturen heute ein Bildungsangebot dar. Ursprünglich wurden Tagesstrukturen als ein Angebot verstanden, das den Erziehenden eine möglichst gute Vereinbarkeit von Beruf und Kinderbetreuung und den Arbeitgebern die Rekrutierung von qualifiziertem Personal ermöglichte. In den letzten Jahren hat sich allerdings vermehrt die Erkenntnis durchgesetzt, dass Tagesstrukturen ein für das Kind wichtiges Bildungsangebot sind. Der Kanton Basel-Stadt orientiert sich an den drei folgenden Bildungsbegriffen: formelle, nichtformelle und informelle Bildung.

3.1 Formelle Bildung, nichtformelle und informelle Bildung

Die formelle Bildung findet im Schulunterricht statt. Sie ist strukturiert, verpflichtend und auf Leistungszertifikate ausgerichtet. Sie ist im Schul- und Ausbildungssystem zeitlich aufbauend und während der Volksschulzeit obligatorisch. Die nichtformelle Bildung beinhaltet organisierte Prozesse und Angebote ausserhalb des Schulunterrichts. Sie ist freiwillig und für Kinder und Jugendliche unterschiedlich leicht zugänglich. Das informelle Lernen wird als ein Selbstlernen definiert, das sich in ungeplanten und unmittelbaren Lebens- und Erfahrungszusammenhängen entwickelt.

Tagesbetreuung umfasst somit Folgendes:

- Betreuung, d. h. die Schülerinnen und Schüler werden in Obhut genommen, damit die Eltern einerseits einer Erwerbtätigkeit nachgehen und andererseits ihre Erziehungsverantwortung wahrnehmen können.
- Erziehung, d. h. die Vermittlung von Werten und Haltungen sowie die Schaffung von Bedingungen, damit Selbst- und Sozialkompetenz erworben und geübt werden können.
- Unterstützung bei der Fähigkeit, sich zu bilden, und beim Erwerb von Sachkompetenzen.

Dabei geht es darum, dass die Schülerinnen und Schüler Selbst- und Sozialkompetenz entwickeln und erproben diese in ihrem vertrauten Umfeld, beispielsweise bei gemeinsamen und anregenden Erlebnissen, beim Sammeln von

Erfahrungen in den Beziehungen zu den Betreuungspersonen und den anderen Kindern sowie beim Aushalten und Austragen von Konflikten. Gleichaltrige wie auch das Betreuungsteam vermitteln Haltungen und Werte wie Tisch- und Umgangsregeln, Verlässlichkeit, Verantwortung, Konfliktbewältigung, Streitkultur und vieles mehr. Für die Hausaufgabenerledigung bestehen klare Strukturen und feste Gefässe. Kurzum, Tagesstrukturen beinhalten weit mehr als Betreuung im Sinne von «in Obhut nehmen». Aufgrund der gesellschaftlichen Entwicklung werden sie ein immer wichtigeres Angebot, damit Kinder und Jugendliche innerhalb unseres Schulsystems und schlussendlich in unserer Gesellschaft Erfolg haben können.

3.2 Schulergänzend und schulintegriert geführte Tagesstrukturen

Tagesstrukturen werden im Kanton Basel-Stadt schulergänzend in der Nähe von Schulgebäuden und schulintegriert in Tagesschulen angeboten. Die schulergänzenden Tagesbetreuungsangebote werden durch private, gemeinnützig orientierte und nicht-kommerzielle Leistungserbringer erbracht. Solche Angebote können Mittagstische, Nachmittagsbetreuungsangebote mit Hausaufgabenunterstützung (Horte), Tagesheime, Tagesfamilien und Tagesferien[1] sein. Wenn Tagesstrukturen in den Schulbetrieb integriert und/oder von der Schule selber angeboten werden, so spricht man von Tagesschulen. Hier ist die Schulleitung sowohl für den Unterricht als auch für den Tagesstrukturbetrieb verantwortlich.

4 Das pädagogische Konzept

Tagesstrukturen sind ein Teil des strategischen Bildungsprojekts «Schule als Lern- und Lebensraum» im Kanton Basel-Stadt (vgl. Erziehungsdepartement Basel-Stadt 2005). Dieses Konzept stützt sich auf die Auffassung und geht davon aus, dass Schülerinnen und Schüler erfolgreich lernen, wenn sie gesund ernährt sind, sich viel bewegen, ihre Freizeit aktiv gestalten, ihre sozialen Fähigkeiten entwickeln, sich kulturell zurechtfinden, entsprechend ihren Interessen und Stärken individuell gefördert und gefordert werden und bekommen,

---

1   Betreuungsangebot während den Ferien.

was sie für die Entwicklung ihrer Leistungsfähigkeit und ihres Wohlbefindens brauchen.

Im Kanton Basel-Stadt sind die pädagogischen Ansprüche an die schulergänzend geführten Angebote (wie Mittagstische, Nachmittagsbetreuung und Tagesferien) durch abgeschlossene Leistungsvereinbarungen klar definiert. In diesen Vereinbarungen wird detailliert beschrieben, wie Schülerinnen und Schüler unterstützt und gefördert werden können. Zusätzlich zu den allgemeinen Rahmenbedingungen erarbeitet jeder Leistungserbringer ein ausführliches Betriebskonzept, das vom Erziehungsdepartement bewilligt werden muss. Bestandteile dieses Konzepts sind unter anderem Angaben über die maximale Gruppengrösse, die Altersstruktur, die verschiedenen Betreuungsmodule, die Zusammenarbeit innerhalb des Teams, die vorgesehenen Weiterbildungsmöglichkeiten sowie die ausformulierten pädagogischen Ziele.

Bei den Tagesschulen verfügt der Kanton Basel-Stadt zum jetzigen Zeitpunkt über ein Rahmenkonzept mit allgemein gehaltenen Formulierungen zu den pädagogischen Ansprüchen sowie mit Angaben zur weiteren Ausgestaltung und Umsetzung. Ein erster Umsetzungsschritt wird die Erarbeitung eines standortspezifischen pädagogischen Konzepts sein, das Unterricht und Betreuung zu einem Ganzen vernetzt. Dieses Konzept wird nach Fertigstellung mit dem Erziehungsdepartement vereinbart, von allen am Standort Beteiligten geprüft, allenfalls noch angepasst und sodann Schritt für Schritt im Alltag umgesetzt.

5 Die Qualitätsmerkmale der Tagesstrukturangebote

Die Fragen «Was ist gute Qualität? Was für Vorgaben braucht es dazu? Wer sind die wichtigsten Adressaten – sind es Eltern oder Kinder oder beide – und wie kann Qualität gewährleistet werden?» führen zwischen Lehrpersonen, Betreuungspersonen, der Verwaltung und Interessenverbänden immer wieder zu heftigen Diskussionen. Auf der einen Seite wird die Meinung vertreten, eine gute Qualität habe einen direkten Zusammenhang mit der Menge der zur Verfügung gestellten Ressourcen. Auf der anderen Seite stellt sich die Frage, was denn sowohl für Schülerinnen und Schüler als auch für Eltern gute Qualität bedeutet. Das heisst: Wann sind diese beiden Gruppen als Leistungsempfänger mit dem Angebot zufrieden und wie weit ist diese Zufriedenheit überhaupt quantifizierbar?

Der Kanton Basel-Stadt hat im Jahr 2008 drei Evaluationen im Bereich der Tagesstrukturen in Auftrag gegeben (vgl. Baier et al. 2009; Blum et al. in Bearbeitung; Winter 2008). Die erste befasst sich intensiv mit verschiedenen Fragestellungen zu den Pilottagesschulen, die zweite mit den bestehenden Mittagstisch- und Nachmittagsbetreuungsangeboten und die dritte untersucht die Tagesferienangebote. Von diesen Untersuchungen werden hinsichtlich der Qualitätsfrage und Qualitätsmessung neue und interessante Ergebnisse sowie Informationen für die Weiterentwicklung erwartet. Zurzeit sind die folgenden Kriterien der Qualitätssicherung bei allen Tagesstrukturangeboten im Kanton Basel-Stadt gültig (vgl. Keller & Magos 2007/08):

Angebot   Das Angebot ist bedarfsgerecht. Das heisst es werden verschiedene Module angeboten, die die Eltern je nach Bedarf buchen können. Es sind dies der Frühhort von 7 bis 8 Uhr, der Mittagstisch von 12 bis 14 Uhr und am Nachmittag die Hausaufgabenunterstützung respektive die Nachmittagsbetreuung von 14 bis 16 und von 16 bis 18 Uhr.

Personal   Die Betriebsleitungsperson muss über eine pädagogische Ausbildung und über Erfahrung in der Kinderbetreuung verfügen. Die Gruppenleitungsperson hat eine Ausbildung als Fachfrau/Fachmann Betreuung absolviert. Die übrigen Mitarbeiterinnen und Mitarbeiter haben Erfahrung in der Kinderbetreuung. Das Team setzt sich vorzugsweise aus Angehörigen beider Geschlechter zusammen. Es finden regelmässige Weiterbildungen und Supervisionen statt. Die Entlöhnung richtet sich nach dem Personalgesetz des Kantons Basel-Stadt.

Betreuung   Der Betreuungsschlüssel liegt bei acht Kindern pro Betreuungsperson. Dabei wird auf Konstanz bei den Bezugspersonen und der Gruppenzusammensetzung geachtet. Für jedes Modul besteht eine maximale Platzzahl von Betreuungsplätzen. Nichtformelle und informelle Bildungsinhalte umfassen:

- altersgerechter Lesestoff wie Bilderbücher, Comics, Belletristik und Sachbücher
- altersgerechte Gesellschafts- und Lernspiele
- Materialien für kreative Tätigkeiten
- Bewegungsfördernde Spiele und Sport draussen und drinnen, in Turn- und Schwimmhallen sowie musikalische Angebote

- vielfältige Erlebnisse draussen in der Natur und
- Raum- und Zeitgefässe, in denen die Schülerinnen und Schüler frei spielen und handeln können.

Räumlichkeiten Grundsätzlich ist die Gestaltung, Anordnung und Grösse der Räumlichkeiten für die Qualität der Betreuungsangebote von hoher Wichtigkeit. Bei Tagesschulen befinden sich die Betreuungsräume direkt auf dem Schulareal. Die schulergänzenden Mittagstische liegen nahe beim Schulareal. Die Räume sind hell und für einen angenehmen Aufenthalt geeignet. Die Ausstattung ist bedarfsgerecht und draussen besteht ein Gelände mit Spielmöglichkeiten.

Verpflegung Bei der Verpflegung wird auf ein gesundes, ausgewogenes und saisonales Angebot geachtet. Das Essen kann selber gekocht oder von einem Caterer geliefert werden. Die Schülerinnen und Schüler nehmen das Essen in kleineren Gruppen an verschiedenen Tischen mit je einer Betreuungsperson ein. Beim Essen wird auf eine angenehme Atmosphäre geachtet. Die Tischnachbarn und Tischnachbarinnen sollen sich unterhalten können.

Flexibilität und soziale Abfederung Bei den Tagesschulen sind die Module unter Berücksichtigung einer Mindestbelegungsvorgabe flexibel wählbar. Die von privaten Leistungserbringern angebotenen Mittagstisch- und Nachmittagsangebote sind niederschwellig organisiert, das Anmeldeverfahren und das Elternbeitragssystem sind unkompliziert und einfach gestaltet. Der Tagesstrukturbetrieb nimmt, wenn immer möglich, auf die Bedürfnisse der Eltern Rücksicht (beispielsweise bei unregelmässigen Arbeitszeiten bei Müttern im Spitalbetrieb) und die Elternbeiträge sind einkommensabhängig, um eine soziale Abfederung zu gewährleisten.

Vernetzung und Information Die Betreuungsangebote sind mit dem Schulbetrieb optimal vernetzt und mit den Eltern wird ein regelmässiger Kontakt gepflegt.

6   Blick in die Zukunft

Der Kanton Basel-Stadt plant die flächendeckende Einführung von Tagesschulen an allen Standorten bis zum Jahr 2020. Dafür sind ein Gesamtkonzept sowie die folgenden Transformationsprozesse notwendig.

Die Auffassung, formelle Bildung sei die einzig wahre Bildung, und Bildung könne nur in Unterrichtsstunden stattfinden, soll zugunsten einer offenen, wertschätzenden Haltung gegenüber dem Nutzen von informeller und nichtformeller Bildung geändert werden.

Die Schule entwickelt sich hin zu einem Kompetenzzentrum für Bildung. Dazu gehört nebst der Förderung der kognitiven Leistungen und des Wissens auch die Förderung von weiteren Fähigkeiten wie Musik, Theater und Sport sowie anderen Schlüsselkompetenzen. Dabei ist es nicht erforderlich, dass die Schulen alles selber anbieten. Sie können sich aber mit weiteren Institutionen wie beispielsweise der Musikschule, mit Sportvereinen, mit kulturellen Anbietern und mit Trägern der offenen Kinder- und Jugendarbeit vernetzen.

Die Zeitorganisation innerhalb des Schulbetriebs wird neu diskutiert und neu definiert. Das heisst, Tagesstrukturen werden nicht mehr in einer rein additiven Form zum Unterricht hinzugefügt. In Zukunft werden Tagesstrukturen in die Planung des schulischen Ablaufs integriert, indem der Schulalltag in obligatorische Unterrichts- und obligatorische Fördereinheiten aufgeteilt ist. So können alle Schülerinnen und Schüler gleichermassen von den Angeboten der nichtformellen und informellen Bildung profitieren.

Die Schülerinnen und Schüler erleben ihren Schulalltag angenehm, so dass sie dort auch ihre Freizeit gerne verbringen. Für Eltern sind Tagesstrukturangebote an den Schulen selbstverständlich. Sie erkennen deren Sinn, Nutzen und Chancen und schicken ihre Kinder dorthin. Dadurch ändert sich die Haltung in der Gesellschaft. Tagesstrukturen werden von der Bevölkerung nicht nur als Ersatzbetreuungsangebot für werktätige Mütter verstanden, sondern auch als wertvolle Bereicherung des kindlichen Alltags. Die Politikerinnen und Politiker sowie die Behörden ermöglichen mit guten Rahmenbedingungen allen Eltern den Zugang zu Tagesstrukturangeboten: Die Elternbeiträge sind tief, nach Einkommen abgestuft und die Angebote einfach zugänglich.

Die Mittagstischangebote werden soweit als möglich zu Ganztagesangeboten ausgebaut und aufs Schulgelände verlegt. Ein erstes Beispiel dafür ist der seit vier Jahren bestehende Mittagstisch Schällemätteli/St. Johann, der anfangs 2008 in ein bestehendes Schulgebäude umgezogen ist, zusammen mit den Schulhaus-leitungen seine Strukturen und Inhalte angepasst und im August 2008 seine Türen als fünfte Pilottagesschule St. Johann/Vogesen geöffnet hat.

Damit diese Transformationsprozesse gelingen, braucht es die Mitgestal-tung durch alle am Prozess beteiligten Institutionen und Personen, eine offene und ausgewogene Kommunikation unter den verschiedenen Partnern, eine im-merwährende Reflektion des eigenen Handelns sowie gegebenenfalls die Rea-lisierung von nötigen Verbesserungen und Anpassung.

Literaturverzeichnis

BAIER, F.; SCHÖNBÄCHLER, M.-T.; FORRER KASTEEL, E.; GALLIKER SCHROTT, B.; SCHNURR, S.; SCHÜPBACH, M.; STEINER, O. (2009). *Evaluationsbericht 1 zum «Projekt Tagesschulen» des ED Basel-Stadt.* Basel und Bern: Hochschule für Soziale Arbeit, Fachhochschule Nordwestschweiz und Institut für Erziehungswissenschaft, Universität Bern.

BLUM-GIGER, D.; GASSMANN, Y.; HIRTZ, M.; SCHNURR, S.; SCHÜPBACH, M. (IN BEARBEITUNG). *Evaluation der Mittagstische im Kanton Basel-Stadt.* Basel und Bern: Hochschule für Soziale Arbeit, Fachhochschule Nordwestschweiz und Institut für Erziehungswissenschaft, Universität Bern.

ERZIEHUNGSDEPARTEMENT BASEL-STADT, RESSORT SCHULEN (2005). *Leitbild für die Schulen des Kantons Basel-Stadt.* Basel.

KELLER, U. (2006). *Strategie und Grobplanung zur Weiterentwicklung und zum Ausbau der Tagesstrukturen für Schülerinnen und Schüler, autorisiert vom Regierungsrat am 24.1.2006.* Basel: Erziehungsdepartement Basel-Stadt.

KELLER, U.; MAGOS, C. (2007/08). *Rahmenkonzept Pädagogik, Rahmenkonzept Betreuungsbetrieb und Personal, Rahmenkonzept Infrastruktur und Raum, Rahmenkonzept Verpflegung, Rahmenkonzept für die Bereiche Information, Administration, Finanzen und Controlling.* Basel: Erziehungsdepartement Basel-Stadt.

WINTER, F. (2008). *Pädagogische Ferien in Basel: Einblicke und Ausblicke. Abschlussbericht über die Evaluation der Tagesferien in Basel-Stadt.* Basel: Erziehungsdepartement Basel-Stadt.

Tagesschulen in der Schweiz – eine mögliche Weiterentwicklung

Marianne Schüpbach

Der Auf- und Ausbau von Bildungs- und Betreuungsangeboten in Form von Tagesstrukturen ist eines der zentralen Themen in der aktuellen Bildungspolitik. Dies trifft nicht nur auf die Schweiz, sondern auch auf die beiden deutschsprachigen Nachbarländer zu. Deutschland, Österreich und die Schweiz weichen im Hinblick auf die bestehende Form der Institutionalisierung von obligatorischen Angeboten der Bildung und Betreuung für Kinder im Vorschulbereich sowie von obligatorischen Angeboten des Nachmittagsunterrichts und der Nachmittagsbetreuung an Schulen von den meisten anderen europäischen Ländern ab. Sie befinden sich zurzeit in (national variierenden) Prozessen des dynamischen Aufbaus von Angebotsstrukturen, welche die Lücken schliessen sollen. Die Entwicklung geht dabei vor allem in Richtung freiwillige Tagesstrukturen bzw. Tagesschulen. Wünschenswert aus pädagogischer Sicht wäre, dass dieser wichtige Auf- und Ausbau von Tagesstrukturen und Tagesschulen mit freiwilligen Angeboten nur einen Zwischenschritt darstellt auf dem Weg zu einem integrierten Tagesschulmodell, einer Schule als Bildungs- und Lebensraum, in der eine veränderte Lern- und Unterrichtskultur Eingang finden kann.

In diesem Beitrag soll auf dem Hintergrund des aktuellen Forschungsstands insbesondere zur Qualität und Wirksamkeit sowie zur Nutzung von Tagesstrukturen ein Fazit für eine unter einer pädagogischen Perspektive sinnvolle Weiterentwicklung von Tagesschulen gezogen werden. Ein möglicher Transformationsprozess von der aktuellen Situation hin zu einer Schule als Bildungs- und Lebensraum soll anschliessend aufgezeigt werden.

1 Tagesstrukturen – Tagesschulen

Die Ansprüche an Tagesstrukturen sind vielfältig und hoch. Im Folgenden sollen die gesellschaftlichen Ansprüche an Tagesstrukturen geschildert werden, bevor eine Klärung bezüglich der Angebote vorgenommen wird.

1.1 Gesellschaftliche Ansprüche an Tagesstrukturen

Die Bildungsinstitutionen sowie die Familie stehen zu Beginn des 21. Jahrhunderts vor der schwierigen Aufgabe, sich an die veränderten gesellschaftlichen Rahmenbedingungen anzupassen. Als eine Massnahme dazu wird eine ganztägige Bildung und Betreuung betrachtet. An diesen Aus- und Aufbau von Tagesstrukturen werden heute Ansprüche von verschiedensten Seiten gestellt. Tagesschulen und weitere Bildungs- und Betreuungsangebote sollen

- Antworten auf den Wandel von Familienstrukturen bzw. von Zeitstrukturen im Familienleben anbieten und die Vereinbarkeit von Beruf und Familie verbessern,
- die Gelegenheiten für eine Erwerbsbeteiligung von Frauen und für flexible Aufgaben- und Chancenverteilung zwischen den Geschlechtern erweitern,
- erweiterte Gelegenheiten zum Bildungserwerb schaffen und die Bildungs- und Teilhabechancen von benachteiligten Kindern und Jugendlichen verbessern und
- den Übergang in die Wissensgesellschaft unterstützen (vgl. z. B. Aeberli & Binder 2005; Baier 2007; Diehm 2004; EDK 2007; Larcher & Oelkers 2003; Peters 2005; Schüpbach 2006; BMFSFJ 2005).

1.2 Verschiedene Angebotsformen: Eine Klärung

In der Schweiz findet man ein im Aufbau begriffenes differenziertes Angebot unterschiedlicher zeitlicher Betreuungsformen in den Institutionen Kindergarten und Schule oder auch ergänzend dazu, welches unter dem Begriff «Tagesstrukturen» subsumiert wird. Mit dem Begriff «Tagesstrukturen» wird die Kombination aus Unterrichtsangeboten einerseits sowie Bildungs- und Betreuungsangeboten andererseits für Kinder im Kindergarten- und Schulalter bezeichnet. Dabei können die Angebote sowohl vom Kindergarten und von der Schule selbst als auch von weiteren Institutionen getragen werden. Tagesstrukturen können somit mit unterschiedlichen Massnahmen realisiert werden: mit Hilfe von Tagesschulen oder mit Hilfe von Blockzeiten sowie ergänzenden Bildungs- und Betreuungsangeboten.

Unter einer «Tagesschule» versteht man in der Schweiz überwiegend eine schulische Institution mit einem den ganzen Tag abdeckenden Angebot, das aus Unterricht und zusätzlichen Bildungs- und Betreuungsangeboten wie z. B. betreuter Mittagsverpflegung, Hausaufgabenbetreuung und Freizeitgestaltung besteht. Der Träger des gesamten Angebots ist in der Regel die Schule (vgl. Mangold & Messerli 2005; Schüpbach 2006; Schüpbach et al. 2006). Häufig wird bei der Organisation von Tagesschulen bzw. Ganztagsschulen sowohl in der Schweiz als auch in Deutschland zwischen der «gebundenen Form als integriertes Modell» und der «offenen Form als additives Modell» unterschieden. Das Ganztagsangebot in «offener Form als additives Modell» ist mit fester Schulzeit und freiwillig zu nutzenden Angebotselementen für eine Teilschülerschaft verbunden, zumeist schwerpunktmässig konzentriert auf die Mittagsmahlzeit, auf Spiel, Sport und Freizeit sowie auf Hausaufgabenhilfe durch Lehrpersonal und sozialpädagogisches Personal. Das Angebot kann eine schulische oder eine ausserschulische Trägerschaft haben. Die Ganztagsschule in gebundener Form als integriertes Modell besteht aus einer festen und obligatorischen, teils rhythmisierten Schulzeit für alle Schülerinnen und Schüler der Schule (mit unterschiedlichem zeitlichen Umfang), weist eine gewisse Verzahnung von Unterricht und Arbeitsgemeinschaften, Projekten und Förderung, Hausaufgabenbetreuung und Freizeitangeboten durch Lehrpersonal und sozialpädagogisches Personal auf und ist in der Regel in schulischer Trägerschaft (vgl. Holtappels 2005, p. 126).

Die Begriffe «Tagesschule» und «Tagesstrukturen» sind im schweizerischen Kontext nicht trennscharf. Sie stehen in etwa für das, was in Deutschland unter dem Begriff «Ganztagsschulen» verstanden wird. Im vorliegenden Artikel werden diese beiden Begriffe synonym verwendet und sind zudem gleichbedeutend mit den Ausdrücken «ganztägige Bildungs- und Betreuungsangebote» und «ganztägige (Schul-)Formen».

Die Einführung von Blockzeiten wird als ein erster Schritt in eine zukünftige ganztägige Schul- und Unterrichtsorganisation gesehen (vgl. EDK 2007; Schüpbach et al. 2006; Schüpbach & Herger 2008). Dabei ist zu beachten, dass die Schweiz im Gegensatz zu Deutschland bereits von mehr als einem Halbtagsschulangebot ausgeht. Die Morgenblöcke von vier Lektionen an fünf Tagen in der Woche sowie eine Anzahl an Nachmittagsblöcken je nach Klassenstufe stellen eine Basis für ein darauf aufbauendes, (modulares) ganztägiges Bildungs- und Betreuungsangebot dar. Die so genannten Blockzeiten sind vergleichbar mit den «verlässlichen Grundschulen» (vgl. Ramseger et al. 2004) in Deutschland. Aktuell werden in den meisten Kantonen und Gemeinden der ganzen Schweiz solche Blockzeiten geplant oder sind bereits umgesetzt (vgl. Schüpbach 2006; Schüpbach & Herger 2008).

2 Überblick über den aktueller Forschungsstand bezüglich ganztägiger (Schul-)Formen

Auf dem Hintergrund des aktuellen Forschungsstands zur Qualität und Wirksamkeit sowie zur Nutzung der ganztägigen Schulformen, der in diesem Kapitel fokussiert werden soll, wird anschliessend ein Fazit für eine pädagogisch sinnvolle Weiterentwicklung von Tagesstrukturen bzw. Tagesschulen gezogen.

2.1 Wirksamkeit

Im Zusammenhang mit der Einführung von ganztägigen Bildungs- und Betreuungsangeboten sowie mit den an sie gerichteten vielfältigen Erwartungen – insbesondere an die Entwicklung der Heranwachsenden – stellt sich die Frage nach der Wirksamkeit der Angebote. Können diese den an sie gestellten Erwartungen gerecht werden?

In der Schweiz wie auch in Deutschland fehlen nach unseren Erkenntnissen empirische Studien weitgehend, die Effekte von Tagesschulen im Vergleich zu traditionellen Schulformen auf die kognitive und sozio-emotionale Entwicklung untersuchen. Es gibt jedoch Studien, welche am Rande die Thematik streifen (vgl. z. B. Fend 1982) oder aber solche, die Sonderauswertungen durchgeführt haben (vgl. Radisch & Klieme 2003). Im Weitern existiert eine Vielzahl von Begleitforschung zu Modellprojekten einzelner Schulen von regionaler Bedeutung mit nur geringer Stichprobengrösse (vgl. Holtappels et al. 2007a). Bei diesen grösstenteils älteren, meist nicht repräsentativen Studien, zeigt sich eine sehr heterogene Befundlage bezüglich der pädagogischen Wirkungen von ganztägigen Schulen. In mehreren Studien wurden keine Leistungsunterschiede gefunden oder aber die Schülerinnen und Schüler in Ganztagsschulen schnitten gar schlechter ab. Positivere Befunde von ganztägigen Schulen im Vergleich zu Halbtagsschulen können bezüglich deren Wirkung auf sozialintegrative Merkmale und das Schulklima nachgewiesen werden (vgl. Holtappels et al. 2007a).

Zusammenfassend kann gesagt werden, dass den methodischen Ansprüchen genügende, aktuelle Forschung zur pädagogischen Wirksamkeit von Ganztagsschulen bezüglich der schulischen Leistungen und der sozio-emotionalen Entwicklung für den deutschsprachigen Raum fehlt. Ein ähnliches Bild des Forschungsstands zeigt sich auch international, da in Ländern mit einer ganztägigen Schulorganisation, wie etwa den USA, Frankreich oder Grossbritannien, die Wirksamkeit dieser Schulorganisation nicht von spezifischem Forschungsinteresse ist. Es soll jedoch erwähnt werden, dass gerade Länder mit einem (beinahe) ganztägigen Bildungssystem (z. B. Finnland, Niederlande, Kanada oder Japan) im Rahmen der PISA-Studien (vgl. OECD 2006; Stanat et al. 2002) in Bezug auf das Kriterium der Schulleistung sehr gut abgeschnitten haben.

Verbreitet untersucht wurde die Wirksamkeit ausserfamilialer Bildungs- und Betreuungsangebote im Vorschulalter insbesondere in den USA, Grossbritannien, Deutschland und in den skandinavischen Ländern. Da gewisse Parallelen zum ausserunterrichtlichen Teil an einer Tagesschule für Schulkinder vermutet werden, sollen die Befunde dieser Studien beigezogen werden. Die meisten publizierten Studien über ausserfamiliale Bildung und Betreuung im Vorschulalter mit mutmasslich hoher Qualität zeigen insgesamt positive Effekte auf die kognitive Entwicklung der Kinder (vgl. z. B. Peisner-Feinberg & Burchinal 1997; Tietze 1998; NICHD Early Child Care Research Network 2005; Howes, Smith & Galinsky 1995; Burchinal et al. 1996; Tietze, Rossbach & Grenner 2005; Peisner-Feinberg & Yazejian 2004). Etwas weniger, aber insgesamt auch positiv sind die Effekte auf die soziale Entwicklung unabhängig des sozialen Hintergrunds der Familie zu werten (vgl. z. B. Clarke-Stewart & Allhusen 2005; Tietze, Rossbach & Grenner 2005; Howes 1988; Howes & Olenick 1986; ECCE 1999; Peisner-Feinberg & Burchinal 1997; Sylva et al. 2004). Dabei wird jeweils insbesondere die Qualität der Institution betont. Nur in qualitativ hochstehenden Institutionen manifestieren sich positive Effekte sowohl bei der kognitiven als auch bei der sozialen Entwicklung. Insgesamt kann man kurz- und längerfristig von einer besseren Förderung in vorschulischen Einrichtungen in sprachlichen und in kognitiven Bereichen insgesamt ausgehen, wenn ein früher Beginn der Nutzung und eine hohe Qualität des Angebots gegeben sind. Diese Effekte gelten für die Vorschul- und teilweise bis zum Ende der Grundschulzeit, wobei diese mit der Zeit geringer werden. Die wissenschaftliche Bestätigung dieser Befunde für den Besuch von Tagesschulen ist noch zu erbringen.

2.2 Qualität

Nachdem sich die laufenden Diskussionen in den letzten Jahren überwiegend mit dem quantitativen Ausbau der Tagesstrukturen beschäftigt haben, wird unter einer pädagogischen Perspektive die Frage nach der Qualität dieser Angebote sowie deren Nutzung zunehmend wichtiger. Hält man sich die pädagogischen Erwartungen an Tagesstrukturen vor Augen (u. a. bessere Förderung der Kinder und höhere Bildungsgerechtigkeit) stellt sich die Frage, welchen Qualitätsstandards sie gerecht werden müssen (vgl. Larcher & Oelkers 2003; Pauli 2006), um den Ansprüchen genügen zu können. Als ein wichtiger Faktor wird dabei in Fachkreisen die Intensivierung der Förderung hervorgehoben (vgl. Holtappels 2005).

In einer Tagesschule hängt die pädagogische Qualität im Gegensatz zu einer «traditionellen Schule» im deutschsprachigen Raum von mehreren Momenten ab: von der Gestaltung des Unterrichts, der Gestaltung des ausserunterrichtlichen Teils und der konzeptionellen Verzahnung der beiden Bereiche. Dabei kann insbesondere der dritte Bereich als spezifische Herausforderung der Tagesschule bezeichnet werden (vgl. Strätz et al. 2008). Bei einem obligatorischen, integrierten Tagesschulmodell findet über den Ganztag eine Verschmelzung des eigentlichen Unterrichts mit den Bildungs- und Betreuungsangeboten statt. Befunde zu diesen drei Bereichen liegen erst sehr marginal vor (vgl. Keuffer & Trautmann 2008; Radisch et al. 2008).

Unter Heranziehung theoretischer Modelle nennen Holtappels, Klieme, Rauschenbach & Stecher (2007b) Gelingensbedingungen für die Entwicklung von Tagesstrukturen in Form von Tagesschulen. Sie bezeichnen eine hohe Innovationsbereitschaft im Kollegium, eine flexible Zeitorganisation, die aktive Mitarbeit der Lehrpersonen in der Tagesschule sowie die intensive Kooperation zwischen Lehrpersonen und weiterem pädagogischem Personal als wichtige Faktoren. Die Qualitätskriterien, welche Pauli (2006) nennt, gehen in eine ähnliche Richtung: Weiterentwicklung der Lehr- und Lernkultur, flexible Zeitgestaltung im Ganztag, individuelle Förderung der Kinder und verstärkte Partizipation sowie Zusammenarbeit mit ausserschulischen Partnern (vgl. auch Pesch 2006). Unter «ausserschulischen Partnern» werden vor allem Vereine und die Kinder- und Jugendhilfe verstanden. Auch Pesch (2006) nennt Teamarbeit und Partizipation explizit als Qualitätsmerkmale von Ganztagsangeboten. Weitere Qualitätsstandards werden darin gesehen, dass die Schulen als

Raum für Begegnung, für soziales und interkulturelles Lernen sowie als Feld für Partizipation und Demokratielernen wirken (ebd.).

2.3 Schul- und Unterrichtsentwicklung

In Zusammenhang mit erweiterten Unterrichtszeiten (Blockzeiten) und ganztägiger Bildung und Betreuung ist somit auch eine veränderte Unterrichtsgestaltung mit erweiterten Lehr- und Lernformen, Rhythmisierung sowie Teamteaching und Kooperation ein Thema. Diese Aspekte unterscheiden sich nicht wesentlich von allgemeinen Forderungen der Schulreform. Insbesondere werden jedoch diesbezüglich im Zusammenhang mit der Einführung von Blockzeiten und von Ganztagsschulen aktuell Stimmen laut. Erkenntnisse aus der Schulforschung zu Schulen mit erweitertem Zeitrahmen[1] – was vergleichbar ist mit Blockzeiten im Schweizer Kontext – zeigen auf, dass in diesem Zusammenhang vor allem flexible Zeitorganisation, Rhythmisierung, Teamarbeit und intensive Lehrerkooperation sowie nicht zuletzt das Vorhandensein eines pädagogischen Konzeptes und dessen Akzeptanz für guten Unterricht entscheidend sind (vgl. Holtappels 1997; Holtappels 2002; Holtappels & Heerdegen 2005). In eine ähnliche Richtung zielen Befunde aus der Ganztagsschulforschung (vgl. Klieme et al. 2007). Nach Prüss (2008) bildet die Rhythmisierung des Tagesablaufs die Grundlage für die pädagogisch-didaktische Arbeit. Als zweckmässig haben sich dabei ein offener Beginn, Blockbildungen (90-minütige neben 45-minütigen Veranstaltungen), ein Zeitblock für Fördermassnahmen u. a. erwiesen (vgl. Appel & Rutz 2005; Holtappels et al. 2007b). Die Ergebnisse des Berliner Schulversuchs «Verlässliche Halbtagsschulen» zeigen auf, dass zwei Drittel der Projektschulen am Vormittag grössere Zeitblöcke einführen (vgl. Ramseger et al. 2004). Momentan nutzt aber nur ein geringer Teil der Ganztagsschulen in Deutschland die Möglichkeit zu einer veränderten Zeitstruktur (vgl. Rabenstein 2008). Diejenigen Schulen, die eine solche Umstellung im Zusammenhang mit der Einführung des Ganztagsbetriebs vorgenommen haben, erwähnen vor allem Gestaltungselemente wie offener Beginn und Schluss, jahrgangsübergreifendes Lernen oder grössere Zeitblöcke, welche man zuneh-

---

1 Dies sind Befunde zu den vollen bzw. verlässlichen Halbtagsgrundschulen in Deutschland.

mend auch an Halbtagsschulen vorfindet (vgl. Dieckmann, Höhmann & Tillmann 2007).

Für eine gezielte Förderung der Kinder sind auch innere und äussere Differenzierung und ein sinnvolles didaktisch-methodisches Vorgehen entscheidend. Holtappels (1994) zeigt auf, dass in den meisten Schulen nur eine geringe methodisch-didaktische Ausdifferenzierung des Unterrichts geschieht.
Auch neuere Studien (vgl. Helmke & Jäger 2002; Kunter, Brunner & Baumert
2005) können nach Aussage von Prüss (2008) kaum Veränderungen auf diesem Gebiet nachweisen. Im Rahmen des Schulversuchs «Verlässliche Halbtagsschulen» gelangen im Vergleich zu weiteren angestrebten Veränderungen nach
Einschätzung der Lehrpersonen die Rhythmisierung und ein Wechsel der Sozialformen im Unterricht in den Projektschulen am besten (vgl. Ramseger et
al. 2004). Nimmt man Ergebnisse aus dem Ganztagsschulbereich hinzu, so
werden Formen und Intensität der Kooperation des Personals in einer Ganztagsschule als bedeutende Merkmale der Organisationskultur bezeichnet. In
der Studie StEG kann die Intensität der Kooperation zwischen den Lehrpersonen als gering und nicht optimal bezeichnet werden, wobei die Teamarbeit
im Unterricht, welche als die anspruchsvollste Form der Kooperation bezeichnet werden kann, die geringste Intensität aufweist (vgl. Dieckmann et al. 2007).
Ramseger et al. (2004) berichten von Schwierigkeiten bezüglich der Teamentwicklung. Bei den Lehrpersonen ist – nach eigener Einschätzung – jedoch ein
Trend zu besserer Zusammenarbeit vorhanden.

2.4 Nutzung

Mit dem Auf- und Ausbau der Tagesschulen tritt insbesondere die Frage nach
der Nutzung oder Teilnahme an den Ganztagesangeboten auf. Die Tagesschule
an und für sich richtet sich in ihrer Konzeption nicht an spezielle Zielgruppen, sondern ist als ein allgemeines, infrastrukturelles Angebot ausgelegt (vgl.
Züchner, Arnoldt & Vossler 2007). Das Spektrum an Angeboten legt jedoch
die Schlussfolgerung nahe, dass Schulen mit ganztägigen Angeboten besondere Chancen für leistungsschwache Schüler bilden könnten (Radisch, Klieme
& Bos 2006). Zudem besteht in vielen Schulen die Möglichkeit zur freiwilligen Nutzung der ganztägigen Angebote. Daraus entstehen zwei häufig formu-
lierte Befürchtungen sozialer Selektivität: Einerseits befürchtet man, dass die
Angebote zu stark auf die Förderung benachteiligter Kinder ausgerichtet sind

und überwiegend von diesen genutzt werden, was segregierende und stigmatisierende Folgen mit sich bringen könnte. Andererseits wiederum hegt man die Besorgnis, dass kostenpflichtige Angebote vor allem von Kindern aus bildungsnahem Elternhaus genutzt werden (vgl. Stolz & Arnoldt 2007; Züchner, Arnoldt & Vossler 2007).

Für die Schweiz existieren keine umfassenden repräsentativen Erhebungen zur Sozialstruktur der Schülerinnen und Schüler in Tagesschulen. Erste Ergebnisse bezüglich dieser noch marginal untersuchten Fragestellung findet man bei Züchner, Arnoldt und Vossler (2007) aus der Studie StEG für Deutschland. Zunächst ist die Teilnahme am Ganztagsbetrieb abhängig vom bestehenden Angebot, welches je nach Schule, Schulform oder Klassenstufe variieren kann. Weitere Analysen zeigen in Bezug auf die individuellen Einflussfaktoren, dass in der Grundschule die Erwerbstätigkeit der Eltern für eine ausserfamiliale Bildung und Betreuung der Kinder eine wichtige Rolle spielt. Kinder und Jugendliche aus Familien mit Migrationshintergrund erreichen die Ganztagsschule ihrem Anteil entsprechend. Auch im Hinblick auf die soziale Herkunft scheinen die Daten der StEG-Studie nicht auf soziale Selektionsprozesse durch Ganztagsschulen hinzuweisen. Das heisst, dass die Angebote weder vermehrt von sozial benachteiligten Kindern noch von solchen aus eher bildungsnahen Schichten genutzt werden. Dieser Befund wird auch durch eine Sekundäranalyse zu den Daten der internationalen Grundschul-Leseuntersuchung (IGLU) bestätigt (vgl. Radisch, Klieme & Bos 2006). In der Studie zu offenen Ganztagsangeboten in Nordrhein-Westfalen zeigen hingegen die Elternauskünfte aus 62 Schulen, dass der soziale Status sehr wohl eine Rolle spielt (höhere Nutzung durch Kinder von Eltern mit vergleichsweise guter Bildung sowie eher mittlerem und hohem Berufs- und Sozialstatus) und dass zugleich Kinder mit Schulproblemen überrepräsentiert sind (vgl. Wissenschaftlicher Kooperationsverbund 2006; Beher et al. 2007). In Bezug auf den Migrationshintergrund werden in Nordrhein-Westfalen grosse Unterschiede zwischen den einzelnen Schulen festgestellt. Der Anteil dieser Kinder liegt an einigen Schulen über 60 Prozent, an anderen unter fünf Prozent (Beher et al. 2005). Die Sekundäranalyse der IGLU-Daten offenbart, dass der Anteil von Kindern mit Migrationshintergrund fast doppelt so hoch ist wie in anderen Schulen. Dies wird von den Autoren als Hinweis gedeutet, dass es zum Zeitpunkt der IGLU-Erhebungen gelang, die Klientel, welches durch ganztägige Angebote besonders profitieren soll, auch zu erreichen (vgl. Radisch, Klieme & Bos 2006).

Unsystematische Beobachtungen in der Schweiz lassen vermuten, dass –
nebst dem immer noch vorherrschenden Wunsch, das Kind über weite Strecken
selber zu betreuen – die Höhe der einkommensabhängigen Kosten ein wichtiges
Kriterium für das Gelingen einer Durchmischung der Kinder in Bildungs- und
Betreuungsangeboten ist. So findet man in einigen Tagesschulen mit einkom-
mensabhängigem Elternbeitrag Tendenzen, dass diese vor allem von Kindern
aus Familien mit tiefem Einkommen – stark subventionierter Elternbeitrag –
besucht werden, da der Beitrag für mittlere und gute Verdiener verhältnismässig hoch ist. Das bedeutet, dass in diesem Fall eine tendenzielle Nutzung von
Kindern mit tiefem sozioökonomischem Status überwiegt. Verbreitet wird der
Besuch der Tagesstrukturen momentan von Fachstellen als sonderpädagogische Massnahme bei familiären oder schulischen Problemen empfohlen, was
in verschiedenen Tagesschulen auch zu einer ungünstigen Mischung führt und
höhere Ansprüche an des Personal stellt. Aus pädagogischen Gründen scheint
eine gute Durchmischung in diesen Angeboten eminent wichtig zu sein.

2.5   Fazit

Die vielfältigen Ansprüche an Tagesstrukturen sind hoch auch im Hinblick auf
eine bessere kognitive und sozio-emotionale Entwicklung der Kinder. In der
Schweiz wie in den deutschsprachigen Nachbarländern wird jedoch momentan
vor allem mit einem Blickwinkel auf den quantitativen Auf- und Ausbau ein
differenziertes, bedarfsgerechtes Angebot an Tagesstrukturen konzipiert. Die
aktuelle Entwicklung in der Schweiz geht – genauso wie in Deutschland – verstärkt in Richtung Aufbau von additiven (schulischen) Tagesstrukturmodellen
mit einem freiwilligen Bildungs- und Betreuungsangebot auf der Grundlage von
Blockzeiten. Forschungsergebnisse zur Wirksamkeit von ganztägigen Angeboten für Schulkinder liegen erst wenige vor. Leistungsmässig schnitten jedoch
gerade Länder mit einem (beinahe) ganztägigen Bildungssystem im Rahmen
der PISA-Studien sehr gut ab. Zieht man die Befunde aus dem Vorschulbereich
bei, so haben qualitativ gute Angebote insgesamt einen positiven Effekt auf die
kindliche Entwicklung, teilweise gar bis zum Ende der Grundschulzeit. Erste
Befunde zu möglichen Qualitätsfaktoren der ganztägigen Bildung und Betreuung im Schulalter lassen schliessen, dass insbesondere Elemente von Tagesschulen mit integriertem Modell sich als Gelingensfaktoren herauskristalli-
sierten. Solche integrierten Tagesschulen haben meist den Anspruch, die mehr

zur Verfügung stehende Zeit auch anders zu nutzen und (reform)pädagogische Elemente wie erweiterte Lehr- und Lernformen sowie Rhythmisierung, Teamteaching oder Kooperation der Lehrpersonen umzusetzen, was erfolgsversprechend erscheint. Der grosse Vorteil eines integrierten Tagesschulmodells, bei dem – im Gegensatz zu einem additiven Modell, dessen zeitweilige Nutzung freiwillig ist – alle Kinder am Ganztag teilhaben, ist auch das Vermeiden einer selektiven Nutzung des Angebots. Oftmals besuchen diejenigen Kinder keine Tagesstrukturen, für welche man einen Nutzen erwarten würde, oder aber die Tagesstrukturen werden gerade nur von Kindern aus bildungsfernen Familien genutzt. Eine pädagogisch wünschenswerte gute Durchmischung der Schülerschaft ist mit einem additiven Modell wohl kaum zu erzielen.

In welche Richtung könnte unter pädagogischer Perspektive eine Weiterentwicklung von Tagesstrukturen und Tagesschulen gehen in der Schweiz? Wünschenswert aus pädagogischer Sicht ist, dass dieser wichtige Auf- und Ausbau von Tagesstrukturen und Tagesschulen mit freiwilligen Angeboten ein Zwischenschritt darstellt auf dem Weg zu einem integrierten Tagesschulmodell. Ein solches integriertes Modell kann eine erweiterte Lernzeit in einer Schule als Bildungs- und Lebensraum beinhalten, in der eine veränderte Lern- und Unterrichtskultur Eingang finden kann.

3   Skizze eines Transformationsprozesses

Im Folgenden wird ein Transformationsprozess geschildert, welcher schrittweise von den Blockzeiten und dem momentan in der Schweiz meist verbreiteten additiven, freiwilligen Modell hin zu einem integrierten Modell – einer Schule als Bildungs- und Lebensraum – führen könnte. Das integrierte Modell stellt dabei eine Vision dar, die mit Hilfe dieses Transformationsprozesses (bei dessen Umsetzung nicht zwangsläufig alle Schritte erfolgen müssen) längerfristig angestrebt werden könnte.

- *Schritt 1:* Blockzeiten mit veränderter Lehr- und Lernkultur (Rhythmisierung, Teamteaching).

- *Schritt 2:* Additives Modell: Blockzeiten und freiwilliges Bildungs- und Betreuungsangebot; ein Förderangebot, das den obligatorischen Unterricht ergänzt (von 7 bis 18 Uhr inklusive Unterricht).

- *Schritt 3:* Integrierte Tagesschule, Schule als Bildungs- und Lebensraum: Aufenthalt aller Kinder in der Schule von 8 bis 15 Uhr, restliche Zeit von 7 bis 8 Uhr und von 15 bis 18 Uhr freiwilliges Bildungs- und Betreuungsangebot.
- *Schritt 4:* Verlängerte integrierte Tagesschule, Schule als Bildungs- und Lebensraum: Aufenthalt aller Kinder in der Schule von 8 bis 17 Uhr, restliche Zeit von 7 bis 8 Uhr und von 17 bis 18 Uhr freiwilliges Bildungs- und Betreuungsangebot (Schüpbach & Herger 2008, p. 12).

Im Folgenden werden die möglichen Schritte eines solchen Prozesses dargestellt. In Kapitel 3.1 wird ein Blockzeitenmodell mit veränderter Lehr- und Lernkultur, in Kapitel 3.2 ein freiwilliges additives Modell konzipiert, bevor die Umwandlung zur integrierten Tagesschule von 8 bis 15 Uhr (Kap. 3.3) bzw. von 8 bis 17 Uhr erläutert wird (Kap. 3.4). Zum Schluss wird ein Ausblick gewagt (Kap. 4).

3.1   Blockzeiten mit veränderter Lehr- und Lernkultur

Die Einführung von Blockzeiten wird in der Schweiz von verschiedenen Akteuren als erster Schritt zu einer künftigen ganztägigen Schul- und Unterrichtsorganisation verstanden. Nebst einer strukturellen Veränderung besteht jedoch in Fachkreisen auch der Anspruch, die Einführung der Blockzeiten als Schul- und Unterrichtsentwicklung zu konzipieren, die (reform)pädagogischen Anliegen gerecht wird. So können unter einer pädagogischen Perspektive veränderte Zeitstrukturen und deren Ausgestaltung – z. B. Morgenblöcke sowie deren äussere Rhythmisierung in geleitete und schülerzentrierte Aktivitäten – eine Basis für einen zeitlichen Ausbau, verbunden mit einer Strukturierung des Schulangebotes über den ganzen Schultag, darstellen. Die bis heute überwiegend vorherrschende Aufteilung der Schulfächer in 45-minütige Zeiteinheiten wird bereits seit längerer Zeit kritisiert (vgl. z. B. Ramseger et al. 2004). Infolge dieser strikten Einteilung können Unterrichtsinhalte oft zu wenig vertieft werden. Des weiteren wird betont, dass eine äussere Rhythmisierung mit grösseren Zeiteinheiten (z. B. 90-minütige Blöcke) und zusätzlicher innerer Rhythmisierung innerhalb der Blöcke – mit unterschiedlichen Lehr- und Lernformen sowie wechselnden Sozialformen – den Bedürfnissen von Kindern und Jugendlichen entgegenkommen. In den bereits eingeführten Tagesschulen, insbesondere in den integrierten Tagesschulen, wird gerade der Faktor «Zeit» positiv beurteilt. So konstatieren Appel und Rutz (2005, p. 21): «Kindgemässe Entwicklung, kindgemässes Erkennen und Lernen brauchen mehr Zeit, als an Halbtagsschulen üblicherweise zur Verfügung steht, denn Schule ist mehr als Unterricht».

Blockzeiten sollen zudem einige pädagogische Neuerungen im Unterricht und Schulalltag in Form einer neuen Unterrichtskultur mit Teamteaching, offenen Lehr- und Lernformen, Ritualen sowie integrativem Förder- und Fachunterricht mit sich bringen.

3.2 Ein additives Modell: Blockzeiten mit einem freiwilligen Bildungs- und Betreuungsangebot

Der zweite Schritt im Transformationsprozess, der in der Schweiz momentan verbreitet umgesetzt wird, ist die Einführung von freiwilligen, modularen Tagesstrukturen auf der Basis des Blockzeitenunterrichts. Ein Bildungs- und Betreuungsangebot unter der Obhut der Schule kann dabei als vorteilhaft bezeichnet werden. Denn nur so kann eine Verzahnung des unterrichtlichen und des ausserunterrichtlichen Teils angestrebt werden (vgl. Kap. 1.2). Dies bedeutet nicht, dass nicht auch schulexterne (Kooperations-)Partner Angebote organisieren können, sondern viel mehr, dass die Gesamtverantwortung für Unterricht und Bildungs- und Betreuungsangebote bei der Schule liegt. Bei diesem Modell können die Eltern und deren Kinder nach Bedarf einzelne Bildungs- und Betreuungseinheiten über die Woche verteilt, meist für die Dauer von einem Semester, buchen. Das Angebot wird grösstenteils aufgrund der Nachfrage realisiert. Dies entspricht den aktuellen bildungspolitischen Diskussionen und Entwicklungen in den einzelnen Kantonen der Schweiz sowie den Anforderungen der «interkantonalen Vereinbarung zur Harmonisierung der obligatorischen Schule» (HarmoS-Konkordat) (EDK 2008).

In einem freiwilligen, additiven Tagesschulmodell werden ausserhalb des obligatorischen Unterrichts am Morgen vor Schulbeginn, über Mittag und nach Schulschluss am Nachmittag freiwillige Bildungs- und Betreuungsmodule angeboten. In diesem Rahmen kann ein vielseitiges Programm stattfinden, was jedoch noch wenig verbreitet ist. Tietze et al. (2003) unterscheiden dabei Angebote, Aktivitäten und Routinen: Angebote sind vom pädagogisch tätigen Personal geplante Aktivitäten, die sich am Entwicklungsstand der Kinder orientieren und Anreize in unterschiedlichen pädagogischen Bereichen bieten. Mahoney et al. (2005) sprechen im gleichen Zusammenhang von «*organized activities*». Mit «organized» ist gemeint, dass es sich um strukturierte Aktivitäten handelt, die von Erwachsenen geführt werden und gewisse Entwicklungsziele mit sich bringen. Das wohl häufigste Angebot ist die Hausaufgabenbetreuung (Morgenstern 2008). Es besteht jedoch auch Zeit für spontane oder geplante «Aktivitäten». Diese Aktivitäten können auf Impulse des Personals oder auf Eigeninitiative der Kinder zurückgehen. Dabei gehören nebst dem freien Spiel – welches drinnen oder draussen stattfinden kann – oder Ausflügen, auch Projekte wie Sportangebote, Malangebote, Bastelangebote. Tietze et al. (2003) unterscheiden im Weiteren Aktivitäten von Routinen, unter welchen im Tagesablauf wiederkehrende Situationen der Versorgung und Pflege wie Mahlzeiten oder Ruhephasen verstanden wird. Auch Routinen sind kennzeichnend für die freiwilligen Bildungs- und Betreuungsmodule (vgl. Schüpbach & Herger 2008).

Der Vorteil eines solchen additiven Modells ist dessen flexible Nutzung durch die Kinder. Damit verbunden sind aber gerade auch die Nachteile dieses Modells. So ist eine pädagogische Rhythmisierung und Ausgestaltung der mehr zur Verfügung stehenden Zeit über den ganzen Tag – was gerade der pädagogische Mehrwert eines ganztägigen Bildungs- und Betreuungsangebots darstellen könnte – nur beschränkt möglich. Denn das freiwillige Angebot wird nur von verhältnismässig wenigen Schülerinnen und Schülern zu einem geringen Umfang (meist weniger als drei Einheiten pro Woche) genutzt, was den Handlungsraum erschwert und auch einschränkt. Zudem laufen Unterricht sowie Bildungs- und Betreuungsangebote in der Schule meist völlig unabhängig voneinander ab. So kritisiert Tillmann (2005), dass die meisten Tagesschulen kein pädagogisches Konzept (oder kein gemeinsames für den unterrichtlichen und ausserunterrichtlichen Teil) oder ein zu wenig elaboriertes Bildungs- und Betreuungsangebot hätten. Gerade ein pädagogisches Konzept ist jedoch unbedingt notwendig (vgl. Holtappels 1997).

3.3 Ein integriertes Modell: Tagesschule bis 15 Uhr

Bei diesem Schritt geht es um die Weiterentwicklung des additiven Modells zu einer integrierten Tagesschule, mit welcher die dargestellten pädagogischen Schwachstellen angegangen werden sollen. In einem solchen integrierten Tagesschulmodell werden die Blockzeiten für alle Kinder auf den Nachmittag bis um 15 Uhr ausgedehnt. Die Kinder verbringen nun die Zeit von 8 bis 15 Uhr in der Schule. Für die Randzeiten sind freiwillige Bildungs- und Betreuungsangebote vorgesehen (vgl. Tab. 1).

Tab. 1: Ausbau zu ganztägiger Bildung und Betreuung mit Blockzeiten für alle von 8 bis 15 Uhr (vgl. Schüpbach & Herger 2008, in Anlehnung an Wicki & Dietrich 2007)

Zeit	Kindergarten	Primarstufe
Ab 7.00 Uhr	Freiwillige Angebote	Freiwillige Angebote Einzellektion oder freiwillige Angebote
7.30–8.15 Uhr	Morgenkreis	Morgenkreis
8.20–9.50 Uhr	*Block 1:* (Doppellektion) geleiteter Unterricht	*Block 1:* (Doppellektion) geleiteter Unterricht
9.50–10.20 Uhr	Pause	
10.20–11.50 Uhr	*Block 2:* (Doppellektion) schülerzentrierter Unterricht, spezifische Förderung, Übungsphase	*Block 2:* (Doppellektion) schülerzentrierter Unterricht spezifische Förderung, Übungsphase
11.50–13.30 Uhr	Mittagspause	
13.30–15.00 Uhr	*Block 3:* (Doppellektion) schülerzentrierter oder geleiteter Unterricht	*Block 3:* (Doppellektion) schülerzentrierter oder geleiteter Unterricht
15.00–15.30 Uhr	Pause	
15.30–17.00 Uhr	Freiwillige Angebote	Einzellektion oder Freiwillige Angebote
17.00–18.00 Uhr	Freiwillige Angebote	Freiwillige Angebote

Die verlängerte Schulzeit am Nachmittag für alle ermöglicht eine Gestaltung der Schule als «Bildungs- und Lebensraum». Darunter wird eine Schule verstanden, die den Heranwachsenden einen weiteren Lebensraum neben den Lebensräumen Familie und Wohnung, Strasse und Nachbarschaft sowie Natur bietet (vgl. von Hentig 1993). Eine solche ganztägige Schule birgt nach Holtappels (2005) in einem strukturell veränderten Schulleben zusätzlich einen öffentlichen Sozialisationsraum. Die Schule bleibt dennoch eine Schule, in der Kenntnisse erworben sowie Fähigkeiten entwickelt und geübt werden. Sie bietet aber darüber hinaus neue Lernfelder für eine ganzheitliche Bildung und Entwicklung. Dieses Verständnis der Schule als Bildungs- und Lebensraum bildet die Grundlage für ein integriertes Modell, das den wesentlichen Vorteil mit sich bringt, dass neu eine Rhythmisierung bzw. Strukturierung über den ganzen Tag hinweg vorgesehen werden kann. Mit einem rein freiwilligen ausserunterrichtlichen Angebot ist dies nicht umsetzbar, da der Ganztag nicht von allen genutzt wird, genauso wie die von der (Reform-)Pädagogik eingeforderte Veränderung der Lern- und Unterrichtskultur – gefördert durch eine erweiterte Lernzeit – nicht möglich ist. Neu lässt sich zudem eine erweiterte fachliche Förderung, insbesondere für Kinder mit besonderen Bedürfnissen oder besonderer Begabung, in den Schultag integrieren.

3.4   Ein verlängertes integriertes Modell: Tagesschule bis 17 Uhr

Ein nächster längerfristiger Schritt könnte eine verlängerte integrierte Tagesschule bis 17 Uhr sein. Mit einem solchen Schritt könnte die Tagesschule hin zu einer Schule von hoher pädagogischer Qualität weiterentwickelt werden, was nach Ramseger et al. (2004) Veränderungen in der Organisations-, Schul-, Unterrichts- und Arbeitsplatzkultur mit sich bringt. Sie postulieren, dass in einer Tagesschule von guter Qualität die umfangreicheren Zeitressourcen optimal für eine ganzheitliche Förderung der Kinder genutzt werden und ein pädagogisches Konzept für die gesamte Schule als Bildungs- und Lebensraum entwickelt werden soll. Es soll eine Rhythmisierung gestaltet werden, die Methodenvielfalt und ein strukturierendes Zeitraster über den ganzen Tag hinweg beinhaltet. Dieses Zeitraster enthält verschiedene Elemente wie das Mittagessen und sonstige Verpflegung, eine oder mehrere Übungsphase(n) in den Tagesablauf integriert (anstelle von Hausaufgaben), zusätzliche individualisierende Förderangebote für das ganze Leistungsspektrum der Kinder (auch für Kinder mit besonderen Bedürfnissen und für besonders begabte) oder eigenständige Projekte der Schülerinnen und Schüler, in denen sie von Lehrpersonen und weiterem pädagogisch tätigem Personal unterstützt werden. Das Gemeinschaftsgefühl wird gestärkt durch Gemeinschaftsaufgaben, gemeinsame Verantwortung und gemeinsame Erlebnisse, die auch über die Schule hinaus im Sozialraum stattfinden könne.

4   Ausblick

Die aktuelle Entwicklung bezüglich Tagesschulen in der Schweiz geht – genauso wie in Deutschland – verstärkt in Richtung Auf- und Ausbau von additiven Modellen mit einem freiwilligen Bildungs- und Betreuungsangebot ergänzend zu den Blockzeiten (von 8 bis 12 Uhr und je nach Klassenstufe an einem bis vier

Nachmittagen zwei bis drei Lektionen), welches den obligatorischen Unterricht an den Randzeiten ergänzt. Damit steht ein Angebot von 7 bis 18 Uhr (inklusive Unterricht) zur Verfügung. Wünschenswert aus pädagogischer Sicht wäre, dass dieser wichtige Auf- und Ausbau von Tagesstrukturen und Tagesschulen mit freiwilligen Angeboten nur einen Zwischenschritt darstellt auf dem Weg zu einem integrierten Tagesschulmodell, einer Schule als Bildungs- und Lebensraum, die auch pädagogischen Ansprüchen entspricht.

In diesem Beitrag wurde mit dem skizzierten Transformationsprozesses ein möglicher Weg aufgezeigt, wie eine unter pädagogischer Perspektive sinnvolle Weiterentwicklung vom heutigen Stand aus hinsichtlich einer ganztägigen Bildung und Betreuung aussehen könnte. Dies geschieht im Bewusstsein, dass ein solcher Prozess nicht von heute auf morgen erfolgen kann. Es handelt sich dabei um einen vorgeschlagenen Entwicklungsvorgang, der mehrere Jahrzehnte umfasst. Am Ende dieser Entwicklung steht die Vision eines Tagesschulmodells mit einer erweiterten Lernzeit in einer Schule als Bildungs- und Lebensraum, in der eine veränderte Lern- und Unterrichtskultur Eingang gefunden hat.

Literaturverzeichnis

AEBERLI, C.; BINDER, H.-M. (2005). *Das Einmaleins der Tagesschule.* Zürich: Avenir Suisse.

APPEL, S.; RUTZ, G. (2005). *Handbuch Ganztagsschule: Konzeption, Einrichtung und Organisation.* Schwalbach: Wochenschau-Verlag.

BAIER, F. (2007). *Zu Gast in einem fremden Haus. Theorie und Empirie zur sozialen Arbeit in Schulen.* Bern: Peter Lang.

BEHER, K.; HAENISCH, H.; HERMENS, C.; LIEBIG, R.; NORDT, G.; SCHULZ, U. (2005). *Offene Ganztagsschule im Primarbereich. Begleitstudie zu Einführung, Zielsetzungen und Umsetzungsprozessen im Nordrhein-Westfalen.* Weinheim: Juventa.

BEHER, K.; HAENISCH, H.; HERMENS, C.; NORDT, G.; PREIN, G.; SCHULZ, U. (2007). *Die offene Ganztagsschule in der Entwicklung. Empirische Befunde zum Primarbereich Nordrhein-Westfalen.* Weinheim: Juventa.

BMFSFJ [BUNDESMINISTERIUM FÜR FAMILIE, SENIOREN, FRAUEN UND JUGEND] (ED.) (2005). *Zwölfter Kinder- und Jugendbericht: Bericht über die Lebenssituation von Kindern und die Leistungen der Kinderhilfen in Deutschland.* Bonn: BMFSFJ.

BURCHINAL, M. R.; ROBERTS, J. E. ;NABORS, L. A.; BRYANT, D. M. (1996). Quality of Center Child Care and Infant Cognitive and Language Development. *Child Development, 67,* 606–620.

CLARKE-STEWART, K.; ALLHUSEN, V. (2005). *What we know about childcare.* Cambridge: Harvard University Press.

DIECKMANN, K.; HÖHMANN, K.; TILLMANN, K. (2007). Schulorganisation, Organisationskultur und Schulklima an ganztägigen Schulen. In Holtappels, H. G.; Klieme, E.; Rauschenbach, T.; Stecher, L. (Eds.), *Ganztagsschule in Deutschland. Ergebnisse der Ausganserhebung der «Studie zur Entwicklung von Ganztagsschulen» (StEG)* (p. 164–185). Weinheim: Beltz.

DIEHM, I. (2004). Ganztagseinrichtungen als Inklusionshilfe für ethnische Minderheiten: Nicht-formelles und informelles Lernen in der Einwanderungsgesellschaft. In Otto, H.-U.; Coelen, T. (Eds.), *Grundbegriffe der Ganztagsbildung. Beiträge zu einem neuen Bildungsverständnis in der Wissensgesellschaft* (p. 179–189). Wiesbaden: vs Verlag für Sozialwissenschaften.

EDK [SCHWEIZERISCHE KONFERENZ DER KANTONALEN ERZIEHUNGSDIREKTOREN] (2007). *Interkantonale Vereinbarung über die Harmonisierung der obligatorischen Schule vom 14. Juni 2007.* Verfügbar unter: http://edudoc.ch/record/24711/files/HarmoS_d.pdf?ln=deversion=1 [9.6.2009].

EDK [SCHWEIZERISCHE KONFERENZ DER KANTONALEN ERZIEHUNGSDIREKTOREN] (2008). *HarmoS – Harmonisierung der obligatorischen Schule Schweiz. Kurz-Information.* Verfügbar unter: http://www.edudoc.ch/static/web/arbeiten/harmos/kurz_info_d.pdf [9.6.2009].

ECCE [EUROPEAN CHILD CARE EDUCATION] (1999). *School-age Assessment of Child Development: Long-term Impact of Pre-school Experiences on School Success, and Family-School Relationships.* Verfügbar unter: http://www.uni-bamberg.de/fileadmin/uni/fakultaeten/ppp_lehrstuehle/elementarpaedagogik/Team/Rossbach/Ecce_Study_Group.pdf [9.6.2009].

FEND, H. (1982). *Gesamtschule im Vergleich. Bilanz der Ergebnisse des Gesamtschulversuchs.* Weinheim: Beltz.

HELMKE, A.; JÄGER, R. (EDS.) (2002). *Das Projekt* MARKUS. *Mathematik-Gesamterhebung Rheinland-Pfalz. Kompetenzen, Unterrichtsmerkmale, Schulkontext.* Landau: Verlag Empirische Pädagogik.

HENTIG, H. VON (1993). *Die Schule neu denken.* München: Carl Hanser.

HOLTAPPELS, H. G. (2005). Ganztagsbildung in ganztägigen Schulen – Ziele, pädagogische Konzeption, Forschungsbefunde. In Fitzner, T.; Schlag, T.; Lallinger, M. W. (Eds.), *Ganztagsschule – Ganztagsbildung. Politik – Pädagogik – Kooperationen* (p. 48–85). Bad Boll: Evangelische Akademie.

HOLTAPPELS, H. G.; KLIEME, E.; RADISCH, F.; RAUSCHENBACH, T.; STECHER, L. (2007A). Forschungsstand zum ganztägigen Lernen und Fragestellungen in StEG. In Holtappels, H. G.; Klieme, E.; Rauschenbach, T.; Stecher, L. (Eds.), *Ganztagsschule in Deutschland. Ergebnisse der Ausgangserhebung der «Studie zur Entwicklung von Ganztagsschulen» (StEG)* (p. 37–50). Weinheim: Juventa.

HOLTAPPELS, H. G.; KLIEME, E.; RAUSCHENBACH, T.; STECHER, L. (EDS.) (2007B). *Ganztagsschule in Deutschland. Ergebnisse der Ausgangserhebung der «Studie zur Entwicklung von Ganztagsschulen» (StEG).* Weinheim: Juventa.

HOLTAPPELS, H. G. (1994). *Ganztagsschule und Schulöffnung. Perspektiven für die Schulentwicklung.* Weinheim: Beltz.

HOLTAPPELS, H. G. (1997). *Grundschule bis mittags. Innovationsstudie über Zeitgestaltung und Lernkultur.* Weinheim: Beltz.

HOLTAPPELS, H. G. (2002). *Die Halbtagsgrundschule. Lernkultur und Innovation in Hamburger Grundschulen.* Weinheim: Beltz.

HOLTAPPELS, H. G. (2005). Ganztagsschulen entwickeln und gestalten – Zielorientierungen und Gestaltungsansätze. In Höhmann, K.; Holtappels, H. G.; Günter, H.; Kamski, I.; Schnetzer, T. (Eds.), *Entwicklung und Organisation von Ganztagsschulen. Anregungen, Konzepte, Praxisbeispiele* (p. 7–44). Dortmund: Institut für Schulentwicklungsforschung.

HOLTAPPELS, H. G.; HEERDEGEN, M. (2005). Schülerleistungen in unterschiedlichen Lernumwelten im Vergleich zweier Grundschulmodelle in Bremen. In Bos, W.; Lankes, E.-M.; Prenzel, M.; Schwippert, K.; Valtin, R.; Walther, G. (Eds.) (2005), IGLU. *Vertiefende*

Analysen zu Leseverständnis, Rahmenbedingungen und Zusatzstudien
(p. 361–397). Münster: Waxmann.

HOWES, C. (1988). Relations between Early Child Care and Schooling. *Developmental Psychology, 24,* 53–57.

HOWES, C.; OLENICK, M. (1986). Family and Child Care Influences on Toddlers' Compliance. *Child Development, 57,* 202–216.

HOWES, C.; SMITH, E.; GALINSKY, E. (1995). *The Florida Child Care Quality Improvement Study.* New York: Families and Work Institute.

KEUFFER, J.; TRAUTMANN, M. (2008). Unterricht. In Coelen, T.; Otto, H.-U. (Eds.), *Grundbegriffe der Ganztagsbildung. Das Handbuch* (p. 557–565). Wiesbaden: VS Verlag für Sozialwissenschaften/GWV Fachverlage GmbH.

KLIEME, E.; HOLTAPPELS, H. G.; RAUSCHENBACH, T.; STECHER, L. (2007). Ganztagsschule in Deutschland. Bilanz und Perspektiven. In Holtappels, H. G.; Klieme, E.; Rauschenbach, T.; Stecher, L. (Eds.), *Ganztagsschule in Deutschland. Ergebnisse der Ausgangserhebung der «Studie zur Entwicklung von Ganztagsschulen» (StEG)* (p. 354–381). Weinheim: Juventa.

KUNTER, M.; BRUNNER, M.; BAUMERT, J. (2005). Der Mathematikunterricht der PISA-Schülerinnen und Schüler: Schulformunterschiede in der Unterrichtsqualität. *Zeitschrift für Erziehungswissenschaft, 8,* 502–521.

LARCHER, S.; OELKERS, J. (2003). *Die besten Ausbildungssysteme. Thematischer Bericht der Erhebung PISA 2000.* Neuchâtel: BFS/EDK.

MAHONEY, J. L.; LARSON, R. W.; ECCLES, J. S.; LORD, H. (2005). Organized Activites as Developmental Contexts for Children and Adolescents. In Mahoney, J. L.; Larson, R. W.; Eccles, J. S. (Eds.), *Organized Activities as Context of Development. Extracurricular Activites, After-School and Community Programs* (p. 3–22). Mahwah, NJ: Lawrence Erlbaum.

MANGOLD, M.; MESSERLI, A. (2005). Die Ganztagsschule in der Schweiz. In Ladenthin, V.; Rekus, J. (Eds.), *Die Ganztagsschule. Alltag, Reform, Geschichte, Theorie* (p. 107–124). Weinheim: Juventa.

MORGENSTERN, M. (2008). *Hausaufgaben sind überflüssig.* Verfügbar unter: http://tu-dresden.de/aktuelles/newsarchiv/2008/2/hausaufgaben/newsarticle_view [9.6.2009].

NICHD EARLY CHILD CARE RESEARCH NETWORK (2005). *Child Care and Child Development. Results from the* NICHD *Study of Early Child Care and Youth Development.* New York: The Guilford Press.

OECD (2006). PISA 2006. *Science Competencies for Tomorrow's World. Volume 1: Analysis.* Verfügbar unter: http://www.oecd.org/ dataoecd/30/17/39703267.pdf [15.1.2009].

PAULI, B. (2006). *Kooperation von Jugendarbeit und Schule: Chancen und Risiken.* Schwalbach: Wochenschau Verlag.

PEISNER-FEINBERG, E. S.; BURCHINAL, M. R. (1997). Relations Between Preschool Children's Child-Care Experiences and Concurrent Development: The Cost, Quality, and Outcomes Study. *Merrill-Palmer Quarterly, 43,* 451–477.

PEISNER-FEINBERG, E. S.; YAZEJIAN, N. (2004). *The Relation of Preschool Child Care Quality to Children's Longitudinal School Success through Sixth Grade. Poster Presentation at the Annual Meeting of the Child Care Research Policy Consortium, April 13–16, 2004, Washington,* DC. Verfügbar unter: http://www.childcareresearch.org/discover/meetings/ ccprc/2004-04/posters/peisneryazejian.pdf.

PESCH, L. (2006). *Qualitätsmerkmale für Ganztagsangebote im Primarbereich.* Weinheim: Beltz.

PETERS, M. A. (2005). Bildung und Ideologien der Wissensökonomie: Europa und die Politik des Nacheiferns. In Otto, H.-U.; Coelen, T. (Eds.), *Ganztägige Bildungssysteme. Innovation durch Vergleich* (p. 23–38). Münster: Waxmann.

PRÜSS, F. (2008). Didaktische Konzepte von Ganztagsschulen. In Coelen, T.; Otto, H.-U. (Eds.), *Grundbegriffe der Ganztagsbildung. Das Handbuch* (p. 538–547). Wiesbaden: VS Verlag für Sozialwissenschaften/GWV Fachverlage GmbH.

RABENSTEIN, K. (2008). Rhythmisierung. In Coelen, T.; Otto, H.-U. (Eds.), *Grundbegriffe der Ganztagsbildung. Das Handbuch* (p. 548–556). Wiesbaden: VS Verlag für Sozialwissenschaften/GWV Fachverlage GmbH.

RADISCH, F.; KLIEME, E. (2003). *Wirkung ganztägiger Schulorganisation. Bilanzierung der Forschungslage.* Frankfurt a. M.: Deutsches Institut für internationale Pädagogische Forschung.

RADISCH, F.; KLIEME, E.; BOS, W. (2006). Gestaltungsmerkmale und Effekte ganztägiger Angebote im Grundschulbereich. Eine Sekundäranalyse zu Daten der IGLU-Studie. *Zeitschrift für Erziehungswissenschaft, 9,* 30–50.

RADISCH, F.; STECHER, L.; FISCHER, N.; KLIEME, E. (2008). Wirkungen ausserunterrichtlicher Angebote an Ganztagsschulen. In Coelen, T.; Otto, H.-U. (Eds.), *Grundbegriffe der Ganztagsbildung. Das Handbuch* (p. 929–937). Wiesbaden: vs Verlag für Sozialwissenschaften/GWV Fachverlage GmbH.

RAMSEGER, J.; DREIER, A.; KUCHARZ, D.; SÖRENSEN, B. (2004). *Grundschulen entwickeln sich. Ergebnisse des Berliner Schulversuchs «Verlässliche Halbtagsgrundschule».* Münster: Waxmann.

SCHÜPBACH, M. (2006). Ausserfamiliale Bildung und Betreuung im Vorschul- und frühen Schulalter. *Beiträge zur Lehrerbildung, 24(2),* 158–164.

SCHÜPBACH, M.; BOLZ, M.; WUSTMANN, C.; MOUS, H. (2006). *Tagesschule – Pädagogisch gewinnbringend umgesetzt. Positionspapier zuhanden des Aargauischen Lehrerinnen- und Lehrer-Verband (alv) und des Initiativkomitees Schule und Familie.* Pädagogische Hochschule der FHNW. Verfügbar unter: http://www.fhnw.ch/ph/zse/download/ forschungsberichte/tagesschule-gewinnbringend-umgesetzt/ at_download/file [9.6.2009].

SCHÜPBACH, M.; HERGER, K. (2008). *Teilmandat Schulische Zeitorganisation.* Solothurn: Pädagogische Hochschule der FHNW.

STANAT, P.; ARTELT, C.; BAUMERT, J.; KLIEME, E.; NEUBRAND, M.; PRENZEL, M.; SCHIEFELE, U.; SCHNEIDER, W.; SCHÜMER, G.; TILLMANN, K.; WEISS, M. (2002). *PISA 2000: Die Studie im Überblick. Grundlagen, Methoden und Ergebnisse.* Berlin: Max-Planck-Institut für Bildungsforschung. Verfügbar unter: http://www.mpib-berlin.mpg.de/pisa/ PISA_im_Ueberblick.pdf [15.1.2009].

STOLZ, H.-J.; ARNOLDT, B. (2007). Ansätze zur empirischen Rekonstruktion von Bildungsprozessen im Zusammenwirken von Jugendhilfe und Schule. In Bettmer, F.; Maykus, S.; Prüss, F.; Richter, A. (Eds.), *Ganztagsschule als Forschfeld. Theoretische Klärungen, Forschungsdesigns und Konsequenzen für die Praxisentwicklung* (p. 213–235). Wiesbaden: vs Verlag für Sozialwissenschaften.

STRÄTZ, R.; HERMENS, R. F.; KLEINEN, K.; NORDT, G.; WIEDEMANN, P. (2008). *Qualität für Schulkinder in Tageseinrichtungen. Ein nationaler Kriterienkatalog (2. Aufl.).* Weinheim: Beltz.

SYLVA, K.; MELHUISH, E.; SAMMONS, P.; SIRAJ-BLATCHFORD, I.; TAGGART, B. (2004). *The Effective Provision of Pre-School Education (EPPE) project: Findings from the early primary years.* Verfügbar unter: http://www.surestart.gov.uk/_doc/P0001376.pdf [9.6.2009].

TIETZE, W. (1998). *Wie gut sind unsere Kindergärten? Eine Untersuchung zur pädagogischen Qualität in deutschen Kindergärten.* Neuwied: Luchterhand.

TIETZE, W.; ROSSBACH, H. G.; GRENNER, K. (2005). *Kinder von 4 bis 8 Jahren. Zur Qualität der Erziehung und Bildung in Kindergarten, Grundschule und Familie.* Weinheim: Beltz.

TIETZE, W.; DITTRICH, I.; GÖDERT, S.; GRENNER, K.; GROOT-WILKEN, B. (2003). *Pädagogische Qualität in Tageseinrichtungen für Kinder. Ein nationaler Kriterienkatalog.* Weinheim: Beltz.

TILLMANN, K.-J. (2005). Ganztagsschule: die richtige Antwort auf PISA? In Höhmann, K.; Holtappels, H. G.; Kamski, I.; Schnetzer, T. (Eds.), *Entwicklung und Organisation von Ganztagsschulen. Anregungen, Konzepte, Praxisbeispiele.* Dortmund: Institut für Schulentwicklungsforschung.

WICKI, W.; DIETRICH C. (2007). *Expertise Zeitstrukturen Basel-Stadt.* Luzern: Pädagogische Hochschule Zentralschweiz.

WISSENSCHAFTLICHER KOOPERATIONSVERBUND (2006). *Die offene Ganztagsschule im Primarbereich Nordrhein-Westfalen. Erste Ergebnisse der Hauptphase.* Dortmund: Wissenschaftlicher Kooperationsverbund: Forschungsverbund Deutsches Jugendinstitut, Institut für soziale Arbeit und Landesinstitut für Schule.

ZÜCHNER, I.; ARNOLDT, B.; VOSSLER, A. (2007). Kinder und Jugendliche in Ganztagsangeboten. In Holtappels, H. G.; Klieme, E.; Rauschenbach, T.; Stecher, L. (Eds.), *Ganztagsschule in Deutschland. Ergebnisser der Ausgangserhebung der «Studie zur Entwicklung von Ganztagsschulen» (StEG)* (p. 106–122). Weinheim: Juventa.

Bitte beachten Sie auch die folgenden Seiten

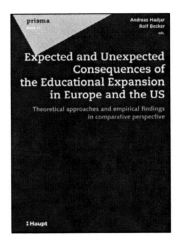

Andreas Hadjar / Rolf Becker (Hrsg.)

Expected and Unexpected Consequences of the Educational Expansion in Europe and USA

Theoretical approaches and empirical findings in comparative perspective

Prisma – Beiträge zur Erziehungswissenschaft aus historischer, psychologischer und soziologischer Perspektive. Band 12
2009. ca. 432 Seiten, kartoniert
CHF 79.– UVP / € 52.–
ISBN 978-3-258-07519-8

A main mechanism behind the change in European and North American societies in the second half of the 20th century is the educational expansion, i.e. the increase in educational opportunities and the higher demand for education. Whereas other abstract social processes like modernization have been widely theorized in social science literature, the educational expansion and its consequences in particular have not been well studied. Therefore the main aim of this compilation is to deal with the question of whether the demands of the educational reforms have been fulfi lled and which other consequences the educational expansion has had. This book will focus on consequences of the educational expansion for individuals and their life courses as well as for the social structure and other societal areas such as culture and politics. Aspects that will be analysed in the light of educational expansion include participation in education, educational inequalities, labour market outcomes, educational returns, and gender differences as well as crime, life expectancy, and lifestyles. Countries analysed in the book include West European countries like Germany, France, Italy and Spain, East European countries (Hungary, Poland, and the Czech Republic) as well as the US.

⋮ Haupt **Haupt Verlag** Bern · Stuttgart · Wien
verlag@haupt.ch · www.haupt.ch

Andreas Hadjar / Armin Hollenstein (Hrsg.)

Computergestützte Lehre an Hochschulen (Blended Learning)

Der Virtuelle Campus Erziehungswissenschaft der Universität Bern

Prisma – Beiträge zur Erziehungswissenschaft aus historischer, psychologischer und soziologischer Perspektive. Band 11
2009. VIII + 178 Seiten, 36 Abb., 10 Tab., kartoniert
CHF 39.– UVP / € 24.90
ISBN 978-3-258-07473-3

Blended Learning-Angebote – Lehrveranstaltungen, die aus Präsenzanteilen und virtuellen Anteilen im Internet bestehen – halten zunehmend Einzug an Universitäten, Fachhochschulen und Pädagogischen Hochschulen. Diese neuen Lehrformen stehen im Spannungsfeld zwischen technischen Möglichkeiten, ökonomischen Erfordernissen und hochschuldidaktischen Anforderungen. Den Mittelpunkt des Buches bildet das computerunterstützte Lehrangebot des «Virtuellen Campus Erziehungswissenschaft» an der Universität Bern, das der Ausbildung zukünftiger Lehrpersonen an der Pädagogischen Hochschule Bern dient. Zum einen soll dieses in der Praxis bewährte Lehrangebot theoretisch analysiert werden. Zum anderen erfolgt ein Einblick in die Praxis des «Virtuellen Campus Erziehungswissenschaft», um anderen Bildungsinstitutionen Anregungen zur Einrichtung ähnlicher Angebote oder zur Modifizierung ihrer Blended-Learning-Kurse zu geben. Dabei werden die Bereiche (a) Planung und Entwicklung von Lehrangeboten, (b) Methoden der Vermittlung und Einsatz neuer Technologien, (c) Betreuung von Studierenden, (d) Assessment der Studierenden, (e) Qualitätssicherung der Lehre und der eigenen Lehrtätigkeit und (f) Selbstmanagement und Professionalität im Hochschulkontext abgedeckt. Schliesslich wird auch nach der hochschuldidaktischen Vernunft solcher Angebote gefragt.

‡ Haupt　　**Haupt Verlag** Bern · Stuttgart · Wien
verlag@haupt.ch · www.haupt.ch

Ulrich Binder

Das Subjekt der Pädagogik – Die Pädagogik des Subjekts

Das Subjektdenken der theoretischen und der praktischen Pädagogik im Spiegel ihrer Zeitschriften

Prisma – Beiträge zur Erziehungswissenschaft aus historischer, psychologischer und soziologischer Perspektive. Band 10
2009. 630 Seiten, kartoniert
CHF 79.– UVP / € 52.–
ISBN 978-3-258-07455-9

Die Kategorie «Subjekt» gehört zum fixen Inventar deutschsprachiger Pädagogik. «Das Subjekt» ist historisch konstanter Dreh- und Angelpunkt pädagogischer Argumentation und Aktivität, gleich, ob es dabei in erster Linie selbstredend gebraucht, offensiv verteidigt und periodisch aktualisiert oder aber hinterfragt wird. Die Tradition setzt sich in neueren pädagogischen Texten fort, und diese stehen im Mittelpunkt einer Untersuchung der vielschichtigen Auseinandersetzungen um «das Subjekt». In der Analyse steht, welche Subjektgestalt entwickelt wird, welche Anleihen und Abgrenzungen, Projektionen und Funktionen damit verbunden sind und welche Perspektiven und Direktiven für die Erziehung dieses Subjekts einhergehen, kurz: wie sich die Pädagogik rund um ihr Subjekt formiert.

: Haupt   **Haupt Verlag** Bern · Stuttgart · Wien
verlag@haupt.ch · www.haupt.ch